限定承認・相続放棄 の実務と書式

相続実務研究会 編

竹内　裕美／尾崎　敦／水野　紀孝／
内田健一郎／坂口斗志也／堀内　綾乃

発行 民事法研究会

は し が き

　本書は、愛知県弁護士会の会員有志で結成した相続実務研究会が、相続法、その中でも相続の承認（単純承認・限定承認）と相続放棄に焦点をあてて、各手続の基礎知識から、実務上取扱いが問題になる事柄について解説を試みたものです。家事事件手続法別表第1事件のうち、「相続の承認又は放棄の期間の伸長」（89項）、「相続財産の保存又は管理に関する処分」（90項）、「相続の放棄の申述の受理」（95項）の新受件数は全体として増加傾向にあります（最高裁判所事務総局「司法統計年報（家事編）」第2表）。相続の承認・放棄は、実務に携わる弁護士や司法書士など専門家にとっては、必ずといってよいほど経験する分野である反面、これらについて判例・学説を網羅的に紹介した書籍は意外に多くありません。

　相続が開始されれば、相続人は相続を承認するか、放棄するかの選択を迫られます。それらを適切に選択するにあたっては、各手続の相違点、メリットとデメリットを理解する必要があります。そこで、本書の第1章には、各手続の全体を把握するための総論を設けました。次に、各手続の選択は一定の期間内に行わなければなりません。すなわち、熟慮期間の起算点についてはさまざまな解釈上の問題がありますので、第2章でそれらを取り上げました。もっとも、この熟慮期間内に相続人が限定承認や相続放棄をせず、あるいは相続財産を処分した場合、限定承認や相続放棄の選択後であっても背信的行為を行った場合には、単純承認したものとみなされます。そこで、第3章では、法定単純承認事由について具体例をあげて説明をしました。他方、第4章の限定承認については、全国の家庭裁判所における家事事件手続法別表第1事件である「相続の限定承認の申述受理」（92項）の平成28年度の新受件数は753件というように、実務で十分に活用されているとはいえません。しかし、限定承認を利用することによって、相続人は被相続人の負債を負担するリスクを回避しつつ、相続財産を相続することができます。そこで、一般に複雑と考えられている限定承認について、申述の方法、相続債権者らに

1

はしがき

対する公告・催告、相続財産の換価、そして相続債権者らに対する弁済まで、手続の流れに沿って、相続人らが行うべき作業を整理しました。そして、第5章では、事実上の相続放棄を含め、相続放棄に関する法的問題について解説を加え、第6章では、相続の承認・放棄に伴う登記手続や税務、破産手続との関係について紹介しました。

本書編集にあたっては、できるだけ多くの裁判例を引用するとともに、各手続に必要となる書式を網羅的に掲載しました。また、Q&A方式により、具体的な事例と法解釈論との関連性を一覧できるよう工夫しました。読者の皆様が相続の承認・放棄に関する事件を取り扱うにあたり、本書をご活用いただければうれしく思います。

最後となりましたが、執筆の機会を与えていただき、さまざまな示唆を与えてくださるなど本書編集に大変なご尽力をいただきました株式会社民事法研究会の南伸太郎氏にこの場を借りて心から感謝を申し上げます。

　　平成30年8月

相続実務研究会執筆者一同

※　平成30年10月に発刊した本書が、ありがたいことに増刷（第2刷）となりました（平成30年12月19日発行）。本書発刊後の平成30年10月19日、最高裁判所第二小法廷において、無償による相続分の譲渡が民法903条1項に規定する「贈与」にあたるという判断が示されたことから、第5章（相続放棄の考え方と実務）のQ5－7（事実上の相続放棄）に同判決の内容を加えました。

※　増刷（第3刷）にあたり（令和元年11月27日発行）、この間に最高裁判所第二小法廷が再転相続の熟慮期間について判断しましたので（令和元年8月9日）、第2章（熟慮期間の考え方と実務）のQ2－7（再転相続の場合の熟慮期間の起算点）の末尾に同判決の内容を加えました。

※　増刷（第5刷）にあたり（令和5年8月26日発行）、令和3年改正民法の内容（①相続財産管理人から相続財産清算人への名称の変更（新936条）、②相続財産の保存に必要な処分に関する規定の変更（新897条の2）、③相続放棄者の相続財産の管理義務（新940条）（Q5－10参照）など）を加えました。

目 次

『Q&A 限定承認・相続放棄の実務と書式』

●目　　次●

第1章　相続の承認・放棄の基礎知識

Q1-1　相続の選択肢——単純承認、限定承認、相続放棄…………………2

〔図表1〕　相続人の範囲／4

〔図表2〕　相続の選択肢／6

Q1-2　単純承認・限定承認・相続放棄の違いとメリット・デメ

リット………………………………………………………………8

Q1-3　単純承認・限定承認・相続放棄の選択の期限………………12

Q1-4　限定承認の手続の流れ………………………………………15

〔図表3〕　限定承認の手続の流れ／16

【書式1】　限定承認の申述書①——相続人が一人の場合／21

【書式2】　限定承認の申述書②——相続人が複数の場合／23

【書式3】　財産目録／26

Q1-5　相続放棄の手続の流れ………………………………………27

〔図表4〕　相続放棄の手続の流れ／28

【書式4】　相続放棄の申述書①——家庭裁判所の様式によ

る場合／31

【書式5】　相続放棄の申述書②——家庭裁判所の様式によ

らない場合／33

【書式6】　相続放棄の申述に関する回答書／35

【書式7】　相続放棄申述受理通知書／38

Q1-6　単純承認・限定承認・相続放棄の撤回……………………39

Q1-7　限定承認・相続放棄の取消し………………………………41

【書式8】　限定承認の取消しの申述書／43

3

目 次

【書式9】 相続放棄の取消しの申述書／45

Q1－8 限定承認・相続放棄が受理されなかった場合の不服申立て……47

第2章 熟慮期間の考え方と実務対応

Q2－1 熟慮期間の意義…………………………………………………50

Q2－2 熟慮期間の起算点………………………………………………53

Q2－3 熟慮期間の起算点の繰下げの要件としての「相当な理由」……57

Q2－4 一部相続財産の認識がある場合の熟慮期間の起算点の繰下げの可否…………………………………………………………66

Q2－5 処分行為と熟慮期間との関係…………………………………78

Q2－6 相続人が複数いる場合の熟慮期間の起算点…………………85

Q2－7 再転相続の場合の熟慮期間の起算点…………………………88

Q2－8 相続人が未成年者または成年被後見人の場合の熟慮期間の起算点………………………………………………………………95

Q2－9 熟慮期間伸長の申立て…………………………………………98

【書式10】 熟慮期間の伸長の申立書／100

Q2－10 熟慮期間中の相続財産の管理………………………………102

【書式11】 熟慮期間中の相続財産管理人選任の申立て／107

第3章 単純承認の考え方と実務対応

Q3－1 単純承認の意義と効果…………………………………………110

Q3－2 法定単純承認──単純承認をしたものとみなされる事情……112

Q3－3 相続人が未成年者または成年被後見人の場合の単純承認……114

Q3－4 相続財産の処分①──相続財産の「処分」とは………………117

4

目 次

Q3-5 相続財産の処分②——事実行為・保存行為・管理行為………119

Q3-6 相続財産の処分③——相続財産中の債権の行使……………121

Q3-7 相続財産の処分④——相続財産の処分の客体の経済的価値…124

Q3-8 相続財産の処分⑤——保険金の費消…………………………126

Q3-9 相続財産の処分⑥——相続財産の処分自体の無効・取消し
と単純承認の効果………………………………………………129

Q3-10 限定承認・相続放棄後の背信的行為①——相続財産の「隠
匿」とは…………………………………………………………132

Q3-11 限定承認・相続放棄後の背信的行為②——相続財産を「私
に消費」するとは………………………………………………134

Q3-12 限定承認・相続放棄後の背信的行為③——「悪意で」相続財
産を「相続財産の目録中に記載しなかったとき」とは…………136

Q3-13 限定承認・相続放棄後の背信的行為④——消極財産の財産
目録への不記載…………………………………………………138

Q3-14 限定承認・相続放棄後の背信的行為⑤——共同相続におけ
る一部の相続人の背信的行為…………………………………139

第4章 限定承認の考え方と実務対応

Q4-1 限定承認の意義と効果………………………………………142

Q4-2 限定承認の申述①——限定承認に反対する相続人がいる場合…145
【書式12】 限定承認の申述書③——相続人の一人の相続放
棄後、単独の相続人による場合／147
【書式13】 限定承認の申述書④——相続人の一人の相続放
棄後、複数の相続人による場合／149

Q4-3 限定承認の申述②——相続人に成年被後見人等がいる場合…151

Q4-4 限定承認の申述人①——相続人の一人が行方不明の場合………154

5

目　次

　　　　【書式14】　相続人の一人が行方不明の場合の不在者管理人

　　　　　　　　　選任の申立て／156

　　　　【書式15】　限定承認の申述に関する不在者管理人の権限外

　　　　　　　　　行為許可の申立て／159

Q4－5　限定承認の申述人②──相続人の一人に法定単純承認事由

　　　がある場合‥‥‥‥‥‥‥‥‥‥‥‥‥‥‥‥‥‥‥‥‥‥‥ 161

Q4－6　限定承認者または相続財産清算人の相続財産の管理義務と

　　　報酬の有無‥‥‥‥‥‥‥‥‥‥‥‥‥‥‥‥‥‥‥‥‥‥‥ 163

Q4－7　相続財産清算人の権限‥‥‥‥‥‥‥‥‥‥‥‥‥‥‥‥‥ 165

Q4－8　相続債務の弁済にあてられる相続財産①──相続開始後の

　　　賃料債権‥‥‥‥‥‥‥‥‥‥‥‥‥‥‥‥‥‥‥‥‥‥‥‥ 167

Q4－9　相続債務の弁済にあてられる相続財産②──生前に処分さ

　　　れた財産‥‥‥‥‥‥‥‥‥‥‥‥‥‥‥‥‥‥‥‥‥‥‥‥ 169

Q4－10　相続財産から弁済できる費用・債務①──相続開始後の賃

　　　料債務等‥‥‥‥‥‥‥‥‥‥‥‥‥‥‥‥‥‥‥‥‥‥‥‥ 172

Q4－11　相続財産から弁済できる費用・債務②──相続財産の管理

　　　費用‥‥‥‥‥‥‥‥‥‥‥‥‥‥‥‥‥‥‥‥‥‥‥‥‥‥ 175

Q4－12　相続債権者および受遺者に対する公告‥‥‥‥‥‥‥‥‥ 178

　　　　【書式16】　相続債権者および受遺者に対する公告／180

Q4－13　相続債権者および受遺者に対する催告‥‥‥‥‥‥‥‥‥ 181

　　　　【書式17】　相続債権者および受遺者に対する催告／183

Q4－14　相続債権者および受遺者に対する公告期間満了前の弁済拒

　　　絶権‥‥‥‥‥‥‥‥‥‥‥‥‥‥‥‥‥‥‥‥‥‥‥‥‥‥ 184

Q4－15　相続財産の換価方法①──競売による換価‥‥‥‥‥‥‥ 187

　　　　【書式18】　限定承認における相続財産の換価のための不動

　　　　　　　　　産競売申立書／192

Q4－16　相続財産の換価方法②──先買権の行使による換価‥‥‥ 193

　　　　【書式19】　限定承認における先買権の行使のための鑑定人

6

選任の申立て／195

Q4−17　弁済の対象となる債権①——現在化していない債権………… 196

　　　　【書式20】　限定承認における条件付き債権の評価のための

　　　　　　　　鑑定人選任の申立て／200

　　　　【書式21】　限定承認における存続期間の不確定な債権の評

　　　　　　　　価のための鑑定人選任の申立て／202

Q4−18　弁済の対象となる債権②——特定物の給付を目的とする債

　　　　権、作為・不作為を目的とする債権……………………………… 204

Q4−19　弁済の順序①——公租公課と相続財産の管理費用…………… 206

Q4−20　弁済の順序②——相続財産が不足する場合の弁済…………… 208

　　　　【書式22】　配当通知書／210

　　　　【書式23】　配当通知書に対する回答書／211

Q4−21　弁済の順序③——優先権を有する債権者とその要件………… 212

Q4−22　弁済の順序④——死因贈与を受けた者への弁済……………… 215

Q4−23　弁済の順序⑤——公告・催告期間内に請求の申出をしな

　　　　かった相続債権者等………………………………………………… 218

Q4−24　相続債権者と相続財産①——限定承認の申述受理後の相殺… 221

Q4−25　相続債権者と相続財産②——限定承認における清算手続と

　　　　強制執行手続との関係……………………………………………… 223

Q4−26　不当な弁済をした限定承認者または相続財産清算人の損害

　　　　賠償責任……………………………………………………………… 226

第5章　相続放棄の考え方と実務

Q5−1　相続放棄の意義と効果………………………………………… 230

Q5−2　未成年者または成年被後見人等の相続放棄の申述①——相

　　　　続放棄の方法………………………………………………………… 233

目　次

Q5−3　未成年者または成年被後見人等の相続放棄の申述②──法
定代理人と相続人との利益相反……………………………………… 235

　　【書式24】　相続放棄が利益相反行為に該当しうる場合の特
別代理人選任の申立て／237

　　【書式25】　相続放棄が利益相反行為に該当しうる場合の臨
時保佐人選任の申立て／239

　　【書式26】　相続放棄が利益相反行為に該当しうる場合の臨
時補助人選任の申立て／241

Q5−4　相続放棄と相続資格の重複………………………………………… 243

Q5−5　相続放棄と債権者代位…………………………………………… 246

Q5−6　相続放棄と相続債権者等による詐害行為取消権の行使……… 248

Q5−7　事実上の相続放棄………………………………………………… 250

　　【書式27】　自己の取得分を「0」とする遺産分割協議書／257

　　【書式28】　特別受益証明書／259

　　【書式29】　相続分譲渡届出書／260

　　【書式30】　相続分譲渡及び脱退申出書／261

　　【書式31】　相続分譲渡証書／262

　　【書式32】　相続分放棄届出書・相続分放棄証書／263

　　【書式33】　相続分放棄及び脱退届・相続分放棄証書／265

Q5−8　相続分の譲渡と対抗要件の要否………………………………… 266

Q5−9　相続分の譲渡後の他の相続人による相続放棄………………… 268

Q5−10　相続放棄者の相続財産の保存義務……………………………… 270

第6章　相続の承認・放棄の関連実務

Q6−1　相続放棄と所有権移転登記申請………………………………… 276

　　【書式34】　相続放棄・限定承認の申述の有無についての照

会書／278

【書式35】　相続人目録／279

【書式36】　相続放棄等の申述有無についての照会に対する
家庭裁判所からの回答書／280

【書式37】　相続放棄申述受理証明書交付申請書／282

【書式38】　相続放棄申述受理証明書／283

Q6－2　相続の承認・放棄に関する税務①——相続税、所得税、譲
渡所得税、不動産取得税……………………………………… 284

Q6－3　相続の承認・放棄に関する税務②——限定承認における居
住用財産の譲渡所得の特別控除の特例……………………… 289

Q6－4　相続の承認・放棄に関する税務③——限定承認における相
続財産から生じる果実………………………………………… 291

Q6－5　相続の承認・放棄に関する税務④——限定承認における熟
慮期間の伸長と準確定申告の申告時期……………………… 292

Q6－6　相続の承認・放棄と相続財産の破産……………………… 293

Q6－7　相続の承認・放棄と相続人の破産①——破産手続開始決定
前の相続の承認・放棄………………………………………… 295

Q6－8　相続の承認・放棄と相続人の破産②——破産手続開始決定
後の相続の承認・放棄………………………………………… 296

【書式39】　相続放棄の承認の申述書／298

Q6－9　渉外相続における承認・放棄………………………………… 300

・事項索引／304

・判例索引／307

・執筆者紹介／311

凡　例

【凡　例】

民録	大審院民事判決録
民集	大審院民事判例集・最高裁判所民事判例集
下民集	下級裁判所民事裁判例集
東高民時報	東京高等裁判所民事判決時報
家月	家庭裁判月報
交民集	交通事故民事裁判例集
判時	判例時報
判タ	判例タイムズ
新聞	法律新聞
判決全集	大審院判決全集
最判解民	最高裁判所判例解説民事篇
主判解	主要民事判例解説
評論	法律学説判例評論全集
曹時	法曹時報
裁判所HP	最高裁判所ホームページ「裁判例情報」

【参考文献】(出版年順)

中川善之助編『註釈相続法(上)』(1954年・有斐閣)

我妻榮＝有泉亨『民法Ⅲ(親族法・相続法)』(1956年・一粒社)

我妻榮＝唄孝一編『判例コンメンタール(8)相続法』(1966年・コンメンタール刊行会)

中川善之助＝泉久雄『相続法[第3版]』(1988年・有斐閣)

相原佳子「相続分の譲渡・放棄」判タ1100号(2002年・判例タイムズ社)

竹下守夫ほか編『大コンメンタール破産法』(2007年・青林書院)

松原正明『全訂判例先例相続法Ⅲ』(2008年・日本加除出版)

相続手続研究会編『事例式相続実務の手続と書式』(2009年・新日本法規出版)

司法研修所編『渉外家事・人事訴訟事件の審理に関する研究』(2010年・法曹会)

梶村太市ほか『家族法実務講義』(2013年・有斐閣)

谷口知平＝久貴忠彦編『新版注釈民法(27)相続(2)[補訂版]』(2013年・有斐閣)

能見善久＝加藤新太郎編『論点体系判例民法(10)相続[第2版]』(2013年・第一法規)

雨宮則夫ほか編『相続における承認・放棄の実務』(2013年・新日本法規出版)

伊藤眞ほか『条解破産法[第2版]』(2014年・弘文堂)

弁護士五右衛門『限定相続の実務[改訂2版]』(2015年・オブアワーズ)

松川正毅＝窪田充見編『新基本法コンメンタール相続』(2016年・日本評論社)

梶村太市＝徳田和幸編著『家事事件手続法[第3版]』(2016年・有斐閣)

梶村太市ほか編『相続・遺言・遺産分割書式体系』(2016年・青林書院)　ほか

第 1 章
相続の承認・放棄の基礎知識

第1章　相続の承認・放棄の基礎知識

Q1－1　相続の選択肢──単純承認、限定承認、相続放棄

> Q　相続とは何ですか。また、相続人は、相続するかしないかを選ぶことはできますか、選ぶことができる場合に、具体的にどのような選択肢がありますか。
>
> A　相続とは、人の死亡により一定の親族（共同相続人等）に対して当然に生じる相続財産の包括的承継です。また、相続人は、相続するかしないかを選ぶことができます。そして、その際の選択肢としては、相続の単純承認、相続の限定承認、相続の放棄という三つの選択肢があります。

1　相続の基礎知識

(1)　相続とは

㋐　相続の開始原因

相続は、被相続人の死亡によって開始する（民法882条）。ここにいう「死亡」には自然死のほか、失踪宣告により法律上死亡したものとみなされる場合（同法30条・31条）も含まれる。

㋑　承継の対象

相続にあたっては、被相続人の権利義務のうち一身専属性のあるものを除くすべてが相続人に承継される（民法896条）。

㋒　相続法の歴史

戦前の明治民法では、家制度を前提とした家督相続と遺産相続の2種類に分けられていた。具体的には、家督相続とは戸主の地位と戸主の有した権利義務を原則として戸主の長男に単独承継させるものであり、遺産相続とは戸主以外の家族の死亡によってその有する財産法上の地位を最近親の直系卑属

等に共同相続させるものである。

戦後になり、日本国憲法の制定に伴い、日本国憲法14条（法の下の平等）・24条（家族生活における個人の尊厳と両性の平等）等に反するとして家督相続は廃止された。現行民法（昭和22年法律第222号による改正）では、家督相続の廃止による遺産相続への一本化、配偶者相続権の強化（配偶者は常に相続人になる等）、均分相続制、相続と祭祀財産承継の分離等が確立された。

なお、平成30年7月6日に、民法及び家事事件手続法の一部を改正する法律等が参議院本会議にて可決・成立し、配偶者の居住権を保護するために、配偶者短期居住権および配偶者居住権が新設された（公布の日である平成30年7月13日から2年を超えない範囲内において政令で定める日に施行される）。

配偶者短期居住権とは、配偶者が相続開始時に遺産に属する建物に居住していた場合に、遺産分割が終了するまでの間、無償でその居住建物を使用できるようにする権利をいい、配偶者居住権とは、配偶者の居住建物を対象として、終身または一定期間、配偶者のその使用を認めるために創設された法定の権利であり、遺産分割等における選択肢の一つとして、配偶者に取得させることができるようになった。

(2) 相続人の範囲

相続人の範囲は、次のとおりである（〔図表1〕参照）。なお、第二順位、第三順位の相続人は、第一順位の相続人が一人でもいれば、相続人とはならない。

㋐ 配偶者

被相続人の配偶者は、常に相続人となる（民法890条）。

㋑ 子およびその代襲相続人

被相続人の子およびその代襲相続人は、第一順位の相続人となる（民法887条1項）。

代襲相続とは、相続人が、①相続開始以前に死亡している場合、②相続欠格（民法891条1号～5号）に該当している場合、③推定相続人の廃除（同法892条～895条）を受けている場合に、その相続人の直系卑属が、その相続人

〔図表1〕 相続人の範囲

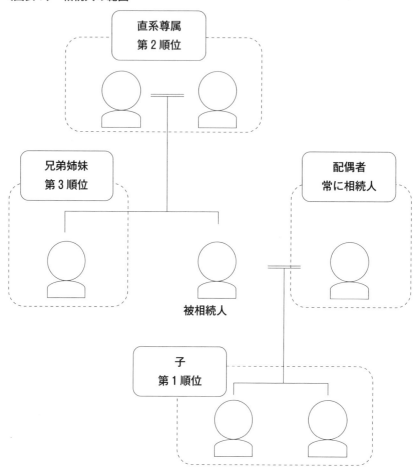

が受けるはずであった相続分を相続することである（同法887条2項・889条2項・901条）。①の場合が典型例としてあげられる。たとえば、母親が亡くなり、その後に祖父母（母親の両親）が亡くなった場合には、母親の子ども（祖父母からみれば孫）が代襲相続人となる。

　㈦　直系尊属

　被相続人の直系尊属は、第二順位の相続人となる（民法889条1項1号）。

㋑　兄弟姉妹およびその代襲相続人

被相続人の兄弟姉妹とその代襲相続人（一代限り）は、第三順位の相続人となる（民法889条1項2号・2項）。

(3)　相続分

㋐　相続分

相続分とは、共同相続人の積極財産・消極財産を含む相続財産全体に対する各相続人の持分である。

㋑　法定相続分

同順位の相続人が数人あるときは、その相続分は、次の①〜④のとおりである（法定相続分）。

①　子と配偶者が相続人であるときは、各2分の1（民法900条1号）

②　配偶者と直系尊属が相続人であるときは、配偶者3分の2、直系尊属3分の1（同条2号）

③　配偶者と兄弟姉妹が相続人であるときは、配偶者4分の3、兄弟姉妹4分の1（同条3号）

④　子、直系尊属、兄弟姉妹が数人あるときは、各人の相続分は相等しいものとする（同条4号）

(4)　相続の効果

相続人が相続開始の時から、被相続人の一身に専属したものを除き、被相続人の財産に属した一切の権利義務を、法律上当然に承継する（包括承継。民法896条）。

その結果、相続人は、原則として、被相続人の積極財産（プラスの財産。以下、本書において「積極財産」とのみ記載する）も、消極財産（マイナスの財産。以下、本書において「消極財産」とのみ記載する）も引き継ぐことになる。

2　相続の選択肢

相続人は、相続するかしないかを選ぶことができ、その選択肢としては、相続の単純承認、相続の限定承認、相続の放棄という三つの選択肢がある

〔図表2〕 相続の選択肢

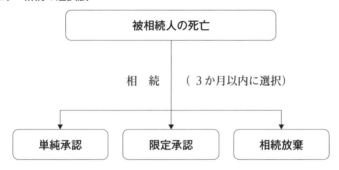

（〔図表2〕参照）。

(1) **単純承認**

単純承認とは、相続人が、無限に被相続人の権利義務を承継することをいう（民法920条。Ｑ３－１参照）。積極財産も消極財産も関係なく、すべての財産を引き継ぐことである。

(2) **限定承認**

限定承認とは、相続人が、相続によって得た積極財産の範囲内でのみ被相続人の債務および遺贈を弁済するという留保付きの相続の承認である（民法922条。Ｑ４－１参照）。

相続人は、積極財産と消極財産のすべてを承継するものの、消極財産（具体的には債務等の負債）については、承継した積極財産の限度内でしか責任を負わない。さらにいえば、承継した積極財産を処分した範囲で消極財産（債務等の負債）の返済にあてることで、それ以上の責任を負わない。

(3) **相続放棄**

相続放棄とは、積極財産と消極財産のすべての承継を拒否することである。相続を放棄することにより初めから相続人とならなかったことになる（民法939条。Ｑ５－１参照）。

相続放棄は、消極財産からの解放のほかに、特定の相続人に相続財産を集中させる場合に利用されることもある。具体的には、自営業や農業の後継者

に相続財産を承継させる場合があげられる。

この場合に、相続放棄の手続（家庭裁判所に申述書を提出して受理審判を得ること）が煩雑であることおよび熟慮期間が3か月と短期間であること（原則として相続開始後3か月以内に決めなければならないこと）から、相続放棄の手続が利用しづらい場合があることも否定できない。

そこで、形式的には共同相続したことにして、特定の相続人が遺産をすべて取得し、他の共同相続人が事実上権利を放棄することもある。これを事実上の相続放棄という（Q5－7参照）。具体的には、他の相続人は生前贈与等で特別受益があり、相続分が皆無であると主張したり（特別受益証明書の発行）、特定の相続人が遺産のほとんどを取得し、他の相続人の取得分を「0」（あるいは若干の取得）とする内容の遺産分割協議書を作成することなどがあげられる。

3　相続の相談を受ける際のチェックポイント

前記2の三つの選択肢を検討するうえで、相続開始後に相続人から相談を受ける際には、まずは、次の①～④の事項を確認することが必要である。

① 被相続人の死亡日

② 相続人の確定

③ 相続財産（積極・消極いずれも）の内容

④ 相続開始から3か月内か否か（熟慮期間にかかわる）

第1章　相続の承認・放棄の基礎知識

Q1−2　単純承認・限定承認・相続放棄の違いと　メリット・デメリット

> Q　単純承認と限定承認の違い、限定承認と相続放棄の違いは何ですか。
> また、単純承認・限定承認・相続放棄それぞれを選択することによる
> メリット・デメリットを教えてください。
> A　単純承認と限定承認には、その効果と申立方法に違いがあります。
> 限定承認と相続放棄は、いずれも過大な債務の相続から相続人を保護
> する制度である点は同じですが、完全に相続財産から離脱するのか否
> かに違いがあります。それぞれの手続の違いからくるメリット・デメ
> リットを押さえておく必要があります。

1　単純承認と限定承認の違い

⑴　単純承認と限定承認の効果の違い

　単純承認についてみると、相続人は、積極・消極問わず、すべての財産を承継することになる。したがって、消極財産にあたる債務も承継することで、承継した積極財産より消極財産のほうが過大である場合でも、相続人固有の財産で負債を弁済しなければならないことになる。

　限定承認についてみると、積極・消極問わず、すべての財産を承継することは単純承認と同じであるが、単純承認の場合とは異なり、承継した積極財産より消極財産（債務等）のほうが過大である場合には、承継した積極財産の限度で責任を負い、相続人固有の財産で負債を弁済することはない。

⑵　単純承認と限定承認の手続の違い

　限定承認の場合、相続人が複数いる場合（共同相続人）、その相続人全員が一致して、限定承認の申述の申立てを行わなければならない。すなわち、相続人のうち一人でも限定承認に不服がある場合には限定承認自体ができない

8

ことになる（**Q4−2**参照）。

これに対して、単純承認の場合には、限定承認のような手続上の制約はなく、相続人それぞれの判断に委ねられることになる。また、特に申述等の手続も要求されていない。

2　限定承認と相続放棄の違い

相続放棄は、相続を全面的に拒否して、積極財産・消極財産のいずれも拒絶し、完全に相続財産から離脱するのに対して、限定承認は、一応承認はするが、債務支払いの限度は積極財産の範囲でしか負わず、積極財産を超える消極財産については引き受けないという違いがある。

3　単純承認・限定承認・相続放棄のメリット・デメリット

(1)　単純承認のメリット・デメリット

㋐　単純承認のメリット

単純承認をすると、相続財産をすべて包括的に承継することができる。また、限定承認や相続放棄の場合とは異なり、家庭裁判所への申述という手続も不要である。

㋑　単純承認のデメリット

相続財産をすべて包括的に承継する結果として、積極財産だけでなく消極財産も相続することになるので、被相続人の残した消極財産（負債）を弁済しなければならなくなる。

そのため、予期せぬ多額の消極財産がないかどうか慎重に財産調査を行う必要がある。

(2)　限定承認のメリット・デメリット

㋐　限定承認のメリット

限定承認は、債務超過が明らかでないとき、相続財産中に先祖伝来の家宝のようなものがあるときおよび被相続人にたとえ債務があっても引き継ぎたいという思いがある場合に、メリットがある。

第1章　相続の承認・放棄の基礎知識

　まず、債務超過が明らかでないときは、一応限定承認をしておけば、相続人は遺産の調査をしたうえで、債務超過のときは相続財産の限度で弁済し、もし余剰がでればそれを引き継げばよい。

　次に、先祖伝来の家宝のような価値のある財産がある場合には、家庭裁判所で選任された鑑定人の評価額を限定承認した者が弁済することで、競売に代えることが認められている（民法932条。Ｑ４－15参照）。また、たとえ債務超過があっても積極財産の限度で弁済するという責任を負うだけであるので、単純承認の場合とは異なり、相続人が無限に債務を弁済する責任はない。

　　㈠　限定承認のデメリット

　まず、限定承認の手続が非常に面倒であることがあげられる。具体的には、相続人全員により限定承認をする旨申述し、その後、家庭裁判所により共同相続人の中から選任された相続財産清算人（同法936条１項）による清算手続が開始される（事案の難易度に応じて相続財産清算人が別に選任される場合もある。Ｑ１－４参照）。

　清算手続においては、すべての相続債権者および受遺者に対して公告等（Ｑ４－12、Ｑ４－13参照）、弁済等（Ｑ４－19～Ｑ４－23参照）を行う必要があり、弁済を行うために相続財産を競売で売却するなどして換価する必要があり（Ｑ４－15参照。ただし、民法932条ただし書によるＱ４－16参照）、複雑な手続を進めていかなければならない。税務上も、みなし譲渡所得課税等の税務知識が要求される（Ｑ６－２～Ｑ６－５参照）。

　次に、限定承認を行うためには、相続放棄の場合とは異なり、共同相続人全員の同意が必要である（民法923条）ことがあげられる。具体的には、共同相続人のうち一人でも反対がある場合には、限定承認の手続に入れないことになる（Ｑ４－２参照）。

　⑶　相続放棄のメリット・デメリット

　　㈠　相続放棄のメリット

　相続放棄をすることにより、初めから相続人とならなかったとみなされる（民法939条。Ｑ５－１参照）ことになるため、被相続人の残した消極財産（負

10

債）からも解放されることになる。

相続放棄は、限定承認の場合とは異なり、共同相続人全員で行う必要はなく、各相続人単独で行うことができることから、被相続人が多額の消極財産を残しており債務超過が明らかな場合に、積極的に利用されている。

(イ)　**相続放棄のデメリット**

相続放棄をすることにより、初めから相続人とならなかったとみなされることになるため、積極財産（たとえば、被相続人の残した家や先祖伝来の家宝等）があっても相続することができなくなる（**Q5-1**参照）。

また、相続人全員が相続放棄を行った場合（相続人不存在）には、利害関係人（相続債権者・受遺者・国等）が家庭裁判所に相続財産清算人選任の申立てを行って、選任された相続財産清算人による相続財産の清算が必要となるため、一定の時間とコストがかかる（民法952条。**Q1-5**参照）。

第1章　相続の承認・放棄の基礎知識

Q1−3　単純承認・限定承認・相続放棄の選択の期限

Q　単純承認・限定承認・相続放棄のどれを選択するかは、いつまでに決めなければなりませんか。

A　単純承認・限定承認・相続放棄のどれを選択するかは、相続人が自己のために相続の開始があったことを知った時から3か月以内に決めなければなりません（民法915条1項）。選択をしないまま3か月が経過すると単純承認したことになります（同法921条2号）。

1　「自己のために相続の開始があったことを知った時」の意義

　単純承認・限定承認・相続放棄のどれを選択するかは、相続人が自己のために相続の開始があったことを知った時から3か月以内に決めなければならない（民法915条1項。熟慮期間）。選択をしないまま3か月が経過すると単純承認したことになる（同法921条2号）。

　ここで、「自己のために相続の開始があったことを知った時」とは具体的にいつであるのか（熟慮期間の起算点）。

　前述のとおり、相続人が（限定承認あるいは放棄の）選択をしないまま3か月が経過してしまうと単純承認したことになることから、起算点は、相続人が被相続人の財産（消極財産も含めて）を引き継ぐのか否かの分岐点となる。そのため、相続人にとっても相続債権者にとっても、重大な関心事となる。

　実務上も、相続人と相続債権者との間で、この熟慮期間の起算点が争いとなる場面が多い。

2　熟慮期間の起算点

　熟慮期間の起算点は、条文に忠実に解釈すると、相続人が被相続人の死亡

12

を知った時からということになりそうである。

　もっとも、たとえ被相続人の死亡を知ったとしても、自身が相続人であることを知らない場合があることも否定できない（第一順位の相続人が相続放棄したが、第二順位の相続人がそれを知らなかった場合をイメージしていただきたい）。この不都合を回避するために、熟慮期間の起算点は被相続人の死亡を知ったことかつ相続人になったことを覚知した時からという考え方が生まれる（大判大正10・10・20民録27輯1807頁、大決大正15・8・3民集5巻10号679頁。Q2－2参照）。

　さらに、仮に自身が相続人であることを知ったとしても、相続人と被相続人が長い間音信不通で交渉がなかった場合や被相続人には相続財産が全くないと思い何もしなかったような場合に、熟慮期間の起算点をどのように考えるべきか問題となる。最高裁判所は、「熟慮期間は原則として相続人が相続開始の原因たる事実及びこれにより自己が法律上相続人となった事実を知った時から起算すべきものであるが、相続人が上記各事実を知った場合であっても、上記各事実を知った時から3か月以内に限定承認又は相続放棄をしなかったのが、被相続人に相続財産が全く存在しないと信じたためであり、かつ、被相続人の生活歴、被相続人と相続人との交際状態その他諸般の状況からみて当該相続人に対し相続財産の有無の調査を期待することが著しく困難な事情があって、相続人において上記のように信ずるについて相当な理由があると認められるときには、相続人が上記の各事実を知った時から熟慮期間を起算すべきであるとすることは相当でないものというべきであり、熟慮期間は相続人が相続財産の全部又は一部の存在を認識した時又は通常これを認識しうべき時から起算すべきものと解するのが相当である」と判断し、起算点を繰り下げた（最判昭和59・4・27民集38巻6号698頁）。

　実務では、上記の判例が踏襲されているものの、熟慮期間の起算点の繰下げが認められるか否かは具体的事案ごとにケース・バイ・ケースで判断されている（詳細はQ2－3～Q2－8参照）。

第1章　相続の承認・放棄の基礎知識

3　相続人が複数いる場合の熟慮期間の起算点

　相続人が複数いる場合には、熟慮期間は、各相続人が自己のために相続の開始があったことを知った時から各別に進行する（最判昭和51・7・1家月29巻2号91頁。**Q2−6**参照）。

4　熟慮期間の伸長

　資産と負債の調査が未了で、相続を承認または放棄すべきかどうか判断できないときには、相続放棄等をすべき期間の伸長の申立てを行うことができる（民法915条1項ただし書。**Q2−9**参照）。実務では、3か月〜6か月程度の伸長が認められることが多いといわれている。また、再度の伸長が認められる場合もある。

Q1－4　限定承認の手続の流れ

> Q　限定承認はどのような手続で行うのですか。
>
> A　相続人全員が共同して、被相続人の最後の住所地の家庭裁判所に限定承認の申述を行い（申述書等を提出）、これを受理する審判をしてもらう必要があります。申述受理後、限定承認者（相続人が複数のときは相続財産清算人）が、相続財産の清算手続（相続債権者および受遺者に対する公告および催告、相続財産の換価、相続債権者および受遺者に対する弁済）をします。

1　限定承認の手続の流れ

限定承認の手続の流れは〔図表3〕のとおりである。

2　限定承認の申述

⑴　申述の概要

相続人は、自己のために相続の開始があったことを知った時から3か月以内（民法915条1項）に、限定承認の申述書、相続財産の目録を作成して、添付書類を添えて、被相続人の最後の住所地を管轄する家庭裁判所に提出して、限定承認をする旨を申述する（同法924条、家事事件手続法39条・201条・別表1の92項）。

相続人が数人あるときは、相続人全員（ただし、相続放棄をした者を除く）が共同して申述する必要がある（民法923条）。

⑵　申述書

限定承認の申述書には、①当事者および法定代理人（家事事件手続法201条5項1号）、②限定承認をする旨（同項2号）のほか、③被相続人の氏名および最後の住所（家事事件手続規則105条1項1号）、④被相続人との続柄（同項

15

第1章　相続の承認・放棄の基礎知識

〔図表3〕　限定承認の手続の流れ（期間は目安）

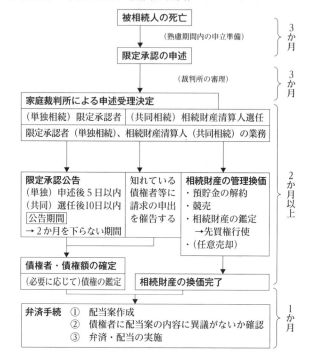

2号）、⑤相続の開始があったことを知った年月日（同項3号）を記載しなければならない（家庭裁判所の様式につき、相続人が一人のときは【書式1】、相続人が複数の場合は【書式2】参照）。

(3)　**財産目録**

　財産目録の形式・内容については特に法定されていない。ただ、法が相続財産の目録の提出を求める趣旨は、債務の引当てとなるべき財産の範囲を明確にして、相続人の固有財産との混同を防止し、後日の不正行為の予防を図り、相続債権者や受遺者の保護を期することにあるため、このような趣旨からすれば、財産目録には、積極財産だけでなく、消極財産についても、相続人が知りうる範囲で、できる限り正確に財産目録に記載することが求められている（【書式3】参照）。なお、財産が不明な場合には、財産目録にその旨

を記載すれば足りる。

民法921条3号において、「相続人が、限定承認……をした後であっても、相続財産の全部若しくは一部を隠匿し、私にこれを消費し、又は悪意でこれを相続財産の目録中に記載しなかったとき」は単純承認したものとみなすとされているので注意を要する（同号の解釈についてはQ3－2、Q3－10～Q3－14参照）。

⑷　添付書類

ここでは、申述書とともに提出する添付書類について、裁判所ホームページに案内されている一般的なものを紹介する（裁判所ごとに若干異なる場合もあるので、申述前に裁判所に問合せをされたい）。

㋐　共通書類

共通書類は、①被相続人の出生時から死亡時までのすべての戸籍（除籍、改製原戸籍）謄本、②被相続人の住民票除票または戸籍附票、③申述人全員の戸籍謄本である。

㋑　申述人が被相続人の（配偶者と）父母・祖父母等（直系尊属）（第二順位相続人）の場合

申述人が被相続人の（配偶者と）父母・祖父母等（直系尊属）（第二順位相続人）の場合、前記㋐①～③に加えて、④被相続人の直系尊属に死亡している者（相続人と同じ代および下の代の直系尊属に限る（例：相続人祖母の場合、父母と祖父）がいるときには、その直系尊属の死亡の記載のある戸籍（除籍、改製原戸籍）謄本を添付する。

㋒　申述人が被相続人の配偶者のみの場合、または被相続人の（配偶者と）兄弟姉妹およびその代襲者（甥、姪）（第三順位相続人）の場合

申述人が被相続人の配偶者のみの場合、または被相続人の（配偶者と）兄弟姉妹およびその代襲者（甥、姪）（第三順位相続人）の場合、前記㋐①～③に加えて、④被相続人の父母の出生時から死亡時までのすべての戸籍（除籍、改製原戸籍）謄本、⑤被相続人の直系尊属の死亡の記載のある戸籍（除籍、改製原戸籍）謄本、⑥被相続人の兄弟姉妹で死亡している者がいるときには、

その兄弟姉妹の出生時から死亡時までのすべての戸籍（除籍、改製原戸籍）謄本、⑦代襲者としての甥・姪で死亡している者がいるときには、その甥または姪の死亡の記載のある戸籍（除籍、改製原戸籍）謄本を添付する。

(エ)　申述人が被相続人の父母・祖父母等（直系尊属）（第二順位相続人）の場合

申述人が被相続人の父母・祖父母等（直系尊属）（第二順位相続人）の場合、前記(ア)①～③に加えて、④被相続人の子（およびその代襲者）が死亡している者がいるときには、その子（およびその代襲者）の出生時から死亡時までのすべての戸籍（除籍、改製原戸籍）謄本を添付する（先順位相続人等から提出済みのものは添付不要）。

(オ)　申述人が被相続人の兄弟姉妹およびその代襲者（甥、姪）（第三順位相続人）の場合

申述人が被相続人の兄弟姉妹およびその代襲者（甥、姪）（第三順位相続人）の場合、前記(ア)①～③に加えて、④被相続人の子（およびその代襲者）で死亡している者がいるときには、その子（およびその代襲者）の出生時から死亡時までのすべての戸籍（除籍、改製原戸籍）謄本、⑤被相続人の直系尊属の死亡の記載のある戸籍（除籍、改製原戸籍）謄本、⑥申述人が代襲相続人（甥、姪）のときには、被代襲者（本来の相続人）の死亡の記載のある戸籍（除籍、改製原戸籍）謄本を添付する（先順位相続人等から提出済みのものは添付不要）。

(5)　申述費用

申述にかかる費用は、収入印紙800円（被相続人単位で計算。民事訴訟費用等に関する法律３条１項・別表１の15項）、予納郵便切手（各裁判所の定めるところによる）である。

3　限定承認の申述後の流れ

(1)　相続財産の清算の開始

限定承認の申述が受理された後、限定承認者（相続人が複数のときは相続財

産管理人）によって相続財産の清算手続が行われる。

相続財産は、相続人の固有財産とは切り離されて、別個の存在を保ちながら清算される必要があることから、相続の単純承認のように相続人の固有財産と混同することなく、相続人と被相続人間の権利義務は消滅しないで、そのまま存続することとなる（民法925条）。

限定承認者は、相続以前から保有していた固有財産におけるのと同一の注意をもって相続財産の管理を継続する（民法926条1項）。相続財産の管理義務については（**Q4−6**参照）、委任規定が準用されており、具体的には、①相続債権者および受遺者に対する報告義務（同法645条）、②受取物の引渡義務（同法646条）、③管理事務の費用について相続財産から償還できる権利（同法650条1項・2項）がある（同法926条2項）。

相続人が数人あるときは、相続人の中から家庭裁判所が職権で選任した相続財産清算人が清算および清算に必要な一切の行為を行う（民法936条、家事事件手続法39条・201条・別表1の94項）。

(2) **相続債権者および受遺者に対する公告および催告**

限定承認者または相続財産清算人は、限定承認をした後5日以内（共同相続のため職権で相続財産清算人が選任された場合には選任後10日以内）にすべての相続債権者および受遺者に対して、限定承認した旨および2か月を下らない一定の期間内に請求の申出をすべき旨の公告（限定承認公告）をしなければならず、かつ、公告には、期間内に申出をしない相続債権者および受遺者は弁済から除斥する旨を付記しなければならない（民法927条1項・2項・936条3項。**Q4−12**参照）。

また、知れている相続債権者および受遺者には、申出がなくても除斥されないことから各別に請求申出の催告をしなければならない（民法927条2項・3項。**Q4−13**参照）。

(3) **相続財産の換価**

相続債務を金銭以外の相続財産をもって弁済する必要があり、当該相続財産を換価するため売却する必要が生じたときは、限定承認者は相続財産を競

第1章　相続の承認・放棄の基礎知識

売に付さなければならない（民法932条本文。**Q4－15**参照）。

　しかし、限定承認者が被相続人の遺産を承継することを希望する場合は、家庭裁判所の選任した鑑定人の評価額を支払って競売を止め、相続財産の全部または一部を引き取ることができる（民法932条ただし書。**Q4－16**参照）。ただし、限定承認者による競売の差止めは、相続に関係のない担保債権者が任意競売をした場合には認められない。

⑷　相続債権者および受遺者に対する弁済

　相続財産の換価終了後、相続債権者および受遺者に対する公告期間の満了後に、次の①～④の順序で債権額の割合に応じて弁済する（**Q4－19**～**Q4－23**参照）。

①　先取特権や抵当権等の優先権を有する債権者（民法929条ただし書）

②　公告・催告期間内に申出があり、または知れている相続債権者（同条本文）　　弁済期未到来債権、条件付き債権、存続期間の不確定な債権も弁済しなければならない（同法930条）

③　公告・催告期間内に申出があり、または知れている受遺者（同法931条）

④　さらに残余財産があれば、申出をせず、または知れなかった相続債権者および受遺者（同法935条）

Q1－4　限定承認の手続の流れ

【書式1】　限定承認の申述書①――相続人が一人の場合

<table>
<tr><td colspan="2" rowspan="2">受付印</td><td colspan="3">家 事 審 判 申 立 書
事件名（相続の限定承認）</td></tr>
<tr><td colspan="3">収入印紙貼付欄（800円）</td></tr>
<tr><td>収 入 印 紙</td><td>円</td><td colspan="3" rowspan="2"></td></tr>
<tr><td>予納郵便切手</td><td>円</td></tr>
</table>

準口頭		関連事件番号　平成○年（家○）　第　　○○○○　　号

○○家庭裁判所　　　　　　　御中 平成○年○月○日	申述人代理人	弁護士 ○ ○ ○ ○ ㊞

添付書類	申 述 人 の 戸（除）籍 謄 本　　○通 被相続人の戸（除）籍 謄 本　　○通, 改製原戸籍謄本　　　　○通 委任状　　　　　　　　　　　　○通

<table>
<tr><td rowspan="6">申
述
人</td><td>本　　籍</td><td colspan="2">○○ 都道府㊞ ○○市○○町○丁目○番地</td></tr>
<tr><td>住　　所</td><td colspan="2">〒000-0000　　　　　　電 話 000-000-0000
○○県○○市○○町○丁目○番○号</td></tr>
<tr><td>連 絡 先</td><td colspan="2">〒　 －　　　　　　　　電 　話</td></tr>
<tr><td>フリガナ
氏　　名</td><td>○○　　　○○　　　○○
○　　○　　○　　○</td><td>昭和○年○月○日生</td></tr>
<tr><td>職　　業</td><td colspan="2">○○○○</td></tr>
<tr><td colspan="3"></td></tr>
<tr><td rowspan="2">申述
人代
理人</td><td>事 務 所</td><td colspan="2">〒000-0000　　電 話 000-000-0000　　FAX 000-000-0000
○○県○○市○○町○丁目○番○号　○○○ビル ○階
　　○○法律事務所</td></tr>
<tr><td>フリガナ
氏　　名</td><td colspan="2">申述人代理人　弁護士 ○○ ○○ ○○
○ ○ ○ ○</td></tr>
<tr><td rowspan="4">被
相
続
人</td><td>本　　籍</td><td colspan="2">○○ 都道府㊞ ○○市○○町○丁目○番地</td></tr>
<tr><td>最 後 の
住　　所</td><td colspan="2">○○県○○市○○町○丁目○番○号</td></tr>
<tr><td>フリガナ
氏　　名</td><td>○○　　○○　　○○
○　　○　　○　　○</td><td>昭和○年○月○日生
平成○年○月○日死亡</td></tr>
<tr><td>職　　業</td><td colspan="2">○○○○</td></tr>
</table>

第1章　相続の承認・放棄の基礎知識

申　立　て　の　趣　旨
被相続人の相続につき限定承認します。

申　立　て　の　実　情
1　申述人は，被相続人の子であり，相続人は申述人だけである。
2　被相続人は，平成○年○月○日に死亡して，その相続が開始された。
3　被相続人は，被相続人の死亡当日に相続の開始を知った。
4　被相続人には，別紙財産目録記載の財産があるが，相当の債務があり，申述人は，相続財産の限度で債務の弁済をしたいので，限定承認することを申述する。

Q1−4　限定承認の手続の流れ

【書式2】　限定承認の申述書②——相続人が複数の場合

<table>
<tr><td rowspan="4" colspan="2">受付印</td><td colspan="2">家 事 審 判 申 立 書
事件名（相 続 の 限 定 承 認）</td></tr>
<tr><td colspan="2">収入印紙貼付欄（800円）</td></tr>
<tr><td>収 入 印 紙</td><td>円</td><td colspan="2" rowspan="2"></td></tr>
<tr><td>予納郵便切手</td><td>円</td></tr>
</table>

準口頭		関連事件番号　平成○年（家○）第　　○○○○　　号

○○家庭裁判所　　　　　　　　御中	申述人代理人	弁護士　○　○　○　○　㊞
平成○年○月○日		

添付書類	申 述 人 の 戸（除）籍 謄 本　　○通 被相続人の戸（除）籍 謄 本　　○通，改製原戸籍謄本　　　○通 委任状　　　　　　　　　　　○通

<table>
<tr><td>申
述
人</td><td colspan="2">別 紙 の と お り</td><td></td></tr>
<tr><td rowspan="4">申
述
人
代
理
人</td><td>事 務 所</td><td colspan="2">〒000-0000　　　電 話 000-000-0000　　FAX 000-000-0000
○○県○○市○○町○丁目○番○号　　○○○ビル ○階
　　○○法律事務所</td></tr>
<tr><td>フリガナ</td><td colspan="2">　　　　　　　　　　○○　○○　○○　○○</td></tr>
<tr><td>氏　　名</td><td colspan="2">　申述人代理人　弁護士　○　○　○　○</td></tr>
<tr><td rowspan="5">被
相
続
人</td><td>本　　籍</td><td colspan="2">○○　都道
府㊣　○○市○○町○丁目○番地</td></tr>
<tr><td>最 後 の
住　所</td><td colspan="2">○○県○○市○○町○丁目○番○号</td></tr>
<tr><td>フリガナ</td><td colspan="2">　　○○　　○○　　○○　　○○</td><td rowspan="2">昭和○年○月○日生
平成○年○月○日死亡</td></tr>
<tr><td>氏　　名</td><td colspan="2">　○　　○　　○　　○</td></tr>
<tr><td>職　　業</td><td colspan="2">○○○○</td></tr>
</table>

第1章　相続の承認・放棄の基礎知識

申述人	本　　籍	○○県○○市○○町○丁目○番地
	住　　所	〒000-0000　　　　　　　　　電　話 000-000-0000 ○○県○○市○○町○丁目○番○号
	連　絡　先	〒　　－　　　　　　　　　　　電　話
	フリガナ 氏　　名	○○　　○○　　○○　　○○ ○　　　○　　　○　　　○　　　　昭和○年○月○日生
	職　　業	○○○○
申述人	本　　籍	○○県○○市○○町○丁目○番地
	住　　所	〒000-0000　　　　　　　　　電　話 000-000-0000 ○○県○○市○○町○丁目○番○号
	連　絡　先	〒　　－　　　　　　　　　　　電　話
	フリガナ 氏　　名	○○　　○○　　○○　　○○ ○　　　○　　　○　　　○　　　　昭和○年○月○日生
	職　　業	○○○○
申述人	本　　籍	
	住　　所	〒　　－　　　　　　　　　　　電　話
	連　絡　先	〒　　－　　　　　　　　　　　電　話
	フリガナ 氏　　名	昭和　　年　　月　　日生
	職　　業	
申述人	本　　籍	
	住　　所	〒　　－　　　　　　　　　　　電　話
	連　絡　先	〒　　－　　　　　　　　　　　電　話
	フリガナ 氏　　名	昭和　　年　　月　　日生
	職　　業	

Ｑ１－４ 限定承認の手続の流れ

申 立 て の 趣 旨
被相続人の相続につき限定承認します。

申 立 て の 実 情

1 申述人らは，被相続人の子であり，相続人は申述人らだけである。

2 被相続人は，平成○年○月○日に死亡して，その相続が開始された。

3 申述人らは，被相続人の死亡当日に相続の開始を知った。

4 被相続人には，別紙財産目録記載の財産があるが，相当の債務があり，申述人らは相続財産の限度で債務の弁済をしたいので，限定承認することを申述する。

　なお，相続財産清算人には，申述人の○○○○を選任されるよう希望する。

25

第1章　相続の承認・放棄の基礎知識

【書式3】　財産目録

財 産 目 録

被相続人　○　○　○　○

平成○年○月○日現在

第1　資　産

　1　現　金　　　　　　　　　　　　　　　　　○○万○○円

　2　預　金　①　○○銀行○○支店　普通　　○○万○○円

　　　　　　　②　○○銀行○○支店　定期　　○○万○○円

　3　株　式　○○○○株式会社　1000株　　○○万○○円

　　　　　　　　　　　　　　　　（平成○年○月時点1株○○円）

　4　動　産　宝石　　　　　　　　　　　　　（評価額不明）

　5　不動産　①　土地　　　　　　　　　　　○○万○○円見込み

　　　　　　　　　所在　○○県○○市○○町○丁目○番○号

　　　　　　　②　建物　　　　　　　　　　　○○万○○円見込み

　　　　　　　　　所在　○○県○○市○○町○丁目○番○号

　6　○○○

第2　負　債

　1　○○銀行○○支店　　借入金　　　　　　○○万○○円

　2　○○カード株式会社　借入金　　　　　　○○万○○円

　3　○○○

　　　ただし，以上は現時点で判明しているもの

Q1-5　相続放棄の手続の流れ

> Q　相続放棄はどのような手続で行うのですか。
> A　被相続人の最後の住所地の家庭裁判所に相続放棄の申述を行い（申述書等を提出）、家庭裁判所の審査を受けて申述を受理する審判をしてもらう必要があります。申述が受理された後に、家庭裁判所は申述人に対し相続放棄申述受理通知書を送付します。

1　相続放棄の手続の流れ

相続放棄の手続の流れは〔**図表4**〕のとおりである。

2　相続放棄の申述

⑴　申述の概要

相続人は、自己のために相続の開始があったことを知ったときから3か月以内（民法915条1項）に、相続放棄の申述書を作成して、添付書類を添えて、被相続人の最後の住所地を管轄する家庭裁判所に提出して、相続放棄をする旨を申述する（同法938条、家事事件手続法39条・201条・別表1の95項）。この手続は各相続人が単独で行うことができる。

⑵　申述書

相続放棄の申述書には、①当事者および法定代理人（家事事件手続法201条5項1号）、②限定承認をする旨（同項2号）のほか、③被相続人の氏名および最後の住所（家事事件手続規則105条1項1号）、④被相続人との続柄（同項2号）、⑤相続の開始があったことを知った年月日（同項3号）を記載しなければならない（家庭裁判所の様式を利用する場合は**【書式4】**、利用しない場合は**【書式5】**参照）。

〔図表4〕 相続放棄の手続の流れ（期間は目安）

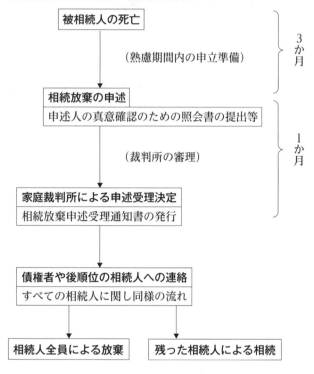

(3) 添付書類

　ここでは、申述書とともに提出する添付書類について、裁判所ホームページに案内されている一般的なものを紹介する（裁判所ごとに若干異なる場合もあるので、申述前に裁判所に問合せをされたい）。

　(ア) 共通書類

　共通書類は、①被相続人の住民票除票または戸籍附票、②申述人（放棄する者）の戸籍謄本である。

　(イ) 申述人が被相続人の配偶者の場合

　申述人が被相続人の配偶者の場合、前記(ア)①②に加えて、③被相続人の死亡の記載のある戸籍（除籍、改製原戸籍）謄本を添付する。

㈦ 申述人が被相続人の子またはその代襲者（孫、ひ孫等）（第一順位相続人）の場合

申述人が被相続人の子またはその代襲者（孫、ひ孫等）（第一順位相続人）の場合、前記㈦①②に加えて、③被相続人の死亡の記載のある戸籍（除籍、改製原戸籍）謄本、④申述人が代襲相続人（孫、ひ孫等）のときには、被代襲者（本来の相続人）の死亡の記載のある戸籍（除籍、改製原戸籍）謄本を添付する。

㈢ 申述人が被相続人の父母・祖父母等（直系尊属）（第二順位相続人）の場合

申述人が被相続人の父母・祖父母等（直系尊属）（第二順位相続人）の場合、前記㈦①②に加えて、③被相続人の出生時から死亡時までのすべての戸籍（除籍、改製原戸籍）謄本、④被相続人の子（およびその代襲者）が死亡している者がいるときには、その子（およびその代襲者）の出生時から死亡時までのすべての戸籍（除籍、改製原戸籍）謄本を添付する（先順位相続人等から提出済みのものは添付不要）。

㈣ 申述人が被相続人の兄弟姉妹およびその代襲者（甥、姪）（第三順位相続人）の場合

申述人が被相続人の兄弟姉妹およびその代襲者（甥、姪）（第三順位相続人）の場合、前記㈦①②に加えて、③被相続人の出生時から死亡時までのすべての戸籍（除籍、改製原戸籍）謄本、④被相続人の子（およびその代襲者）で死亡している者がいるときには、その子（およびその代襲者）の出生時から死亡時までのすべての戸籍（除籍、改製原戸籍）謄本、⑤被相続人の直系尊属の死亡の記載のある戸籍（除籍、改製原戸籍）謄本、⑥申述人が代襲相続人（甥、姪）のときには、被代襲者（本来の相続人）の死亡の記載のある戸籍（除籍、改製原戸籍）謄本を添付する（先順位相続人等から提出済みのものは添付不要）。

⑷ 申述費用

申述にかかる費用は、申述人 1 名につき収入印紙800円（民事訴訟費用等に

第1章　相続の承認・放棄の基礎知識

関する法律3条1項・別表1の15項)、予納郵便切手（各裁判所の定めるところによる）である。

3　相続放棄の申述後の流れ

　家庭裁判所から申述人に対し、相続放棄の申述に関する照会が行われ、回答書（【書式6】参照）の提出を求められる。この回答書において、申述人は、被相続人の相続人となったことをいつ知ったか、相続放棄の申述が真意に基づいてなされたものか、被相続人の債務の内容をいつ知ったか等の回答を行う。回答書提出後、特に問題がなければ申述が受理され、相続放棄申述受理通知書（【書式7】参照）が発行される。

　なお、相続放棄者（相続人が全員相続放棄をしたときは相続財産清算人）は、その放棄の時に相続財産に属する財産を現に占有しているときは、相続人または相続財産清算人（民法952条1項）に対して当該財産を引き渡すまでの間、自己の財産におけるのと同一の注意をもって、その財産を保存する義務を負い（同法940条1項）、相続財産の管理義務についても、限定承認者（相続人が複数のときは相続財産清算人）の管理義務と同様に、委任の規定が準用されている（同条2項。Q1-4、Q5-10参照)。

Q1－5　相続放棄の手続の流れ

【書式4】　相続放棄の申述書①──家庭裁判所の様式による場合

<table>
<tr><td colspan="2">受付印

収　入　印　紙　　　　円
予納郵便切手　　　　円</td><td colspan="2">相　続　放　棄　申　述　書

収入印紙貼付欄（800円）</td></tr>
</table>

準口頭		関連事件番号　平成○年（家○）　第　　○○○○　　号

○○家庭裁判所 平成○年○月○日	御中	申述人代理人	弁護士　○　○　○　○　㊞

添付書類	申述人・法定代理人等の戸籍謄本　　○通 被相続人の戸籍謄本　　　　　　　　○通 委任状　　　　　　　　　　　　　　○通

<table>
<tr><td rowspan="7">申

述

人</td><td>本　　籍</td><td colspan="3">○○県○○市○○町○丁目○番地</td></tr>
<tr><td>住　　所</td><td colspan="3">〒000-0000　　　　　　　　　電話 000-000-0000
○○県○○市○○町○丁目○番○号</td></tr>
<tr><td>連絡先</td><td colspan="3">〒　－　　　　　　　　　　　電　話</td></tr>
<tr><td>フリガナ</td><td colspan="2">○○　　　　　○○　　　　　○○</td><td rowspan="2">昭和○年○月○日生　職業　○○○○</td></tr>
<tr><td>氏　　名</td><td colspan="2">○　　　○　　　○　　　○</td></tr>
<tr><td>被相続人
との関係</td><td colspan="3">被相続人の　子　孫　配偶者　父母・祖父母　兄弟姉妹</td></tr>
</table>

<table>
<tr><td rowspan="3">法
定
代
理
人
等</td><td rowspan="3">親権者
後見人</td><td>住　所</td><td colspan="2">〒000-0000　　　　　　　　電　話 000-000-0000
○○県○○市○○町○丁目○番○号</td></tr>
<tr><td>フリガナ</td><td>○○　　○○</td><td>フリガナ</td></tr>
<tr><td>氏　名</td><td>○　○　○　○　○</td><td>氏　名</td></tr>
</table>

<table>
<tr><td rowspan="3">被
相
続
人</td><td>本　　籍</td><td colspan="2">○○県○○市○○町○丁目○番地</td></tr>
<tr><td>最後の
住　所</td><td>○○県○○市○○町○丁目○番○号</td><td>死亡当時
の職業　○○○○</td></tr>
<tr><td>フリガナ
氏　　名</td><td>○○　　○○
○　　　○　　　○</td><td>平成○年○月○日死亡</td></tr>
</table>

<table>
<tr><td rowspan="2">申
述
人
代
理
人</td><td>事務所</td><td>〒000-0000　　　電　話 000-000-0000　　FAX 000-000-0000
○○県○○市○○町○丁目○番○号　　○○○ビル○階
　　○○法律事務所</td></tr>
<tr><td>フリガナ
氏　　名</td><td>　　　　　　　　　　　　　○○　○○　○○
申述人代理人　弁護士　○　○　○　○</td></tr>
</table>

第1章　相続の承認・放棄の基礎知識

申　述　の　趣　旨
相続の放棄をする。

申　述　の　実　情

相続の開始を知った日………平成○年○月○日

被相続人死亡の当日　死亡の通知を受けた日　先順位者の相続放棄を知った日

放　棄　の　理　由	相 続 財 産 の 概 略		
1　被相続人から生前に贈与を受けている。 2　生活が安定している。 3　遺産が少ない。 4　遺産を分散させたくない。 5　債務超過のため。 6　その他（　　　　）	資 産	農　地…約 ○ m² 山　林…約 ○ m² 宅　地…約 ○ m² 建　物…約 ○ m²	現　　金…約 ○ 万円 預 貯 金 有価証券…約 ○ 万円
	負　　債…約＿＿＿＿＿○万円		

32

Q1-5 相続放棄の手続の流れ

【書式5】 相続放棄の申述書②——家庭裁判所の様式によらない

相続放棄申述書

平成○年○月○日

○○家庭裁判所　御中

申述人弁護士　○　○　○　○　㊞

本　　　籍　○○県○○市○○町○番地
住　　　所　○○県○○市○○町○番○号
　　　　　　申　述　人　○　○　○　○　（昭和○年○月○日生）
　　　　　　被相続人との関係　兄弟姉妹

住　　　所　○○県○○市○○町○番○号　○○法律事務所
　　　　　　上記申述人弁護士　○　○　○　○
　　　　　　TEL　000-0000-0000　FAX　000-0000-0000

本　　　籍　○○県○○市○○町○番地
最後の住所　○○県○○市○○町○番○号
　　　　　　被　相　続　人　○　○　○　○　（昭和○年○月○日死亡）

申述の趣旨

　申述人は，被相続人の死亡に伴う相続につき相続の放棄をする。

申述の実情

1　相続の開始を知った日
　　平成○年○月○日，○○県信用保証協会から通知書が届き，そこで初めて
　相続債務の存在を知った。

2　相続放棄の理由
　　相続財産が債務超過のため

第1章　相続の承認・放棄の基礎知識

  3　相続財産の概略

    負債　約○○万円

添付書類

1　被相続人の死亡時の戸籍謄本

2　被相続人の住民票除票

3　申述人の現在の戸籍謄本

4　申述人の戸籍の附票

5　相続人関係図

6　委任状

関連事件

○○家庭裁判所　平成○年（家○）第○号，第○号事件

以　　上

Q1-5　相続放棄の手続の流れ

【書式6】　相続放棄の申述に関する回答書

事件番号　平成○年（家○）第○号
○○家庭裁判所　御中

回　答　書

回　答　日　平成○年○月○日

住　　　所　○○県○○市○○町○丁目○番○号

署名押印
（申し込みの際と同じ印鑑を使用してください。）

○　○　○　○　㊞

昼間に連絡が取れる電話番号　（○○○）○○○-○○○○

（以下の質問につき，該当する□に「✓」でチェックし，（　）内に回答を記入
して下さい。）

1　現在，あなたの名前で，当裁判所に対して，相続放棄をしたい，という申
　し込みがされていますが，これはあなたの意思によるものですか。
　　　□　はい。私の意思で相続放棄の申し込みをしました。
　　　□　いいえ，私は相続放棄の申し込みをした覚えはありません。
　　　□　私が相続放棄の申し込みをしましたが，本当は相続放棄したくありま
　　　せん。
　　　　　その理由は，□　（氏名　　　　　　　）にむりやり申し込みをさせ
　　　　　　　　　　られたから。
　　　　　　　　　　□　申し込みをしたときは，相続放棄の意味がわからな
　　　　　　　　　　かったから。
　　　　　　　　　　□　申し込みをした後，気持ちが変わったから。
　　　　　　　　　　□　その他（具体的に　　　　　　　　　　　）

35

（以下の質問は，１で「はい。私の意思で……しました。」と答えた場合にだけお答えください。）

2　被相続人が死亡したことをいつ，どういう経緯で知りましたか。

　　死亡を知った日　（平成○年○月○日）

　　経緯　□　債権者（金融機関等）からの連絡

　　　　　□　（氏名　　　　　　　　　）からの連絡

　　　　　□　その他（具体的に　　　　　　　　　　　　　　　　　　　）

3　先順位の相続人の相続放棄の受理（認められたこと）をいつ，どういう経緯で知りましたか。

　　受理（認められたこと）を知った日　（平成○年○月○日）

　　経緯　□　債権者（金融機関等）からの連絡

　　　　　　　（←書面があればコピーを添付してください。）

　　　　　□　氏名（　　　　　　　　）からの連絡

　　　　　　　（←書面があればコピーを添付してください。）

　　　　　□　その他（具体的に　　　　　　　　　　　　　　　　　　　）

4　被相続人に財産・負債があることをいつ，どういう経緯で知りましたか。

　　財産・負債があることを知った日　（平成○年○月○日）

　　経緯　□　債権者（金融機関等）からの連絡

　　　　　　　（←書面があればコピーを添付してください。）

　　　　　□　氏名（　　　　　　　　）からの連絡

　　　　　　　（←書面があればコピーを添付してください。）

　　　　　□　その他（具体的に　　　　　　　　　　　　　　　　　　　）

※　３～４の経緯についての書面は，いつ，誰が，誰に連絡したものかが分かるようにコピーしてください。既に提出済みの場合は添付不要です。

5　あなたはどういう理由で相続放棄をしたいのですか。

　　　□　被相続人は債務超過（借金のほうが財産より多い）であるから（その可能性があるから。）

　　　□　被相続人から生前に贈与を受けたから。

　　　□　私自身の生活が安定していて，相続財産をもらう必要がないから。

Q1-5 相続放棄の手続の流れ

☐ その他（具体的に　　　　　　　　　　　　　　　　　　　　）

6 現在も，あなたは相続放棄をする意思に変わりはありませんか。

☐ 変わりません。私はそのまま相続放棄をします。

☐ 相続放棄をやめます（取下げします）。

☐ もう一度考えたいので，連絡してください。

☐ その他（具体的に　　　　　　　　　　　　　　　　　　　　）

第1章　相続の承認・放棄の基礎知識

【書式7】　相続放棄申述受理通知書

相続放棄申述受理通知書

事　件　番　号　平成○年（家○）第○号

申　述　人　氏　名　○　○　○　○

被　相　続　人　氏　名　○　○　○　○
本　　　　　　　籍　○○県○○市○○町○丁目○番地
死　亡　年　月　日　平成○年○月○日

申述を受理した日　平成○年○月○日

　　あなたの申述は以上のとおり受理されましたので，通知します。
　　なお，手続費用は申述人の負担とされました。

　　　　　　　　　　　　　　　　　平成○年○月○日
　　　　　　　　　　　　　　　　　○○家庭裁判所
　　　　　　　　　　　　　　　　　裁判所書記官　○　○　○　○

※　「手続費用」とは，あなたがこれまでにこの手続のために支払った手数料
　（収入印紙代）や郵便切手代などのことです（今後，新たに裁判所から請求
　があるものではありません）。
※　この通知書は，再発行しませんので大切にしてください。
※　「受理証明書」が必要な場合は，別途，受理証明申請をしていただくこと
　になりますので，手数料（申述人1人につき150円の収入印紙），認め印及び
　この通知書を持参の上，当家庭裁判所に申請手続をしてください。
　　なお，郵便による申請もできますので，その場合は，家庭裁判所にお尋ね
　ください。

Q1-6　単純承認・限定承認・相続放棄の撤回

> Q　いったん相続の承認や放棄をしたのですが、後で撤回することはで
> きますか。
> A　いったん相続の承認や放棄をすると、それを撤回することはできま
> せん。たとえ熟慮期間内であっても撤回はできませんので注意してく
> ださい。

1　相続の承認・放棄の撤回の禁止

「相続の承認及び放棄は、〔民法〕第915条第1項の期間内でも、撤回する
ことができない」と規定されている（民法919条1項）。したがって、一度行
った相続の承認および放棄は撤回することができない。

相続の承認や放棄は相続人の資格を確定させる極めて重要なものであるか
ら、一度相続の承認または放棄がされたにもかかわらず、その撤回が認めら
れてしまうと、他の共同相続人や相続債権者等の立場を極めて不安定にして
しまうなど、相続による法律関係の安定を害することになるからである。

この相続による法律関係の安定という要請は、たとえ熟慮期間内であって
も同様であるので、熟慮期間内であっても一度なされた相続の承認または放
棄は撤回することはできない。

2　相続放棄の申述受理前の撤回

家庭裁判所の実務においては、相続放棄の申述書が家庭裁判所に提出され
てから受理されるまでに一定の時間がかかる場合（例：申述者が遠方に居住し
ている場合等でその意思確認のため）があることに鑑み、相続放棄の申述が受
理されるまでは相続放棄の申述の撤回（取下げ）を認めている。

39

第1章　相続の承認・放棄の基礎知識

3　法定単純承認事由が存在する場合

「相続人が相続財産の全部又は一部を処分したとき」には、当該相続人は相続の単純承認をしたものとみなされる（民法921条1号）。したがって、この場合にも、単純承認を撤回してあらためて相続の放棄をすることは許されないことが原則である（例外としては、相続人が相続開始の事実を知らなかったときが考えられる）。

Q 1 - 7　限定承認・相続放棄の取消し

Q 1 - 7　限定承認・相続放棄の取消し

Q　私は、夫の成年後見人をしています。先日、夫の母親が死亡し、相
続人は夫一人でした。夫の母親は財産がある一方、その生前、借金の
返済で苦労している様子でしたので、私は、夫のために限定承認の申
述をしました。しかし、その申述をするにあたり、成年後見監督人の
同意を得ていませんでした。私が夫の成年後見人としてした限定承認
の申述は、取り消すことができるのでしょうか。また、相続放棄の場
合はどうでしょうか。

A　成年後見人が、成年被後見人に代わって限定承認・相続放棄の申述
をする場合には、成年後見監督人の同意が必要となります。そして、
成年後見監督人の同意を得ていなかった場合には、成年後見人は、限
定承認・相続放棄を取り消すことができます（民法13条1項7号・864
条・865条・919条2項）。よって、あなたは、限定承認・相続放棄の申
述をした家庭裁判所（相続が開始した地を管轄する家庭裁判所。家事事
件手続法201条5項）に限定承認・相続放棄の取消申述書を提出するこ
とにより、限定承認・相続放棄を取り消すことができます。

1　限定承認・相続放棄の取消し

　限定承認・相続放棄は、熟慮期間内でも撤回することができないが（民法
915条1項・919条1項。Q1-6参照）、民法に定められた事由（同法5条2
項・9条・13条1項6号・4項・96条・120条1項・864条・865条）がある場合に
は、限定承認・相続放棄を取り消すことができる（同法919条2項）。

2　限定承認・相続放棄の取消しの方法

　限定承認・相続放棄を取り消すためには、限定承認・相続放棄の申述をし

41

第1章　相続の承認・放棄の基礎知識

た家庭裁判所（相続が開始した地を管轄する家庭裁判所。家事事件手続法201条
5項）に対し、限定承認の取消申述書を提出する（民法919条4項、家事事件
手続法39条・201条・別表1の91項。限定承認の取消しにつき【書式8】、相続放
棄の取消しにつき【書式9】参照）。そして、家庭裁判所が、限定承認・相続
放棄の取消しの申述の受理の審判をすると、取消しの効力が生じる（同法
201条7項）。

　共同相続人全員で限定承認の申述をしたが、そのうち一人について限定承
認が取り消された場合は、残りの相続人の限定承認は、そのまま効力を有す
ると考えられている（谷口知平＝久貴忠彦編『新版注釈民法(27)相続(2)〔補訂版〕』
494頁）。

3　限定承認・相続放棄の取消権の消滅

　限定承認・相続放棄の取消権は、追認することができる時から6か月間行
使しないときは時効消滅する（民法919条3項）。これは、早期に限定承認・
相続放棄の効果を確定させ、相続関係者の法律関係を安定させるためである。
また、限定承認・相続放棄した時から10年経過したときも取消権は消滅する
（同項）。

Q1-7　限定承認・相続放棄の取消し

【書式8】　限定承認の取消しの申述書

受付印	家事審判申立書（相続の限定承認取消）
	収入印紙貼付欄（800円）

収　入　印　紙　　　　円	
予納郵便切手　　　　円	

準口頭	関連事件番号　平成○年（家○）第○○○○号

○○家庭裁判所　　　　　　御中	申立人	被後見人　○　○　○　○　㊞
平成○年○月○日		後見人　　○　○　○　○　㊞

添付書類	申述人の戸籍謄本　　　　　　　　○通　　　後見登記事項証明書　　　○通 被相続人の戸籍謄本　　　　　　　○通 被相続人の住民票又は戸籍附票　　○通

申 **述** **人**	本　籍	○○県○○市○○町○番地
	住　所	〒000-0000　　　　　　　　　　電　話 000-000-0000 ○○県○○市○○町○丁目○番○号
	連絡先	〒　　－　　　　　　　　　電　話
	フリガナ 氏　名	○○　　○○　　○○　　○○ ○　　　○　　　○　　　○ ｜昭和○年○月○日生｜職業｜○○○○
	被相続人 との関係	
被 **後** **見** **人**	本　籍	○○県○○市○○町○○番地
	住　所	〒000-0000　　　　　　　　　　電　話 000-000-0000 ○○県○○市○○町○丁目○番○号
	連絡先	〒　　－　　　　　　　　　電　話
	フリガナ 氏　名	○○　　○○　　○○　　○○ ○　　　○　　　○　　　○ ｜昭和○年○月○日生｜職業｜○○○○
被 **相** **続** **人**	本　籍	○○県○○市○○町○番地
	最後の 住　所	〒000-0000 ○○県○○市○○町○番地
	フリガナ 氏　名	○○　　○○　　○○　　○○ ○　　　○　　　○　　　○ ｜昭和○年○月○日生

43

第1章　相続の承認・放棄の基礎知識

申 立 て の 趣 旨
「平成○年○月○日に○○家庭裁判所が受理した被相続人○○○○の相続の限定承認を取り消す」との審判を求めます。

申 立 て の 理 由
1　被相続人○○○○の相続につき，申述人成年被後見人○○○○の成年後見人○○○○は，平成○年○月○日限定承認を申述し受理されました（平成○年（家○）第○号）。 2　しかしながら，成年被後見人○○○○には成年後見監督人○○○○が選任されておりましたところ，成年後見人はその同意を得ずに上記申述をしました。成年後見監督人は，限定承認に反対しています。 3　よって，民法865条1項に基づき，限定承認を取り消すため本申述をいたします。

44

Q1-7　限定承認・相続放棄の取消し

【書式9】　相続放棄の取消しの申述書

<table>
<tr><td colspan="2">受付印</td><td colspan="2">家 事 審 判 申 立 書
事件名（相続放棄の取消）</td></tr>
<tr><td colspan="2"></td><td colspan="2">収入印紙貼付欄（800円）</td></tr>
<tr><td>収 入 印 紙　　　　　　　円</td><td></td><td colspan="2" rowspan="2"></td></tr>
<tr><td>予納郵便切手　　　　　　円</td><td></td></tr>
</table>

<table>
<tr><td>準口頭</td><td></td><td colspan="2">関連事件番号　平成○年（家○）第○○○○号</td></tr>
<tr><td colspan="2">○○家庭裁判所
平成○年○月○日　　　　　　　御中</td><td>申立代理人</td><td>弁護士　○　○　○　○　㊞</td></tr>
</table>

<table>
<tr><td rowspan="3">添付書類</td><td>申立人の戸籍謄本</td><td>○通</td></tr>
<tr><td>被相続人の除籍謄本</td><td>○通，改製原戸籍謄本　　　　　○通</td></tr>
<tr><td>委任状</td><td>○通</td></tr>
</table>

<table>
<tr><td rowspan="6">申
述
人</td><td>本　　籍</td><td colspan="2">○○県○○市○○町○丁目○番地</td></tr>
<tr><td>住　　所</td><td colspan="2">〒000-0000　　　　　　　　　電　話　000-000-0000
○○県○○市○○町○丁目○番○号</td></tr>
<tr><td>連 絡 先</td><td colspan="2">〒　－　　　　　　　　　　　電　話</td></tr>
<tr><td>フリガナ
氏　　名</td><td>○○　　○○　　○○　　○○
○　　　○　　　○　　　○</td><td>昭和○年○月○日生</td></tr>
<tr><td>職　　業</td><td colspan="2">○○○○</td></tr>
</table>

<table>
<tr><td rowspan="5">事
件
本
人</td><td>本　　籍</td><td colspan="2"></td></tr>
<tr><td>住　　所</td><td colspan="2">〒　－　　　　　　　　　　　電　話</td></tr>
<tr><td>連 絡 先</td><td colspan="2">〒　－　　　　　　　　　　　電　話</td></tr>
<tr><td>フリガナ
氏　　名</td><td></td><td>年　　月　　日生</td></tr>
</table>

<table>
<tr><td rowspan="4">被
相
続
人</td><td>本　　籍</td><td colspan="2">○○県○○市○○町○丁目○番地</td></tr>
<tr><td>最 後 の
住　　所</td><td colspan="2">○○県○○市○○町○丁目○番○号</td></tr>
<tr><td>フリガナ
氏　　名</td><td>○○　　○○　　○○　　○○
○　　　○　　　○　　　○</td><td>昭和○年○月○日生
平成○年○月○日死亡</td></tr>
<tr><td>職　　業</td><td colspan="2">○○○○</td></tr>
</table>

45

第1章　相続の承認・放棄の基礎知識

申　立　て　の　趣　旨
「平成○年○月○日に○○家庭裁判所が受理した被相続人○○○○の相続放棄を取り消す」との審判を求めます。

申　立　て　の　実　情
1　事件本人は，被相続人の息子であり，申述人は事件本人の成年後見人です。 2　事件本人は，被相続人の相続について相続放棄の申述をしました。 3　平成○年○月○日に○○家庭裁判所に申述が受理されました。 4　ところが，申述人が相続放棄の申述をするにあたり成年後見監督人の同意を得ていませんでした。 5　したがいまして，平成○年○月○日に○○家庭裁判所が受理した被相続人についての相続放棄の申述は，申述人が成年後見監督人の同意を得ずにしたものですから，これを取り消します。

Q1－8　限定承認・相続放棄が受理されなかった場合の不服申立て

> Q　限定承認・相続放棄の申述が却下されてしまった場合には、どうすればよいか教えてください。
>
> A　限定承認・相続放棄の申述を却下する審判がなされたときには、申述人は即時抗告をすることができます。

1　限定承認・相続放棄が受理されなかった場合の不服申立て

限定承認・相続放棄の申述が受理されなかった場合（申述却下の審判がなされた場合）には、申述人は即時抗告をすることができる（家事事件手続法201条9項3号）。

2　実務の取扱い

相続放棄についてであるが、受理審判は、形式的要件の審査のほかに、①相続人によること、②真意によること、③法定の期間内にされたこと、④法定単純承認事由のないこと、の実質的要件を欠くことが明白である場合に限り、却下できるものと解されている（梶村太市＝徳田和幸編著『家事事件手続法〔第3版〕』436頁）。

家庭裁判所が相続放棄の申述を不受理とした場合の不服申立ての方法としては、高等裁判所への即時抗告だけが認められているにすぎず、その不受理の効果に比べて、救済方法が必ずしも十分であるとはいえないから、家庭裁判所において、その申述が熟慮期間内のものであるか否かを判断する場合には、その要件の欠缺が明らかであるときに、これを却下すべきであるとしても、その欠缺が明らかといえないようなときには、その申述を受理すべきものと解するのが相当である（仙台高決平成8・12・4家月49巻5号89頁）。

47

第1章　相続の承認・放棄の基礎知識

　なお、このように考えることにより、相続債権者に不測の損害を生じさせるのではないかとの批判が生じるかもしれない。しかし、相続債権者は訴訟手続で相続放棄の効果を争うことができるのであるから、相続債権者に不測の損害を生じさせることにはならない。

第 2 章
熟慮期間の考え方と実務

第2章　熟慮期間の考え方と実務

Q2－1　熟慮期間の意義

Q　父が亡くなり、先週、初七日が済みました。そろそろ母や兄弟たち
と相続についての話を始めなければいけないと思っています。父の財
産が私には把握しきれておらず、放棄をしなければいけない可能性も
あるのですが、いつまでに、決断すればよいでしょうか。また、その
ためにはどのようなことを調査したり、検討したりすればよいでしょ
うか。

A　お父さんが亡くなり、ご自分が相続人となったことを知った日から
3か月以内に決断する必要があります。この期間中に、相続財産の有
無や状況等について調査をし、相続財産がプラスになるのかマイナス
になるのかを把握することは必要不可欠ですし、選択肢によっては、
お母さんやご兄弟と共同して手続を行わなければならないため、その
調整を行うことが必要です。

1　熟慮期間の意義

　相続人は、自己のために相続の開始があったことを知った時から3か月以
内に、単純承認、限定承認、相続放棄のいずれかを選択しなければならない
（民法915条1項。熟慮期間）。なお、民法の原則どおり、熟慮期間の起算にお
いては、初日は算入しない（同法140条）。

　ひとたび単純承認すれば撤回は不可能であり、相続人は、相続財産を、積
極・消極問わずすべて承継し、無限責任を負うことになる。相続において単
純承認、限定承認、相続放棄のいずれを選択するかは、相続人にとって相当
程度のリスクのある行為であるといえる。

　そこで、民法は、相続人に対し、単純承認、限定承認、相続放棄のいずれ
を選択するのかを判断する前提として、相続財産の有無や状況等について調

50

査をしたうえで、いずれを選択するのか熟慮することを可能とする期間を与えた。このような性質から、この3か月の期間は、一般的に、「熟慮期間」と呼ばれているのである。

なお、包括受遺者も、ここにいう「相続人」に含まれ（民法990条）、熟慮期間中に、単純承認、限定承認、相続放棄のいずれかを選択しなければならない。

2　熟慮期間中に行うべきこと

⑴　相続財産の調査

熟慮期間の意義が、単純承認、限定承認、相続放棄のいずれを選択するのかを判断する前提として、相続財産の有無や状況等について調査を行い、いずれを選択するのか熟慮することにある以上、相続財産の調査は必須である。

㋐　積極財産の調査

積極財産として想定されるのは、預貯金、保険、不動産、車両、株式等の有価証券、債権等である。

これら財産の存在は、預金通帳、保険証書、契約書、納税通知書、被相続人あての郵便物、税務申告書類等により、把握できる。また、資料が乏しくても、財産の存在自体は、預金通帳の入出金履歴からうかがわれることも多く、入出金履歴から確認できた者に照会することにより、詳細を把握できる。

なお、不動産については、市町村が備え付ける固定資産課税台帳（いわゆる「名寄帳」）を閲覧し、または市町村から証明書の交付を受けて確認することも可能である（地方税法380条～382条の3）。もっとも、固定資産課税台帳は、市町村ごとに作成されるため、その他の市町村に存在する不動産については把握できないし、共有不動産については必ずしも掲載されていないことがあるとの指摘があるため、他の資料と比較検討することが望ましい。

㋑　消極財産の調査

消極財産として想定されるのは、借入金や生前の日常生活によって生じた債務等である。

契約書が存在すれば当初から債務の存在を把握できることはもちろんであるが、契約書が存在しない場合でも、預金通帳の出金履歴や被相続人あての郵便物、税務申告書類等により債権者を把握し、当該債権者に照会することにより、債務の詳細を把握することができる。

なお、金融機関、クレジットカード会社および貸金業者は、正規の業者であればすべて個人信用情報機関に加盟しており、貸付けの際には、その旨を信用情報に登録するため、個人信用情報の開示を受けることで、借入先を把握することができる。契約書、預金通帳、郵便物等では債務の存在がうかがわれない場合も、万全を期すのであれば、個人信用情報の開示を受けることを検討すべきである。

個人信用情報機関とその主たる加盟企業は、以下のとおりであるので、参考にされたい（最近では、郵送での照会のほか、インターネットを利用した照会も可能となっている機関もあり、より調査しやすくなっている）。もっとも、保証債務等、個人信用情報の開示では把握できない債務も存在するので、注意が必要である。

信用情報機関	主たる加盟企業
株式会社日本信用情報機構（略称：JICC） 〈https://www.jicc.co.jp〉	消費者金融
株式会社シー・アイ・シー（略称：CIC） 〈https://www.cic.co.jp〉	クレジット会社
一般社団法人全国銀行協会（略称：全銀協） 〈https://www.zenginkyo.or.jp〉	銀行

(2) 他の相続人との協議・調整等

限定承認をするためには共同相続人全員で行わなければならないこと等から（民法923条）、限定承認を選択する可能性がある場合には、いずれの選択肢を選択するのかについて、他の相続人との協議・調整等を行うことも必要となってくる。

Q2－2　熟慮期間の起算点

Q　先日、兄が亡くなりました。相続するかどうかは3か月以内に決めなければいけないと聞きましたが、第一順位の相続人である甥（兄の子ども）は、いつから3か月以内に相続放棄するかを決めればよいのでしょうか。また、調査ではわからなかった債務が後から出てきた場合には、もはや相続放棄はできないのでしょうか。

　　また、甥が相続放棄をする可能性もあり、場合によっては私が相続人になることもあり得ます。兄が亡くなったのを知ってから3か月が経過しても、相続放棄できるのでしょうか。

A　甥っ子さんについては、お兄さんが亡くなったことを知った時から3か月以内に、単純承認、限定承認、相続放棄のいずれを選択するかを決断する必要があります。

　　もっとも、調査を尽くしたのに存在が判明しなかった等、落ち度がなく調査しきれなかった相続財産が存在した場合には、その存在を認識した時または通常これを認識できた時から起算されますので、3か月が経過した後でも相続放棄できます。

　　他方、あなた自身については、甥っ子さんが相続放棄をし、あなたより優先される順位の相続人が存在しないことを、あなた自身が認識した時が起算点となります。それから3か月以内に単純承認、限定承認、相続放棄のいずれを選択するかを決断すれば足り、お兄さんが亡くなったことを知ってから3か月が経過してしまっても問題ありません。

第2章　熟慮期間の考え方と実務

1　熟慮期間の起算点の原則論

(1)　問題の所在

　熟慮期間は、「自己のために相続の開始があったことを知った時」から原則3か月以内に限られる（民法915条1項）。この熟慮期間中に限定承認または相続放棄を選択しなければ、単純承認したものとみなされ（民法921条2号）、相続財産を、積極財産のみならず消極財産もすべて承継し、無限責任を負うことになる。

　そのため、被相続人に積極財産を上回る消極財産が存在していた事案を中心に、熟慮期間の起算点、つまり、「自己のために相続の開始があったことを知った時」はいつなのかが、実務上、大きな問題となってきた。

(2)　判例の動向

　この問題について、判例は、「自己のために相続の開始があったことを知った時」の解釈について、かつては、相続開始の原因事実の発生を知った時としていたが（大判大正10・10・20民録27輯1807頁）、その後、①相続開始の原因事実の発生を知り、かつ、②そのために自己が相続人になったことを覚知した時と解釈するようになった（大決大正15・8・3民集5巻10号679頁）。

　このうち、①相続開始の原因事実の発生を知った時とは、被相続人の死亡または失踪宣告を知ったときを指す。

　また、②そのために自己が相続人になったことを覚知した時については、相続人たる法定順位にある者が相続開始の原因事実の発生を知ったときは、原則として、自己が相続人になったことを覚知したものと認定するのが相当であるとされ（前掲大決大正15・8・3）、後順位の相続人が、先順位の相続人の相続放棄等を知ったときも、同様であろう。

　もっとも、法の不知や事実誤認等によって自己が相続人ではないと信じていた場合には、自己が相続人になったことを覚知したものとはいえず、熟慮期間は開始しない（福岡高決昭和23・11・29家月2巻1号7頁、高松高決昭和48・9・4家月26巻2号103頁、仙台高決平成元・9・1家月42巻1号108頁等）。

54

2　熟慮期間の起算点の繰下げ

(1)　原則論の問題点

しかし、相続人が、必ずしも被相続人の財産の詳細を知っているわけではない。相続開始の原因事実の発生と、そのために自己が相続人になったことを知ってから3か月が経過した後に、相続債権者からの請求を受けて初めて被相続人の債務の存在を知ることもある。

そのような場合、相続人が相続放棄できないのでは、相続人は予期せぬ多額の債務を背負い込むことになってしまう。

実際、貸金業者の中には、上記大審院判例の抜け穴として、あえて被相続人の死亡後3か月が経過してから相続人への請求を行う業者がおり、相続人が不測の事態に立たされる事例が散見されたということであり、下級審は、このような相続人を、熟慮期間の起算点を繰り下げること等によって救済してきた。

(2)　最判昭和59・4・27の判示内容

そして、最高裁判所は、相続人が、相続開始の原因事実の発生を知り、そのために自己が相続人になったことを覚知していても、相続財産に含まれる債務の存在を知らなかった場合には、熟慮期間の起算点を繰り下げる余地を認めた。

すなわち、最判昭和59・4・27民集38巻6号698頁は、相続人が、被相続人の死亡から約1年後に保証債務の存在を知ったという事案において、以下のとおり判示し、保証債務の存在を知った時から3か月以内になされた相続放棄が有効であると判示した。

「相続人が、右各事実〔相続開始の原因事実の発生と、そのために自身が相続人になったこと〕を知った場合であっても、右各事実を知った時から3か月以内に限定承認又は相続放棄をしなかったのが、被相続人に相続財産が全く存在しないと信じたためであり、かつ、被相続人の生活歴、被相続人と相続人との間の交際状態その他諸般の状況からみて当該相続人に対し相続財

第2章　熟慮期間の考え方と実務

産の有無の調査を期待することが著しく困難な事情があって、相続人におい
て右のように信ずるについて相当な理由があると認められるときには、相続
人が前記の各事実を知った時から熟慮期間を起算すべきであるとすることは
相当でないものというべきであり、熟慮期間は相続人が相続財産の全部又は
一部の存在を認識した時又は通常これを認識しうべき時から起算すべき」で
ある。

　これによって、相続人に落ち度がなく調査しきれなかった相続財産につい
ては、その存在を知った段階で初めて、「自己のために相続の開始があった
ことを知った」ことになるという解釈が確立された。

(3)　最判昭和59・4・27の射程

　「当該相続人に対し相続財産の有無の調査を期待することが著しく困難な
事情があり」という判旨からもうかがわれるとおり、前掲最判昭和59・4・
27は、相続開始原因および自己が相続人になったことを知った時点において、
相続財産の調査を相続人に期待することが著しく困難だったとはいいがたい
場合までも救済する趣旨ではないので、注意が必要である（Q2-3参照）。

　また、前掲最判昭和59・4・27の「被相続人に相続財産が全く存在しない
と信じたためであり」との判旨を厳格に適用すれば、起算点の繰下げが認め
られるのは、相続人が被相続人に相続財産が「全く存在しない」と信じた場
合に限られることになり、最高裁判決の射程は必ずしも広いとはいえないこ
とになる（Q2-4参照）。

Q2-3 熟慮期間の起算点の繰下げの要件としての「相当な理由」

Q　父が亡くなり、私と妹が相続人となりました。もっとも、父は、私が幼い頃に母と離婚し、もう30年ほど音信不通でした。

　　私と妹は、父の財産がないかを調べましたが、わずかな貯金しかなく、請求書等もみあたらずに債務もないと判断したため、相続放棄等の手続をとらないまま、3か月が経過しました。

　　しかし、最近になって、金融機関から、父が負っていた高額の連帯保証債務について、相続人である私たちに請求するとの通知書が届きました。もはや私たちは、相続放棄することはできないのでしょうか。

A　お父さんと長い間音信不通であり、お父さんの生活状況や財産状況等を把握しておらず、財産調査も容易ではなかったこと等を考慮すれば、熟慮期間の起算点の繰下げが認められる可能性が十分にあります。この場合、金融機関から通知書を受領してから3か月以内に相続放棄をすればよいことになりますので、家庭裁判所に相続放棄の申述を行いましょう。

1　熟慮期間の起算点の繰下げの要件

　最判昭和59・4・27民集38巻6号698頁は、当該相続人に対し相続財産の有無の調査を期待することが著しく困難な事情があり、相続人において被相続人に相続財産が全く存在しないと信ずるについて相当な理由があると認められるときには、熟慮期間の起算点の繰下げを認めている（**Q2-2**参照）。

　しかし、この判旨からもうかがわれるとおり、前掲最判昭和59・4・27は、相続開始原因および自己が相続人になったことを知った時点において、相続財産の調査を相続人に期待することが著しく困難だったとはいいがたい場合

第2章　熟慮期間の考え方と実務

までも救済する趣旨ではない。

　最高裁判所判例解説においても、前掲最判昭和59・4・27について、「自己が相続人となったことを知らなかったということは、相続を承認すべきか否かについての熟慮判断を求める前提を欠くものであり、いわば熟慮前の問題であるから期間の進行開始を否定すべきであるというのが右確定判決の理由であるとすれば、およそ相続の対象となるべき財産が皆無であると考え、そう考えたことが客観的にみて相当であるような場合もまた、熟慮以前の問題である、換言すれば、そのような状況の下でもなお相続人に対して更に相続の対象となる財産の有無を調査すべきことを要求することは、いささか非常識であり、相続人に対してあまりに酷であると認めたものであろう」とする一方で、「一律に、相続財産についての認識がない以上熟慮期間は進行しないという考え方によるべきものとすると、著しく法的安定性を害するおそれがあるし、また、相続財産の調査を怠って相続財産がないものと軽信し、漫然と3か月の期間を徒過した者まで救済の対象となってしまうので、右の考え方を何らの限定もつけずに採用することは妥当ではない」とされている（遠藤賢治「判解」最判解民昭和59年度188頁）。

　実務上も、前掲最判昭和59・4・27以降、被相続人の生活状況等に鑑みれば負債を負う蓋然性があり、被相続人の積極財産・消極財産の有無について容易に確認し得たこと等から、相続人に相続財産の有無の調査を期待することが著しく困難な事情があったとはいえないとして、熟慮期間の起算点の繰下げを認めなかった裁判例が多数存在する。

2　裁判例の傾向

　相続放棄等の申述受理には既判力がなく、相続放棄等の申述が受理されたとしても、相続債権者等は、訴訟で、相続放棄等の有効要件が欠けるとして、その有効性を争うことができる（最判昭和29・12・24民集8巻12号2311頁）。

　したがって、相続放棄等の申述を受理すべきか否かの判断と、相続放棄等が最終的に有効か否かの判断とは、別異に考える必要がある。

58

(1) 申述受理段階の裁判例

相続放棄等の申述受理の段階では、「家庭裁判所の相続放棄の申述の受理は本来その非訟事件たる性質、及びその審判手続の審理の限界などに照らし、被相続人の死亡時から3か月の期間経過後の放棄申述であっても右の相当な理由を認めるべき特段の事情の主張があり、かつそれが相当と認めうる余地のあるものについては、その実体的事実の有無の判定を訴訟手続に委ね、当該申述が真意に出たものであることを確認したうえ、原則として申述を受理すべきものである」とする大阪高決昭和61・6・16判時1214号73頁をはじめとして、相続放棄の実質的要件を欠いていることが明白でない限りは、熟慮期間の起算点の繰下げを認める傾向にある（仙台高決平成元・9・1家月42巻1号108頁、福岡高決平成2・9・25判タ742号159頁、仙台高決平成8・12・4家月49巻5号89頁等）。

(2) 訴訟段階の裁判例

他方、訴訟の中で相続放棄等の効力が争われた場合には、相続人に相続財産の有無の調査を期待することが著しく困難な事情があったとはいえない等として、熟慮期間の起算点の繰下げを認めない裁判例も相当数存在する。

高等裁判所レベルで相続放棄等の有効性が問題となった裁判例を以下に掲載するが、そこで分水嶺となっている要素は、相続人と被相続人との生前の交流状況、債務の内容が被相続人の生活歴、生活状況等から想定しうるものであるか否か、相続財産の調査の容易性等と考えられる（裁判例❶❷が起算点の繰下げを認めた事例、裁判例❸〜❺が起算点の繰下げを認めなかった事例である）。

いずれにせよ、相続人としては、相続開始の原因事実の発生を知り、かつ、自己が相続人になったことを覚知した以上は、相続財産が存在しないと軽信することなく、3か月以内に十分な相続財産の調査を行うことが肝要である。

㋐ 起算点の繰下げを認めた事例

熟慮期間の起算点の繰下げを認めた事例として、裁判例❶東京高判昭和61・11・27判タ646号198頁、裁判例❷東京高判平成15・9・18家月56巻8号

第2章　熟慮期間の考え方と実務

41頁がある。

裁判例❶東京高判昭和61・11・27判タ646号198頁

【事案の概要】

　被相続人Ａは、元不動産業者であり、取引主任者の資格を活かして不動産業者Ｂに勤め、死亡する半年前まで働いていた。Ａの相続開始後約10か月後に、相続人である子ＣおよびＤ（Ｃの妻、Ａの養女）のもとに、Ｅから、死亡する約3年前にＤが関与した不動産取引について、Ａの取引主任者としての不法行為責任を追及する訴状の送達を受けたことから、直後に相続放棄の申述をし、受理された。

　Ｅが提起した訴訟の中で、相続放棄の有効性が争われ、原審は放棄の有効性を認めたため、Ｅが控訴した。

【問題となる事情】

　Ａは、Ｅとの取引当時85歳の高齢で、一日に2、3時間事務所にいる程度の勤務であり、Ｃの所有家屋にＣ、Ｄと同居し、生活費もＣに依存し、時折小遣いをＤからもらっていた。

　Ｃ、ＤとＡは平常は互いに仕事の話はせず、Ｃは、Ａが不動産屋へ行っていると聞いていたのみで、Ｂの名を知ったのは、Ａが死亡した後のことであった。

　Ａには、死亡当時、預金その他の資産は全くなく、また、Ｃ、Ｄらは、Ａが債務を負担している事実を知らなかった。

【判旨の概要】

　Ｃ、Ｄは、Ａの相続開始の時から本件訴状の送達を受けるまでの間、相続財産が全くないと信じていたものであり、同人が死亡の前年まで不動産業者のもとで働いていたといっても、その勤務状況、年令等からみて、自ら責任ある立場で不動産取引等に携わり、これに関連して債権を取得しあるいは債務を負担する等のことがあったとは考えなかったことは、やむを得ない。特に、Ｅに対する債務は、不動産取引の履行に関して取引主任者としての責任を問われるという特殊のものであるから、Ｃ、Ｄらにおいて、そのような債務の存在の可能性をも慮って調査することは、到底期待しがたい。

　したがって、Ｃ、Ｄには、相続財産の有無の調査を期待することが著しく困難な事情があって、相続財産が存在しないと信ずるにつき相当な理由があったと認めるべきである。熟慮期間は訴状送達の時から起算すべきである。

60

裁判例❷東京高判平成15・9・18家月56巻8号41頁

【事案の概要】

　被相続人Ｆが死亡し、子Ｇが相続人となった。Ｆの死から約4年後、H_1は、Ｇに対し、17年前にH_1がＦに貸し付けた貸金債権をH_2に譲渡したことを通知するとともに、H_2に返済することを求める旨の書面を送付した。その3か月半後、H_2は、Ｇに対し、上記貸金の返済を求める書面を送付し、さらに3か月半後、H_2が提起した訴訟の訴状がＧに送達された。Ｇは、訴状の送達を受けて、相続放棄の申述をし、受理された。

　訴訟の中で、相続放棄の有効性が争われ、原審は放棄の有効性を認めたため、H_2が上告した（第1審は簡易裁判所）。

【問題となる事情】

　Ｆは、Ｇが10歳の頃に家出をし、Ｆが死亡するまでの20年以上にわたってＧとは交際のない状態であった。

　Ｇは、Ｆの相続財産は存しないものと考えていた。

　H_1、H_2がＧに送付した書面には、いずれもH_1がすでに得ていた確定判決についての記載はなく、また、債権の存在を証明する資料が何も添付されていなかった。

【判旨の概要】

　Ｇは、子どもの頃にＦが家出をした後、Ｆが死亡するまでの20年以上にわたってＦとは交際のない状態であったから、Ｆの生活状況を一切把握しておらず、Ｆの死亡時において、相続財産の調査を期待することが著しく困難な事情があった。したがって、Ｆの死亡時、Ｇにおいて、相続財産が存在しないものと信じたことについては、相当の理由がある（原審での判示であり、この点はH_2も上告理由としていない）。

　H_1、H_2からの書面は、それまで全く交渉のなかった者から突然に送られてきたものであるうえ、その内容も、確定判決についての記載が一切なく、ほかに貸金債権の存在を証明する資料が何も添付されていなかったのであるから、Ｇが貸金債務の成立を疑い、あるいは、仮にそれが成立していたとしても、消滅時効が完成することによって貸金債務が消滅すべきものであると考えたとしても不合理であるとはいえない。各書面の記載内容ではＧに相続財産の存在を認識させるには足りず、その内容を了知した時をもってＧが相続財産の存在を認識した時または認識すべき時とはいえない。熟慮期間の起算日は、訴状が送達された日であるとした原審の判断は正当である。

第2章　熟慮期間の考え方と実務

(イ)　起算点の繰下げを認めなかった事例

　熟慮期間の起算点の繰下げを認めなかった事例として、裁判例❸東京高判昭和62・2・26判時1227号47頁、裁判例❹福岡高判昭和62・5・14判時1250号49頁、裁判例❺大阪高判平成2・11・16判タ751号216頁がある。

裁判例❸東京高判昭和62・2・26判時1227号47頁

【事案の概要】

　Ｉ会社に勤務していた被相続人Ｊが死亡し、妻Ｋ、長女Ｌ（会社員）、長男Ｍ（大学生）が相続人となった。ＪはＩにおける勤務中550万円余りを横領しており、Ｉは、Ｊの死後1か月以内にＫに調査結果一覧を示して善処を求め、死亡2か月後には代理人弁護士がＫ方を訪れ、死亡4か月後に内容証明郵便で催告した。Ｋ、Ｌ、Ｍは、その直後に、限定承認の申述をし、受理された。

　原審は、Ｋ、Ｌ、Ｍの限定承認を有効であると認め、相続財産の限度で損害賠償を命じたため、Ｉが控訴した。

【問題となる事情】

　Ｊには、本件損害賠償債務のほか、信用金庫に対する900万円の連帯保証債務、相互銀行に対する32万円の借入金債務、自動車購入に関する割賦代金債務の各消極財産があり、他方、積極財産としては、手持ちの動産類があった。

　Ｋは、Ｊの死亡後1か月以内には、自動車購入に関する割賦代金債務と、相互銀行に対する借入金債務の存在を知った。

　Ｋ、Ｌ、Ｍは、Ｊの生前、Ｊと同居していた。

【判旨の概要】

　Ｋは、遅くともＪの死後1か月以内には本件損害賠償債務等の諸債務の存することを知ったと認められ、また、その頃、ＭもＫから諸債務の存在状況を知らされていたことが認められ、さらに、Ｌら家族の生活状況等に鑑みると、Ｌも、Ｍとほぼ同じ頃には諸債務の存在を知りもしくは少なくともそれを知りうべき状況にあったと認めるのが相当である。

　Ｊの生活歴、同人とＫ、Ｌ、Ｍの関係等からみて、Ｋ、Ｌ、Ｍに対し相続財産の有無の調査を期待することが著しく困難な事情があるなどとは到底いえず、Ｊに相続財産が全く存在しないと信じるについて相当な理由があるとは認められない。

裁判例❹福岡高判昭62・5・14判時1250号49頁

【事案の概要】

　被相続人Ｎが死亡し、妻Ｏ、子である長男Ｐ（会社員）、長女Ｑ（主婦）、次女Ｒ（短大生、未成年）が相続人となった。Ｎは、生前、第三者の債務について連帯保証人となっていたが、Ｎの死後約３年９か月が経過した時点で、共同連帯保証人Ｓが、Ｐ、Ｑ、Ｒに対し、代位弁済金の支払いを求めて訴訟を提起した。Ｐ、Ｑ、Ｒは、Ｎの死から約３年10か月後に、相続放棄の申述をし、受理された。

　原審は、Ｐ、Ｑ、Ｒの相続放棄を有効であると認めたため、Ｓが上告した（第１審は簡易裁判所）。

【問題となる事情】

　Ｏは、Ｎの死亡の13年以上前からＰ、Ｑ、Ｒを連れて実家に帰って別居しており、それ以後Ｎとの往来はなかった。他方、Ｐ、Ｑ、ＲはＮのもとに出入りして学費や小遣い銭をもらっていた。

　Ｎは店舗を構えて輸入菓子の卸売等を営んでいた。

　Ｎの死後、ＯはＮの身辺整理を行って家財道具を整理して借家の明渡しをしたが、不動産や預貯金、保険金もなかったため、Ｏ、Ｐ、Ｑ、Ｒはめぼしい遺産はないと考えて格別の調査をしなかった。

　Ｏは、Ｎの死亡の翌月から約半年間、３回にわたって、Ｓから、本件保証債務の存在を聞かされていた。他方、Ｐ、Ｑ、Ｒは、その約３年半後、別件訴状の送達を受けたＯからの電話連絡により、初めて本件保証債務の存在を知り、相続放棄の申述に及んだ。

【判旨の概要】

　Ｐ、Ｑは、Ｎと長年没交渉だったわけではなく、Ｎの生活状態を認識していたはずであり、死亡当時、家財道具や借家のほかに何らかの積極消極の財産を残していたのではないかと一応考えるのが一般常識に合致する。不動産や預貯金もなかったから全くほかに遺産がないと信じ、Ｎの相続財産についてその後は何らの調査もしなかったとすれば、Ｐ、Ｑには、この点について過失があったというべきである。現に、ＯはＳから本件保証債務の存在を聞かされていたのであるから、社会人であるＰや成年の主婦であるＱとしては、Ｏに亡父の遺産関係を確認すれば本件保証債務の存在を知り得たはずであり、その程度の調査をＰ、Ｑに期待することは、決して難きを強いるものではない。

　Ｐ、Ｑ両名は、本件保証債務の存在を知るまでの間、相続財産の存在を認識

第2章 熟慮期間の考え方と実務

することが著しく困難であって、相続財産が全く存在しないと信ずるについて相当な理由があるとは認めがたい。熟慮期間は、P、Q が本件保証債務の存在を遅くとも認識しうべかりしであった O が S から 3 回目に本件保証債務の存在を聞かされた日から起算されるべきである。

R についても、夫の債務を妻と子が相続することは誰もが知っている一般常識であるから、法定代理人 O が保証債務の存在を知った時点をもって、熟慮期間を起算すべきである（原審は、O が、事実上の離婚により子どもたちが夫の債務について責任を負うことはないと認識していたため、熟慮期間は開始しないとしていた）。

裁判例❺大阪高判平成 2・11・16判タ751号216頁

【事案の概要】

被相続人 T が死亡し、妻 U、長男 V、次男 W が相続人となった。U はブティックを経営し、T は U の金融機関からの借入金債務について連帯保証人となっていた。信用保証協会 X は、U に代位して金融機関に支払った弁済金の残金について、U および T の相続人である U、V、W に返還請求をした。W は、相続開始の約 3 年後に相続放棄の申述をし、受理された。

X が提起した訴訟の中で、W の相続放棄の申述の効力が争われ、原審は相続放棄を有効であるとしたため、X が控訴した。

【問題となる事情】

W は T が死亡する 5 年前から家族と離れて生活し、会社員である T が死亡当時債務を負っていることは知らなかったが、遺産として自宅の土地建物があり、U に相当の負債があることを知っていた。

W は、T と同居していた U、V らに遺産の処分を委ね、自らは事実上相続を放棄する趣旨で実印と印鑑証明書を U に渡し、相続財産である T の土地建物は V 名義に相続登記されていた。

【判旨の概要】

W は T の死亡当時 T に負債があることを知らなかったとはいえ、その当時から T に相続の対象となる本件不動産を含めた遺産があることを知っており、T が会社員ではあっても、その妻である U が営むブティックの営業に関し、その債務の保証をする蓋然性もあり、T 死亡直後の葬儀に際しても U に負債がかなりあることを認識していたのであるから、T と同居していた U や V に T の債務の有無を含めた相続財産の内容につき確認することも容易にできた

もので、相続財産内容の調査を W に期待するのが著しく困難であったともい
いがたいから、熟慮期間の起算点を W が T の死亡により自己が相続人となっ
たことを知った時と異別に解すべき特段の事情は認められない。

第2章　熟慮期間の考え方と実務

Ｑ２－４　一部相続財産の認識がある場合の熟慮期間の起算点の繰下げの可否

> Ｑ　１年前に父が亡くなりました。相続人は兄と私で、相続財産として
> は土地建物と預貯金がありました。もっとも、私と兄との間では、私
> が母の相続の際に不動産をもらっていたこと、兄が父の家業を継いで
> いたこと等から、父の遺産はすべて兄が引き継ぐというのが共通認識
> となっており、実際、私はそれに必要な手続にも協力しました。
>
> 　しかし、２週間前に、父が負っていた高額の連帯保証債務について、
> 相続人である私たちに請求するという内容の訴状が届きました。もは
> や私たちは、相続放棄することはできないのでしょうか。
>
> Ａ　ご相談のケースのように、財産の一部については認識していたけれ
> ど、熟慮期間が経過した後になって、予想していなかった高額の債務
> があることが判明したという場合に、熟慮期間の起算点を繰り下げる
> ことができるかについては、裁判例でも、判断は分かれています。
>
> 　もっとも、最近は、このようなケースでも相続放棄の申述を受理す
> る傾向にありますので、相続放棄の申述をするべきです。

1　問題の所在

　熟慮期間の起算点の繰下げを認めた最判昭和59・4・27民集38巻6号698頁
は、「相続人が、……3か月以内に限定承認又は相続放棄をしなかったのが、
被相続人に相続財産が全く存在しないと信じた」場合、それが認められる余
地があるとしている（Ｑ２－２参照）。

　この文言が、局面を限定する趣旨か否か、つまり、例外的に熟慮期間の起
算点を繰り下げることができるのは、相続人が被相続人に相続財産が全く存
在しないと信じた場合に限られるのか（限定説）、一部相続財産の存在は知

っていたが、通常人がその存在を知っていれば当然相続を放棄したであろう
債務が存在しないと信じた場合も含まれるか（非限定説）が問題となる。

　上記文言を厳格に理解すれば、起算点の繰下げが認められるのは、相続人
が、相続財産が全く存在しないと信じた場合に限られ、一部相続財産の存在
は知っていたが、熟慮期間経過後に予期せぬ高額の債務があることが判明し
た場合には、もはや相続放棄できないこととなるため、実務上も関心が寄せ
られているところである。

2　各説の論拠

⑴　限定説

　限定説は、①民法915条1項の文言上、遺産の存在の認識は要件ではない
こと、②熟慮期間は相続財産の調査のためのものであり、期間伸長の手続も
とりうること（同項ただし書）、③相続の確定が相続人の主観的事情により左
右されるとすると、法的安定性を害すること、④相続財産の数量や評価に錯
誤がある場合には、単純承認についての動機の錯誤にすぎないから、法的に
保護されないことを論拠としている（雨宮則夫ほか編『相続における承認・放
棄の実務』31頁）。

　最高裁判所判例解説も、この見解をとっており、前掲最判昭和59・4・27
は、判文上、相続財産が全くないと過失なく誤信していた場合に限って例外
を認める趣旨であるとみるべきとする。

　その理由として、「相続財産が全くないと誤信していた場合には、相続財
産の一部の存在を認識していた場合と異なり、単純もしくは限定の承認又は
放棄の選択をしうる前提条件を欠くことが明らかである」のに対し、多少の
積極財産または消極財産が存在するとの認識はあったが、高額の債務が存在
することは認識していなかった場合は、「右の前提条件が一応は具備されて
いるが、相続財産の数量・評価に錯誤があるために判断に瑕疵があるのにす
ぎないのであって、そのような錯誤が法的に保護されるかどうかは別個の問
題である」とする。

第2章 熟慮期間の考え方と実務

そして、「相続の単純承認は、被相続人の権利義務一切が相続人に承継されることを無条件に承認することを内容とするものであって、個々の財産の承継を目的とするものではないから、相続人が権利義務の存否・内容を認識しないでした単純承認であっても、相続人は単純承認の効果を受けることになる。したがって、債務の存否・数量に錯誤があっただけでは、仮にその誤認に基づいて単純承認をした場合であっても、要素の錯誤があったものということはできず、単に動機の錯誤があったにすぎないものというべきである」として、単純承認について、相続人の錯誤を考慮する必要はないとしている（遠藤賢治「判解」最判解民昭和59年度206頁）。

(2)　非限定説

他方、非限定説は、①承認または放棄の選択のためには、相続の基本的事情を知る必要があること、②消極財産は相続人には判明しにくいことがあること、③債権者は、元々相続人の資力・財産をあてにしていたわけではなく、自己の債権を適正に管理し、債務者の死亡による相続債務の存在を早い機会に相続人に通知すべきであること、④相続人が相続財産の存在を全く知らない場合と一部のみ知っている場合とを区別する合理的理由がないことを論拠としている（雨宮則夫ほか編『相続における承認・放棄の実務』31頁・32頁）。

3　裁判例の傾向

相続放棄の申述受理の段階でも、限定説によるか非限定説によるかは、高等裁判所レベルでも判断が分かれているが、おおむね、相続人が相続財産の一部について何らかの認識を有していても、予期せぬ高額の債務が判明した後の相続放棄の申述を受理する傾向にあるといえる（裁判例❻～❽は限定説に、裁判例❾～⓮は非限定説に立っている。そのほか非限定説に立った高等裁判所レベルの裁判例として、仙台高決平成7・4・26家月48巻3号58頁、福岡高決平成27・2・16判時2259号58頁等）。

なお、家庭裁判所レベルでは、被相続人の債務が多額で、申立人と同順位の他の共同相続人が相続放棄をした結果、申立人が負担することになる債務

が拡張する場合には、熟慮期間は、申立人が自己の負担する債務額として具体的数額を確知したときから起算するとした高松家審平成元・2・13家月41巻9号120頁があり、非限定説の中でも緩やかに起算点の繰下げを認めたものといえる。

もっとも、最高裁判所は、①相続人が、相続財産として宅地建物と預金が存在することを認識していたものの、保証債務の存在を知らずに熟慮期間を経過した事案（最決平成13・10・30家月54巻4号70頁。裁判例❼の上告審）、②相続人が、相続財産として不動産が存在することを認識し、これを長男が単独相続する内容で遺産分割協議が成立したが、後に保証債務が存在することを知った事案（最決平成14・4・26家月55巻11号113頁）で、いずれも相続放棄の申述受理を認めなかった高等裁判所の判断を是認している。その後も高等裁判所レベルで非限定説に立った判断がなされるなど、実務上、限定説が定着しているものではないが、留意されたい。

(1) **限定説に立つ事例**

熟慮期間の起算点の繰下げに関する限定説に立つ事例として、裁判例❻東京高決平成14・1・16家月55巻11号106頁、裁判例❼高松高決平成13・1・10家月54巻4号66頁、裁判例❽仙台高決平成4・6・8家月46巻11号26頁がある。

裁判例❻東京高決平成14・1・16家月55巻11号106頁
【事案の概要】

被相続人Aが死亡し、長男B₁、その他の兄弟B₂～B₅が相続人となった。Aの死亡から約1週間後、Aの遺産である不動産を長男であるB₁が取得する旨の遺産分割協議が成立し、B₂～B₅は、それぞれ「相続分不存在証明」と題する書面に署名押印し、B₁は、それを用いて上記不動産につき所有権移転登記手続をした。しかし、Aの死から約3年半後、債権者からの訴状が送達されたことにより、B₁～B₅は、Aが連帯保証債務を負っていたことを知り、その段階で、Aの消極財産の額が積極財産の額を上回ることが判明した。

そのため、B₁～B₅は、相続放棄の申述を行ったが、却下されたため、抗告した。

第2章　熟慮期間の考え方と実務

【判旨の概要】

B_1〜B_5は、Aの死亡から約1週間後に、Aが所有していた不動産の存在を認識したうえで相続人全員で協議し、これをB_1に単独取得させる旨を合意し、B_1以外の相続人は、各相続分不存在証明書に署名押印しているのであるから、B_1〜B_5は、遅くとも同日までには、Aに相続すべき遺産があることを具体的に認識していたものであり、Aに相続すべき財産がないと信じたと認められないことは明らかである。

B_1〜B_5は、相続人が負債を含めた相続財産の全容を明確に認識できる状態になって初めて、相続の開始を知ったといえる旨を主張するものと解されるが、独自の見解であり、採用することはできない。

裁判例❼高松高決平成13・1・10家月54巻4号66頁

【事案の概要】

被相続人Cが死亡し、養子Dが相続人となった。Dは、Cの遺産として宅地、建物、預金15万円などがあることを把握していたが、Cの死から約3年半後になって、債権者の請求を受けて、Cが第三者の保証人として債務を負担していたことを知った。

そのため、Dは、相続放棄の申述を行ったが、却下されたため、即時抗告した。

【判旨の概要】

Dは、Cの死亡をその当日に知り、それ以前にCの相続財産として、宅地、建物、預金15万円があることを知っていたといえるから、DはCの死亡の日にその相続財産の一部の存在を認識したものといえる。そうすると、民法915条1項所定の熟慮期間は、Cの死亡の日から3か月であるといえるから、同期間経過後になされた本件相続放棄の申述は不適法である。

裁判例❽仙台高決平成4・6・8家月46巻11号26頁

【事案の概要】

被相続人Eが死亡し、子F、G_1、G_2らが相続人となった。Eの遺産としては相続財産として宅地、山林各一筆等の財産が存在し、G_1、G_2らもこれを把握していたが、特別受益証明書を発行して、兄であるFが単独で取得できる手続をした。しかし、Eの死から約7か月後、訴状の送達により、生前のEが交通事故を起こし、被害者から約4800万円の損害賠償を請求される立場にあ

ったことを知った。

そのため、G_1、G_2らは、相続放棄の申述を行ったが、却下されたため、即時抗告した。

【判旨の概要】

熟慮期間は、前掲最判昭和59・4・27のとおり解するのが相当であり、相続人が相続開始の事実と自己が相続人となった事実を知った時すでに積極であれ消極であれ相続財産の一部の存在でも認識または通常であれば認識しうべかりし場合は、熟慮期間の起算点を繰り下げる余地は生じない。

本件の熟慮期間の起算日は、G_1、G_2らにおいてEが死亡したことを知った日であるというべきであり、本件相続放棄の申述は民法915条1項に定められた期間を経過した後になされたことが明らかであり、不適法である。

⑵　非限定説に立つ事例

熟慮期間の起算点の繰下げに関する非限定説に立つ事例として、裁判例❾東京高決平成19・8・10家月60巻1号102頁、裁判例❿東京高決平成12・12・7家月53巻7号124頁、裁判例⓫名古屋高決平成19・6・25家月60巻1号97頁、裁判例⓬名古屋高決平成11・3・31家月51巻9号64頁、裁判例⓭大阪高決平成10・2・9家月50巻6号89頁、裁判例⓮高松高決平成20・3・5家月60巻10号91頁がある。

裁判例❾東京高決平成19・8・10家月60巻1号102頁

【事案の概要】

被相続人Hが死亡し、母Iが相続人となった。なお、Iは、当時95歳であり、その前後に、Hとの日常的な交際はほとんどなかった。Hは、それ以前に死亡した父の相続財産についての遺産分割協議により取得した土地を所有しており、Iもそれを知っていた。もっとも、上記土地は、約4坪程度の変則的な三角形状の土地で、地役権が設定されており、単独での資産価値はほとんどなかった。Hの死から4か月後、Iは、親族が上記土地の登記事項全部事項証明書を入手したことにより、同土地に根抵当権設定の仮登記がなされていることを知り、弁護士に依頼し、Hの債務を調査したところ、Hが連帯保証債務を負っている（主債務者は自己破産）事実が判明した。

そのため、Iは、Hの死から約半年後に、相続放棄申述受理の申立てをした

第2章　熟慮期間の考え方と実務

が、原審は却下したため、Ｉが即時抗告した。

【判旨の概要】

　前掲最判昭和59・4・27の趣旨は、相続人において被相続人に積極財産があると認識していてもその財産的価値がほとんどなく、一方消極財産について全く存在しないと信じ、かつそのように信ずるにつき相当な理由がある場合にも妥当するというべきであり、この場合の民法915条1項所定の期間は、相続人が消極財産の全部または一部の存在を認識した時またはこれを認識しうべかりし時から起算するのが相当である。

　Ｉは、相続開始の時点で、Ｈには土地が存していることを知っていたが、同土地にほとんど財産的価値がなく、一方Ｈに負債はないと信じていたものであり、かつＩの年齢、ＨとＩとの交際状況等からみて、Ｉにおいてそのように信ずるについては相当な理由がある。

　放棄の申述は、ＩがＨの相続債務の存在を知ってから3か月の熟慮期間内に行われたものであるから、適法である。

裁判例❿東京高決平成12・12・7家月53巻7号124頁

【事案の概要】

　被相続人Ｊが死亡し、長男Ｋ、次男Ｌが相続人となった。Ｊは、生前、債務を含む遺産のすべて（ただし、マンション敷地の一部持分を脱落させていた）をＫに相続させる旨の公正証書遺言をしていた。そのため、Ｌは、自ら相続する積極・消極財産は全く存しないものと考えて、遺留分減殺請求もせず、相続放棄の手続もしなかった。しかし、2年以上経過してから、ＫがＪから継いだ会社が倒産し、自己破産の申立てをした後、債権者から本件債務（マンションの購入のための住宅ローンで、マンションに抵当権が設定されていた）の催告書が送付されたため、Ｌは、本件債務が残存し、Ｋが単独で承継する手続がされていなかったことを知った（他の債務については遺言執行者である銀行によりＫへの債務承継手続が完了した旨報告されていた）。

　そのため、Ｌは、相続放棄の申述をしたが、原審が却下したため、即時抗告した。

【判旨の概要】

　Ｌが、遺言があるため、自らはＪの積極・消極財産を全く承継することがないと信じたことについては、遺言の内容、遺言執行者である銀行の報告内容等に照らし相当な理由がある。ＬにおいてＪの相続開始後所定の熟慮期間内に単

純承認もしくは限定承認または放棄のいずれかを選択することはおよそ期待できなかったものであり、J死亡の事実を知ったことによってはいまだ自己のために相続があったことを知ったものとはいえない。

Lが相続開始時において本件債務等の相続財産が存在することを知っていたとしても、当然には熟慮期間は進行せず、本件債務の催告を受けて初めて、本件債務を相続すべき立場にあることを知ったもので、同日から所定の熟慮期間内にされた本件申述は適法である。

裁判例⓫名古屋高決平成19・6・25家月60巻1号97頁
【事案の概要】

被相続人M（母）が死亡し、長女Nと次女Oが相続人となった。なお、Oは、Mとは約27年間別居しており、Nとも日常生活において疎遠であった。Oは、Mの相続財産に複数の不動産が存在することを知っていたが、①Oは父の遺産相続の際に土地を相続しており、②Mの相続財産の一つである土地にはNの建物が存在していた等の事情により、Mの相続財産である不動産はすべてNが相続するものと考えたこと等から、承認、放棄のいずれの手続もとらなかった。なお、Mの死から1年3か月後に判明したことであるが、Mは、一切の財産をNに相続させること等を内容とする遺言公正証書を作成していた。しかし、Mの死から約11か月後に、訴状が送達されたことにより、Oは、Mが連帯保証債務（主債務者はNの夫が経営する会社）を負担していたことを初めて知った。

そのため、Oは、相続放棄の申述を行ったが、原審が却下したため、即時抗告した。

【判旨の概要】

Oは、Mの死亡を知った当時、Mの遺産として不動産が存在することは認識していたものの、Nが相続して自らは相続取得しない。したがって、自らには相続すべきMの相続財産はないものと信じていたことが認められ、かつ、Mが一切の財産をNに相続させる旨の公正証書遺言を遺していること等からすれば、そのように信じたことについて、相当の理由があったものと認めることができる。

他方、Oは、Mの遺産に債務が存在することを知らず、訴状を受け取って初めてその存在を知ったことが認められるとともに、OがMの債務の存在を知りうるような日常生活にはなかったものと推認されることなどからすれば、

第2章　熟慮期間の考え方と実務

Oが上記の時点まで債務の存在を認識しなかったことについても、相当な理由があったものと認めることができる。

　Oの本件相続放棄の申述は、いまだ熟慮期間内の申立てであるから、これを受理するのが相当である。

裁判例⓬名古屋高決平成11・3・31家月51巻9号64頁
【事案の概要】

　被相続人Pが死亡し、子であるQ、Rらが相続人となった。Rは、遺産として不動産が存在することを知っていたが、①自分は生前贈与を受けていたこと、②Pの死亡後ではあるが共同相続人の間で、兄Qが跡をとり、母の面倒もみる旨の話し合いがなされたこと等から、自己が取得すべき相続財産はないものと考え、相続に関してはすべてQに任せていた。しかし、5年以上経過してから、債権者から催告を受けて、初めて、Pが多額の連帯保証債務（主債務者はQが代表者を務める会社）を負っていたことを知った。

　そのため、Rは、相続放棄の申述を行ったが、原審が却下したため、即時抗告した。

【判旨の概要】

　相続人が被相続人の死亡時に、被相続人名義の遺産の存在を認識していたとしても、たとえば遺産は他の相続人が相続する等のため、自己が相続取得すべき遺産がないと信じ、かつそのように信じたとしても無理からぬ事情がある場合には、当該相続人において、被相続人名義であった遺産が相続の対象となる遺産であるとの認識がなかったもの、すなわち、被相続人の積極財産および消極財産について自己のために相続の開始があったことを知らなかったものと解するのが相当である。

裁判例⓭大阪高決平成10・2・9家月50巻6号89頁
【事案の概要】

　被相続人Sが死亡し、妻T、長男U、その他の兄弟姉妹V₁・V₃が相続人となった。Sの死亡から3か月後に、相続人間で、Sの相続財産である不動産をTおよびUに取得させる旨の遺産分割協議書を作成し、所有権移転登記手続をした。しかし、その2か月後、V₁〜V₃は、金融機関とUの説明により、Sが多額の連帯保証債務（主債務者はUが代表者を務める会社）を負っていたことを知らされた。

74

そのため、$V_1 \sim V_3$ は、相続放棄の申述を行ったが、原審が却下したため、即時抗告した。

【判旨の概要】

民法915条1項所定の熟慮期間については、相続人が相続の開始の原因たる事実およびこれにより自己が法律上の相続人となった事実を知った場合であっても、3か月以内に相続放棄をしなかったことが、相続人において、相続債務が存在しないか、あるいは相続放棄の手続をとる必要をみない程度の少額にすぎないものと誤信したためであり、かつそのように信じるにつき相当な理由があるときは、相続債務のほぼ全容を認識したとき、または通常これを認識しうべきときから起算すべきものと解するのが相当である。

本件においては、$V_1 \sim V_3$ は、金融機関から相続債務の請求を受け、Uに事情を確認するまでは、多額の相続債務の存在を認識していなかったものと認められ、生前のSと $V_1 \sim V_3$ の生活状況等によると、$V_1 \sim V_3$ が相続債務の存在を認識しなかったことにつき、相当な理由が認められる蓋然性は否定できない。

$V_1 \sim V_3$ は、他の共同相続人との間で遺産分割協議をしており、同協議は、$V_1 \sim V_3$ が相続財産につき相続分を有していることを認識し、これを前提に、相続財産に対して有する相続分を処分したもので、相続財産の処分行為と評価することができ、法定単純承認事由に該当するというべきである。

しかし、$V_1 \sim V_3$ が相続放棄の手続をとらなかったのは、相続債務の不存在を誤信していたためであり、Sと $V_1 \sim V_3$ の生活状況、Uら他の共同相続人との協議内容のいかんによっては、遺産分割協議が要素の錯誤により無効となり、ひいては法定単純承認の効果も発生しないとみる余地がある。

仮にそのような事実が肯定できるとすれば、本件熟慮期間は、$V_1 \sim V_3$ がSの死亡を知った時ではなく、金融機関の請求を受けた時から、これを起算するのが相当というべきである。

裁判例⓮高松高決平成20・3・5家月60巻10号91頁

【事案の概要】

被相続人Wが死亡し、妻X、長男Y、次男Zが相続人となった。Wの相続財産としては、Zと共有する自宅建物の共有持分およびその敷地当の不動産、預貯金等が存した。YとZとの間では、Zが兼業農家であったWの跡を継いでおり、Zが被相続人の相続財産を引き継ぎ、Yはこれを取得しないとの点において認識を共通にしていた。Zは、Wの死後間もない時期に、Wの相続人

第2章　熟慮期間の考え方と実務

代表として、Wが取引していた農業協同組合に債務の存否を尋ね、債務はない旨の回答を得た。そこで、Zは、農業協同組合におけるW名義の貯金口座の解約および出資証券の払戻しの手続等をした。これに際して、Yは書類に押印する等必要な協力をした。しかし、Wの死亡から1年3か月後、農業協同組合は、Wに対する3億円の連帯保証債権が存在すると、X、Y、Zに通知した。

　そのため、Yは、相続放棄の申述を行ったが、原審が却下したため、即時抗告した。

【判旨の概要】

　相続人が、自己のために開始した相続につき単純もしくは限定の承認をするかまたは放棄をするかの決定をする際の最も重要な要素である遺産の構成、とりわけ被相続人の消極財産の状態について、熟慮期間内に調査を尽くしたにもかかわらず、被相続人の債権者からの誤った回答により、相続債務が存在しないものと信じたため、限定承認または放棄をすることなく熟慮期間を経過するなどしてしまった場合には、相続人において、遺産の構成につき錯誤に陥っており、そのために上記調査終了後さらに相続財産の状態につき調査をしてその結果に基づき相続につき限定承認または放棄をするかどうかの検討をすることを期待することは事実上不可能であったということができるから、熟慮期間が設けられた趣旨に照らし、上記錯誤が遺産内容の重要な部分に関するものであるときには、相続人において、上記錯誤に陥っていることを認識した後、あらためて民法915条1項所定の期間内に、錯誤を理由として単純承認の効果を否定して限定承認または放棄の申述受理の申立てをすることができると解するのが相当である。

　Yらは本来の熟慮期間内にWの農業協同組合に対する債務の有無および内容につき調査を尽くしたにもかかわらず、農業協同組合の誤った回答により同債務が存在しないと信じたものであって、後に農業協同組合からの通知により判明したWの農業協同組合に対する保証債務の額が巨額なものであることからすれば、上記のようなYらのWの遺産の構成に関する錯誤は要素の錯誤にあたるというべきである。

　そうすると、Yは、錯誤を理由として上記財産処分および熟慮期間経過による法定単純承認の効果を否定してあらためて相続放棄の申述受理の申立てをすることができるというべきであって、農業協同組合からの通知を受けて被相続人の債務の存在を知った時から起算して3か月以内にされた相続放棄の申述受

Q2-4 一部相続財産の認識がある場合の熟慮期間の起算点の繰下げの可否

理の申立ては適法なものとして受理するのが相当である。

第2章　熟慮期間の考え方と実務

Q2－5　処分行為と熟慮期間との関係

Q　2か月前、父が亡くなりました。相続人は、母と兄、私です。私たちは、父の葬儀費用や父が負っていた少額の債務を父の預貯金から支払い、また、父名義の預貯金や不動産について遺産分割協議書を作成して、手続を行いました。

　しかし、1週間前に、サービサーから、父が負っていた高額の連帯保証債務について、相続人である私たちに請求するという内容の通知書が届きました。私は、できることなら相続放棄をしたいと考えていますが、父の財産から①葬儀費用を支払ったこと、②債務を支払ったこと、③遺産分割協議書をつくったことは、それぞれ相続放棄をする際に障害になりますか。

A　葬儀を執り行うことは、単純承認とは無関係に遺族として当然に行うべき行為といえ、それを被相続人の財産から支出することも社会的に不相当な行為とはいえません。葬儀費用を相続財産から支払ったこと（①）をもって単純承認したものとみなされることは考えにくいため、相続放棄をすることはできます。

　他方、相続債務の弁済（②）は、単純承認したものとみなされてしまう可能性が極めて高く、弁済後の相続放棄は困難であると考えます。また、遺産分割協議の成立（③）も、単純承認したものとみなされてしまい、原則として、遺産分割協議成立後の相続放棄はできません。もっとも、裁判所の判断枠組みや、あなたとお父さんの交流状況、相続人間の遺産分割協議の内容等によっては、遺産分割協議を無効としたうえで、相続放棄をする余地もあります。

1　問題の所在

　一般社会において、被相続人の財産から葬儀費用を支出することは、広く行われているといえる。また、特段の支障がない限り、相続人間で遺産分割協議を進めることも当然である。

　他方、民法921条１号は、「相続人が相続財産の全部又は一部を処分したとき」には、「相続人は、単純承認をしたものとみなす」と規定している（法定単純承認事由）。

　このため、葬儀費用を被相続人の財産から支出したり、遺産分割協議を成立させたりすることが、「相続人が相続財産の全部又は一部を処分したとき」に該当するとして、単純承認したものとみなされ、それらの行為の後に、被相続人が高額の債務を負っていたことが判明した場合等には、もはや限定承認ないし相続放棄することができないのではないかが問題となる（詳細はＱ３−２参照）。

2　民法921条１号の立法趣旨

　この問題を検討するにあたっては、民法921条１号の立法趣旨に立ち返る必要がある。

　最判昭和42・4・27家月19巻７号56頁は、「民法921条１号本文が相続財産の処分行為であった事実をもって当然に相続の単純承認があったものとみなしている主たる理由は、本来、かかる行為は相続人が単純承認をしない限りしてはならないところであるから、これにより黙示の単純承認があるものと推認しうるのみならず、第三者から見ても単純承認があつたと信ずるのが当然であると認められることにある」とする。

　このような趣旨からすれば、一般の処分行為すべてが「相続財産の処分」（民法921条１号）に該当するものではなく、単純承認をしたとみなされるという法的効果を与えるのが妥当な程度の処分である必要がある。

3　相続財産からの葬儀費用等の支出

(1)　葬儀費用

　前記2の観点からすれば、相続財産からの葬儀費用の支出は、法定単純承認事由たる「相続財産の処分」（民法921条1号）に該当しないと考えるべきである。

　すなわち、葬儀は、被相続人の人生最後の社会的儀式として必要性が高く、葬儀を行わないことは、現代社会においても稀であろう。葬儀を執り行うことは、単純承認とは無関係に遺族として当然に行うべき行為といえるから、「単純承認をしたとみなされるという法的効果を与えるのが妥当な程度の処分」とはいえない。

　また、葬儀の時期を予想することは困難である反面、葬儀を執り行うためには必ず相当額の支出を伴う。被相続人に相続財産があるときは、そこから被相続人の葬儀費用に充当しても不当なものとはいえないであろう。他方、相続財産を使用することが許されず、相続人らに資力がないため被相続人の葬儀を執り行うことができないとすれば、むしろ非常識な結果となる（大阪高決平成14・7・3家月55巻1号82頁）。このような政策的考慮からも、相続財産からの葬儀費用の支出について、民法921条1号該当性を認めるべきではない。

　前掲大阪高決平成14・7・3は、これらの事情をあげて、相続財産から葬儀関連費用を支出したことは民法921条1号に該当せず、各支出後に高額の債務が存在することを知った相続人の相続放棄の申述を受理すべきとした。

　また、訴訟中で、葬儀費用の相続財産からの支出が民法921条1号に該当するかが争われた東京地判平成19・10・31遺産相続紛争事例データファイル1118頁は、「被告が被相続人の子として本件葬儀を行い、菩提寺に被相続人を弔うことは遺族として当然行うべき行為であり、そのための費用に相続財産を支出することも道義的に必然の行為であるということができる。そうすると、被告が出金をしてこれを上記支払に充てたことをもって、民法921条

80

1号所定の相続財産の処分に該当するとすることはできない」としている。

このように、実務は、葬儀費用を相続財産から捻出することは、法定単純承認事由たる「相続財産の処分」（民法921条1号）に該当しないと判断する傾向にあるといえる。

(2) 葬儀関連費用

相続財産からの葬儀費用の捻出以外に、判例上、民法921条1号該当性が否定された葬儀関連費用の支出や相続財産の処分としては、①遺体や身の回り品、所持品の受領（大阪高決昭和54・3・22家月31巻10号61頁）、②被相続人の道具の無償貸与（最判昭和41・12・22家月19巻4号53頁）、③相続財産から葬式費用、火葬費用、治療費、仏壇・墓石の購入費用（社会的にみて不相当に高額のものではない）を支払うこと（東京控判昭和11・9・21新聞4056号13頁、前掲大阪高決平成14・7・3）がある。④形見分けについては、交換価値がない物（東京高決昭和37・7・19東高民時報13巻7号117頁）、多額遺産中のわずかな物（山口地徳山支判昭和40・5・13家月18巻6号167頁）は民法921条1号に該当しないが、一般経済価額を有する物（大判昭和3・7・3新聞2881号6頁）、衣類すべての持ち去り（東京地判平成12・3・21家月53巻9号45頁）は民法921条1号に該当するとされる（榮春彦「判批」判タ1154号126頁）。

4　相続債務の弁済等

(1) 学説の見解

熟慮期間中に相続財産から相続債務を弁済することが、相続財産の処分（民法921条1号）に該当するかについては、学説上も見解が分かれる。

熟慮期間中の相続財産管理の期間中に、相続債権者や受遺者から弁済の請求を受けた相続人は、弁済を拒絶することができ（民法928条の趣旨）、それにもかかわらず弁済した場合には、一種の財産処分にあたるとして単純承認したものとみなされるとする見解（松川正毅＝窪田充見編『新基本法コンメンタール相続』132頁）がある一方、相続財産の減少は生じないこと等を理由に、保存行為にとどまるとする見解（谷口知平＝久貴忠彦編『新版注釈民法(27)相続

第 2 章　熟慮期間の考え方と実務

(2)〔補訂版〕』483頁。ただし補訂者は疑問視）も存在する。後者の見解に立脚すれば、弁済後であっても相続放棄をすることが可能となる。

(2)　裁判例の動向

この問題に関する裁判例は少数であるが、いずれも相続債務を弁済したことが相続財産の処分に該当し、単純承認したものとみなす方向のものである。

すなわち、①大判昭和12・1・30民集16巻 1 頁は、相続人が、限定承認の申述前に、被相続人が債権者との間で行っていた代物弁済予約に従って代物弁済を行ったことが、処分に該当し、単純承認したものとみなされるため、限定承認は無効であるとした。

また、②富山家審昭和53・10・23家月31巻 9 号42頁は、「処分された積極財産が本件のすべての積極財産中に占める割合などからみて、その結果、本件遺産の範囲を不明確にし、かつ、一部相続債権者（特に大口の相続債権者）の本件相続債務に対する権利の行使を著しく困難ならしめ、ひいては本件相続債権者間に不公平をもたらすことになる」とし、債務の弁済が相続財産の処分に該当するとして、相続人の限定承認の申述を却下した。

そして、③宮崎家日南支審平成10・11・10家月51巻 5 号54頁は、「相続財産が万一債務超過の状態であるときは……相続債務の偏頗弁済をしたこととなるおそれすらある行為」であり、「まさに相続を承認して相続債務を履行する意思を有し債権者に対してその意思を表示する者にのみ許容される行為と言うほかはない」とし、債務の弁済が相続財産の処分に該当するとして、相続人の相続放棄の申述を却下した（抗告審である福岡高宮崎支決平成10・12・22家月51巻 5 号49頁は、弁済が死亡保険金から行われたことに着目し、相続財産からの弁済ではない以上、相続財産の処分に該当しないとして、この審判を取り消したが、相続財産から弁済した場合の結論を否定しているわけではない）。

したがって、①②③であげた裁判例からすれば、相続債務を弁済してしまった場合には、限定承認や相続放棄を行うことは、困難であると考える。

なお、いずれの見解に立脚しても、相続人の固有財産からの弁済が相続財産の処分に該当することはないため（前掲福岡高宮崎支決平成10・12・22）、

82

相続人の固有財産からの弁済であれば、相続放棄の障害となることはない。

(3) 「相続財産の処分」に該当しない場合を想定できるか

前記(2)であげた裁判例の趣旨からすれば、相続財産から相続債務を弁済できる等、弁済によっても相続債権者等を害することがない場合には、相続債務の弁済が「相続財産の処分」に該当しないとみる余地があるとも思える。

しかし、相続放棄や限定承認を検討せざるを得ない局面では、このような場合はおよそ想定しがたい。

相続財産からの弁済が「相続財産の処分」にあたらないとされるのは、葬儀関連費用や治療費等、社会通念上許容されるものに限られると考えるべきである。

5　遺産分割協議

(1) 原則論

他方、遺産分割協議については、相続財産につき相続分を有していることを前提に、それを処分するものであり、まさに「単純承認をしたとみなされるという法的効果を与えるのが妥当な程度の処分」といえるため、法定単純承認事由たる相続財産の処分（民法921条1号）に該当する。したがって、遺産分割協議後は、相続放棄をすることは原則としてできない。

(2) 裁判例の動向

もっとも、相続放棄の申述を受理すべきかが争われた大阪高決平成10・2・9家月50巻6号89頁（**Q2-4の裁判例⑬**）は、非限定説に立ったうえで、①相続人と被相続人の生活状況、他の共同相続人との協議内容のいかんによっては、遺産分割協議が要素の錯誤により無効となり、ひいては法定単純承認の効果も発生しないとみる余地がある、②仮にそのような事実が肯定できるとすれば、熟慮期間は、相続人が被相続人の死亡を知ったときではなく、金融機関の請求を受けたときから起算するのが相当であるとして、遺産分割協議の錯誤無効を前提とした熟慮期間の起算点を繰り下げる余地を認めている。

第2章　熟慮期間の考え方と実務

　また、訴訟中で相続放棄の効力が争われた事案でも、地方裁判所レベルの判断ではあるが、共同相続人の一部について、遺産分割協議の錯誤無効、熟慮期間の起算点の繰下げを認めて、相続放棄の申述を有効であると判断したものがある（東京地判平成27・5・19遺産相続紛争事例データファイル1124頁）。

　これらの裁判例は、上記原則の例外を認めた事例として、実務上参考になる。

　ただし、裁判所が限定説に立つ場合には異なる結論となること（東京高決平成14・1・16家月55巻11号106頁（Ｑ２−４の裁判例❻）等）に留意されたい。

Q2-6　相続人が複数いる場合の熟慮期間の起算点

Q　先日、父が死亡し、相続人としては母、姉、私がいます。私は海外
出張中で、父が亡くなったのを知ったのは、亡くなってから1週間後
のことでした。この場合も、母や姉と同じ時期までに、相続放棄する
か決めないといけないでしょうか。また、相続人が複数いる場合に、
注意しないといけないことはありますか。

A　相続人が複数いる場合、熟慮期間は、相続人個別に進行します。つ
まり、相続人それぞれが、お父さんが亡くなり、ご自分が相続人とな
ったことを知った日から3か月以内に、単純承認、限定承認、相続放
棄のいずれを選択するかを決定すればよいです。他の相続人があなた
より早くこれらの事情を知っていたからといって、あなたの熟慮期間
の起算点まで早くなってしまうことはありません。

　なお、お母さんやお姉さんが、単純承認したとみなされる行為をす
ると、限定承認ができなくなってしまう場合があるため、限定承認を
選択する可能性がある場合には、お母さんやお姉さんに、そのような
行為をしないよう、注意喚起しておくことが必要です。

1　熟慮期間は各相続人個別に起算される

　相続人が複数いる場合には、熟慮期間は、各相続人が自己のために相続の
開始があったことを知ったときから各別に進行する（最判昭和51・7・1家月
29巻2号91頁）。

　仮に先行する共同相続人に起算点を揃えるべきとすれば、後から自己のた
めに相続の開始があったことを知った共同相続人については、熟慮期間が短
縮されてしまい、相続財産の有無や状況等について調査をしたうえで、単純
承認、限定承認、相続放棄のいずれを選択するのか熟慮させるという熟慮期

第 2 章　熟慮期間の考え方と実務

間の制度趣旨が没却されてしまうからである。

　したがって、一部の共同相続人が熟慮期間の経過によって単純承認したものとみなされても、他の熟慮期間中の共同相続人は、承認、放棄のいずれも選択できる。

2　限定承認における問題

(1)　問題の所在

　他方で、限定承認は、共同相続人の全員が共同してのみ行うことができるとされている（民法923条）。そのため、他の共同相続人が、熟慮期間が経過する等して単純承認している場合には、いまだ熟慮期間中の共同相続人は、もはや限定承認を選択することができないのかが問題となる。

(2)　一部の共同相続人の熟慮期間の経過による単純承認の場合

　この問題について、判例・通説は、一部の共同相続人の熟慮期間が経過することにより単純承認したとみなされても、熟慮期間中の共同相続人が限定承認を希望し、単純承認したとみなされた共同相続人もこれに同意した場合には、限定承認することを認めるべきとする（東京地判昭和30・5・6下民集6巻5号927頁）。

　ただし、この場合には、単純承認していた共同相続人は、民法937条の類推適用により、「単純承認的責任」つまり単純承認があったのと同等の責任を負わされると解されている（松川正毅＝窪田充見編『新基本法コンメンタール相続』128頁）。

　他方、すでに単純承認した共同相続人が限定承認に同意しなかった場合には、民法923条により、熟慮期間中の相続人も、限定承認することはできない。

(3)　一部の共同相続人の相続財産の処分による単純承認の場合

　また、一部の共同相続人が相続財産の処分により単純承認したとみなされた場合には、熟慮期間中の共同相続人が限定承認を希望したとしても、もはや限定承認をすることはできないとするのが判例である（富山家審昭和53・

86

10・23家月31巻 9 号42頁)。

学説は、一部の相続人の処分により全員が単純承認したとみなすのは酷であるから、他の相続人については限定承認する権利を留保すべきとの見解や、他の相続人には期間内に承認か放棄かの選択があることで十分であり、全員が限定承認の権利を失うとの見解に分かれている（能見善久＝加藤新太郎編『論点体系判例民法⑽相続〔第 2 版〕』164頁）。

⑷　実務上の留意点

このように、限定承認を選択しようとする場合には、他の共同相続人の選択や行為によって、もはや限定承認を選択できなくなる局面も生じうる。

なお、一部の相続人が相続放棄をした後に、他の熟慮期間中の相続人だけで限定承認を選択することは、もちろん可能である（民法923条・939条）。

第2章　熟慮期間の考え方と実務

Q2－7　再転相続の場合の熟慮期間の起算点

Q　祖父が3か月前に亡くなったばかりなのですが、1週間前に父まで急死してしまいました。父は祖父の相続のために資料を集めていたようですが、特に何かの手続をすることもなく、亡くなりました。祖父の死から3か月が経過していますが、私は、今からでも祖父の相続財産について、相続放棄をすることができるのでしょうか。

　また、私は、父の相続、祖父の相続それぞれについて、前後関係や選択肢の組合せを気にせず、自由に選択できるのでしょうか。

A　お爺さんからお父さんへの相続、お父さんからあなたへの相続のどちらも、あなたが、お父さんが亡くなり、ご自分が相続人となったことを知った日から3か月以内に単純承認、限定承認、放棄のいずれを選択するか決断する必要があります。したがって、今からでも、お爺さんの相続財産について、相続放棄することはできます。

　また、お父さんの相続について承認する場合には、前後関係を気にすることなく、お爺さんの相続について承認、放棄いずれの選択もできます。他方、お父さんの相続について放棄する場合には、前後関係次第で、お爺さんの相続についての選択が無効または不可能になる可能性があります。

1　民法916条の意義

　相続人Bが被相続人Aの相続財産について承認または放棄の選択をしないまま死亡し、CがBの相続人となった場合のように、AB間の第一相続の相続関係が不確定な状態で、Bを相続人とする第二相続が発生する場合を「再転相続」という。

　第二相続の相続人CがBを相続すると、その相続財産には、Aを被相続

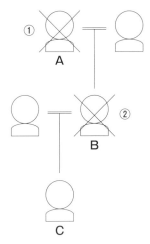

人とする第一相続について承認または放棄を選択できる地位が含まれることになる。

このような場合、仮に第一相続についてCに与えられる熟慮期間をBの熟慮期間の残存期間とすると、第一相続の相続財産について十分に調査できず、熟慮のうえで承認、限定承認、放棄のいずれを選択するのかを決定することが不可能ないし著しく困難になってしまう。

そこで、民法は、第一相続、第二相続の両方の熟慮期間について、起算点を、Cが「自己のために相続の開始があったことを知った時」、つまりCが自己のためにBの相続の開始があったことを知った時から起算することとした（民法916条）。

2　第一相続の相続人が相続の開始を知らなかった場合

前述のとおり、民法916条が、Cの第一相続についての熟慮期間の起算点を、Cが自己のためにBの相続の開始があったことを知った時としたのは、Bの相続財産にAを被相続人とする第一相続について承認または放棄を選択できる地位が含まれるからである。

では、そもそもBがAの相続開始を知らなかった場合、つまり、Bの死亡時点ではBのAの相続についての熟慮期間が開始していなかった場合に

第 2 章　熟慮期間の考え方と実務

は、どのように考えればよいであろうか。

　この場合、Ｃは B の被相続人を A とする相続について熟慮期間が開始していない地位を承継することになるため、Ｃの第一相続についての熟慮期間の起算点は、Ｃが A の相続の開始を知った時と考えることになる。

　裁判例においても、被相続人 D の相続人である E が、D の相続について承認も放棄もしないまま死亡し（E が D の相続の開始を知っていたかは定かではない）、その相続人である F が、E が死亡した後に D の相続（再転相続）の開始を知った場合、F の再転相続の熟慮期間は、F が再転相続の開始を知った時とする可能性があるとして、相続放棄の申述受理申立てを却下した原審の判断を取り消した事案が存在する（仙台高秋田支決平成 5・11・4 家月47巻 1 号125頁）。

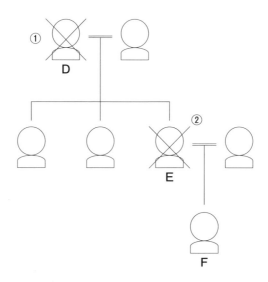

　また、若干特殊な事案ではあるが、被相続人 G の相続人である H が、G の相続の開始を知らないまま死亡し（H の熟慮期間自体進行していない）、H の相続人が、もっぱら多額の債務を抱えていた G の相続を放棄するために H の相続放棄の申述を行ったが、熟慮期間の経過を理由に却下されたため、今度は G の相続（再転相続）について相続放棄の申述を行った場合において、

90

再転相続の熟慮期間の起算点は、Hの相続放棄の申述が却下された時点であるとして（Iらは、Hの相続放棄の申述が受理されれば、Gの相続放棄をするまでもなく、Gの相続財産（債務）の承継を回避できたのであり、その申述が却下されるまでの間に、予備的にGの相続放棄の申述受理申立てをすることを要求するのは酷であるため）、Gの債権者から督促を受けた時を起算点と考えて受理申立てを却下した原審の判断を取り消した事案（名古屋高金沢支決平成9・9・17家月50巻3号30頁）もある。

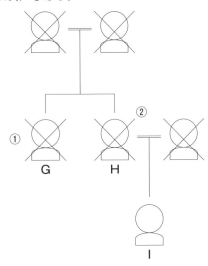

3 再転相続における選択肢と効力

(1) 学説上の争い

第二相続の相続人は、第一相続、第二相続のいずれについても、承認、放棄を選択することになるが、選択肢やその効力については、学説上、争いがある（松川正毅＝窪田充見編『新基本法コンメンタール相続』129頁）。

(ア) 順序重視説

第一相続の選択が第二相続の選択に先行する場合には、双方の相続について、どのような選択も有効にすることができる。第二相続の選択権は第二相続の相続人固有のものであり、また、相続財産は第一相続の被相続人A→

第2章　熟慮期間の考え方と実務

第二相続の被相続人（第一相続の相続人）B→第二相続の相続人Cと流れて
くるため、先に第一相続について放棄を選択しても、第二相続の選択権を失
うことはないからである。

　他方、第二相続の選択が第一相続の選択に先行する場合には、第二相続を
承認した場合にのみ第一相続の選択を行うことができ、第二相続を放棄した
場合には第一相続の選択を行うことはできない。第一相続について承認また
は放棄を選択できる地位は、第二相続の相続財産に含まれるものであり、第
二相続を承認することによって初めて承継されるからである。

(イ)　順序不問・固有説

　第一相続の選択権は、第一相続の相続人から承継するのではなく、再転相
続人が固有に取得する権利であるとして、第二相続の相続人は、順序に関係
なく、第一相続、第二相続の双方について、自由に選択できる。

(ウ)　順序不問・承継説

　選択の順序を問わないが、第一相続の選択権は第一相続の相続人から承継
されると考える。そのため、第二相続を承認すれば第一相続について承認、
放棄いずれも選択できるが、第二相続を放棄すれば、第一相続についていか
なる選択をしたとしても、無効または不可能である。

(2)　最判昭和63・6・21の判示内容

　最高裁判所は、前記(1)(ア)の順序重視説をとっている。すなわち、最判昭和
63・6・21家月41巻9号101頁は、再転相続人が、第一相続について放棄を選
択した後、第二相続についても放棄を選択した事案において、①民法916条
によって第二相続の相続人は、再転相続人たる地位そのものに基づき、第一
相続と第二相続それぞれにつき承認または放棄をする機会を保障されるとす
る。そのうえで、②再転相続人は、第二相続を放棄した場合には、第一相続
の相続人が有していた第一相続についての承認または放棄の選択権を失うこ
とになるのであるから、もはや第一相続につき承認または放棄をすることは
できないが、③第二相続につき放棄をしていないときは、第一相続につき放
棄をすることができ、かつ、第一相続につき放棄しても、それは第二相続に

おける選択に何ら障害にならず、また、その後に第二相続につき放棄しても、先に再転相続人たる地位に基づいてした第一相続についてした放棄の効力がさかのぼって無効となることはないと判示する。

なお、③については、相続放棄には遡及効があるので、第二相続の相続人は初めから再転相続人にならなかったことになるはずであり（民法939条）、理論的説明がつかない、また、民法919条1項の法意に着目した理論的補完が必要であるという批判がなされている（松川正毅＝窪田充見編『新基本法コンメンタール相続』130頁）。

(3) 債権者等の第三者との関係

このような議論の実益は、第一相続の被相続人Aの債権者や第二相続の被相続人（第一相続の相続人）Bの債権者等の第三者との関係にある。

すなわち、Aの債権者は、前掲最判昭和63・6・21のように第一相続の放棄を有効と考えると、Bの固有財産からの弁済を受けられないことになるが、第一相続の放棄は無効（その結果、BはAを相続することになる）と考えると、Bの固有財産からの債権回収の可能性も生じる。

他方、Bの債権者は、前掲最判昭和63・6・21のように第一相続の放棄は有効とされれば、Bに対する債権回収への影響が生じないが、第一相続の放棄は無効とされると、Aの債権者も加わるため、債権回収に影響が生じることになる（松川正毅＝窪田充見編『基本法コンメンタール相続〔第5版〕』110頁）。

(4) 最判昭和63・6・21が結論を明言していない場面

なお、前掲最判昭和63・6・21が結論を明言していない場面として、①第一相続の放棄と第二相続の放棄を同時に行った場合、②第一相続について承認した後、第二相続について放棄した場合、③第一相続の承認と第二相続の放棄を同時に行った場合があげられるとの指摘がある（松川正毅＝窪田充見編『基本法コンメンタール相続〔第5版〕』109頁）。

第三者との関係もさることながら、第一相続の承認が有効とされるか無効とされるかによって再転相続人の利害に大きな影響が生じるため、留意して

第 2 章　熟慮期間の考え方と実務

対応を決定することが必要である。

●再転相続の熟慮期間●

　最判令和元・8・9裁判所 HP の事案の概要、判旨の概要は以下のとおりである。

〔事案の概要〕

　平成24年 6 月に A が死亡し、同年 9 月に A の妻子、翌年 6 月に B（A の弟）を除く A のきょうだいらが相続放棄し、その後、B は自己が A の相続人になったことを知らずに死亡した。B の子 X は、平成27年11月、A の債権者から債権を譲り受けた Y から承継執行文の謄本等を送達され、A の相続人としての地位を B から承継していた事実を知った。平成28年 2 月、X は A からの相続について相続放棄し、執行文付与に対する異議の訴えをした。

〔判旨の概要〕

　判例は、X が B からの相続開始を知ったことをもって、A からの相続に係る熟慮期間が起算されるのでは、X に対し、A からの相続について承認または放棄を選択する機会を保障する民法916条の趣旨に反するとし、同条の「その者の相続人が自己のために相続の開始があったことを知った時」とは、「相続の承認又は放棄をしないで死亡した者の相続人が、当該死亡した者からの相続により、当該死亡した者が承認又は放棄をしなかった相続における相続人としての地位を、自己が承継した事実を知った時をいうものと解すべきである」と判断した。

94

Ｑ２－８　相続人が未成年者または成年被後見人の場合の熟慮期間の起算点

Q　私は、元夫との間に子ども一人をもうけた後、元夫と離婚して、親
権者として子どもを育ててきました。最近、元夫が亡くなったと聞き
ました。相続するかどうかは３か月以内に決めなければいけないよう
ですが、子どもは未成年です。このような場合、子どもは、いつまで
に決定すればよいのでしょうか。
　　また、子どもはあと２か月で成人するのですが、成人するまでに結
論が出ていない場合は、どのように考えればよいですか。

A　相続人が未成年者であるときは、熟慮期間は、法定代理人が、相続
人のために相続の開始があったことを知った時から起算されるため、
今回の場合、あなたが元夫の死亡を知った日から３か月以内に、単純
承認、限定承認、相続放棄のいずれを選択するかを決断する必要があ
ります。
　　お子さんが熟慮期間中に成人した場合には、成人してから３か月以
内に、お子さん自身が、いずれを選択するかを決断する必要がありま
す。

1　民法917条の意義

　相続人が未成年者または成年被後見人であるときは、熟慮期間は、相続人
の法定代理人（親権者または成年後見人）が、相続人のために相続の開始があ
ったことを知った時から起算する（民法917条）。
　法定代理人が、相続人のために単純承認、限定承認、放棄のいずれを選択
するのか判断するという性質上、熟慮期間の基礎となる事実を知ったときの
基準時を、相続人本人ではなく法定代理人が知った時とすることで、法定代

理人が、本人のために十分な情報を得て、熟慮することを可能にする趣旨である。

相続開始時に相続人である未成年者または成年被後見人に法定代理人がいない場合には、新たに選任された法定代理人（親権者不在の場合の未成年後見人等）が相続人のために相続の開始があったことを知った時から熟慮期間が進行する。

なお、民法917条は、被保佐人、被補助人には適用がない。相続人が被保佐人である場合は、保佐人の同意を得て自ら相続の承認、放棄をできるし（民法13条1項6号）、補助人の同意を要する旨の審判を受けた被補助人である場合も同様であるためである（民法17条1項）。

2 相続について選択しないまま法定代理人が地位を失った場合

民法917条は、法定代理人が承認、放棄を選択することを前提としており、法定代理人が、承認、放棄の選択をしないまま法定代理人の地位を失った場合については何ら規定していない。そこで、このような場合に、熟慮期間の起算点をどう考えればよいかが問題となる。

法定代理人が地位を失う場合としては、①未成年者または成年被後見人が行為能力者となった場合と、②法定代理人の死亡等により、後任の法定代理人が就任する場合が考えられる。

学説においては、①の場合には、未成年者または成年被後見人が、行為能力者になり、自分のために相続が開始したことを知った時から熟慮期間が起算され、②の場合には、後任の法定代理人が、未成年者または成年被後見人のために相続の開始があったことを知った時から熟慮期間が起算されるとの見解がある（能見善久＝加藤新太郎編『論点体系判例民法(10)相続［第2版］』169頁）。

また、裁判例では、①の類型で、未成年者が相続人だった場合について、相続人は、被相続人の死亡当時未成年者であったから、相続人の成人以前は、

法定代理人である親権者が相続人のために相続の開始があったことを知った時から起算し、成人以後は、相続人自身が相続の開始があったことを知った時から起算すべきとしたものがある（長崎地佐世保支判平成18・3・29判タ1241号133頁）。多くの場合は、未成年者または成年被後見人が行為能力者となった時点が起算点となると思われる。

　このような解釈により、相続人である未成年者または成年被後見人に不利益が生じない解決が可能となっている。

第 2 章　熟慮期間の考え方と実務

Q2－9　熟慮期間伸長の申立て

> Q　2か月半前に父が亡くなりましたが、今のところ、相続放棄をする
> かどうかを決めかねています。相続するかどうかは3か月以内に決め
> なければいけないと聞きましたが、決断するまでにもう少し時間がほ
> しいと思っています。どうすればよいでしょうか。
> A　家庭裁判所に、熟慮期間伸長の申立てをして、熟慮期間を延長する
> 審判を得ることが考えられます。ただし、相続財産の所在がばらばら
> であったり、相続財産の数量が非常に多かったり、構成が複雑であっ
> たりするなど、通常の努力を尽くしても、熟慮期間内に決断をするこ
> とが困難と認められる事情が必要です。

1　熟慮期間の伸長

　相続財産の調査を行っても、相続財産の所在や構成の複雑さ等によっては、
熟慮期間の3か月以内に相続財産の調査が完了せず、その結果、単純承認、
限定承認、相続放棄のいずれを選択すべきかの判断ができない場合も想定さ
れる。そのような場合、相続人をはじめとする利害関係人または検察官は、
請求により、家庭裁判所の審判を得ることで、熟慮期間を伸長することがで
きる（民法915条1項ただし書、家事事件手続法39条・201条・別表1の90項。【書
式10】参照）。この利害関係人には、相続人のほか、相続人の債権者、被相
続人の債権者・債務者、次順位の相続人などが含まれる。

　期間伸長の申立ては、当初の熟慮期間のうちに行う必要がある。そうでな
ければ、熟慮期間の経過により単純承認したものとみなされてしまうからで
ある（民法921条2号）。他方、熟慮期間中に申立てを行えばよく、熟慮期間
が経過する前に審判を得る必要まではない。

　共同相続の場合、各相続人は、個別に期間伸長の申立てをすることができ

98

る。相続財産の多寡、相続財産の構成の複雑性、所在地、額、それらによる
調査の困難性は各相続人共通であろうが、相続人の海外や遠隔地への所在、
それによる調査の困難性は各相続人によって異なるため、それらが総合的に
考慮される以上、各相続人が個別に申立てをすることも、各相続人個別に伸
長が認められること（さらには相続人間で結論が異なること）もやむを得ない。
もっとも、限定承認は、全員が共同してする必要があるうえ、事前に財産目
録を調製する必要がある。したがって、限定承認のために共同相続人の範囲
を確定することに利害関係を有する被相続人および相続人の債権者・債務者
は、最も調査熟慮を長く要すると思われる者に適合させて統一的に伸長期間
を申請して申立てをするのが実際的であるとされる（谷口知平＝久貴忠彦編
『新版注釈民法(27)相続(2)〔補訂版〕』474頁）。

　家庭裁判所が期間伸長の申立てを却下した場合は、即時抗告をすることが
できる（家事事件手続法85条）。

2　家庭裁判所の考慮要素

　家庭裁判所が期間伸長の申立てを審理するにあたっては、「相続財産の構
成の複雑性、所在地、相続人の海外や遠隔地所在などの状況のみならず、相
続財産の積極、消極財産の存在、限定承認をするについての共同相続人全員
の協議期間並びに財産目録の調整期間などを考慮して審理するを要する」と
され（大阪高決昭和50・6・25家月28巻8号49頁）、家庭裁判所は、これら要素
を考慮して、伸長する期間を決定する。

　家庭裁判所は、伸長の期間につき、申立人の主張に拘束されず、伸長の必
要性や一切の事情を考慮して、裁量によりその期間を決定する。

　伸長できる期間の長さや回数には特に制限がなく、結果として1年以上熟
慮期間を伸長することが認められた事案も存在する（福岡高宮崎支決平成10・
12・22家月51巻5号49頁）。執筆者の経験上も、合計3回、通算8か月の伸長
が認められた事案がある。

第2章　熟慮期間の考え方と実務

【書式10】　熟慮期間の伸長の申立書

受付印	家事審判申立書　事件名（相続の承認又は放棄の期間伸長）
	（この欄に申立手数料として1件について800円分の収入印紙を貼ってください。） （貼った印紙に押印しないでください。）
収入印紙　　　　円 予納郵便切手　　円 予納収入印紙　　円	（注意）登記手数料としての収入印紙を納付する場合は，登記手数料としての収入印紙は貼らずにそのまま提出してください。

準口頭		関連事件番号　平成○年（家○）第○○○○号

○○家庭裁判所 　　　　　　　御中 平成○年○月○日	申　立　人 （又は法定代理人など） の記名押印	○　○　○　○　　㊞

添付書類	（審理のために必要な場合は，追加書類の提出をお願いすることがあります。）

申	本　籍 （国　籍）	（戸籍の添付が必要とされていない申立ての場合は，記入する必要はありません。） ○○都道府県　○○市○○町○丁目○番地
立	住　　所	〒000-0000　　　　　　　　電　話　000-000-0000 　○○県○○市○○町○丁目○番○号　　○○ハイツ○号 　　　　　　　　　　　　　　　　　　（　　　　　　　方）
	連　絡　先	〒　　－　　　　　　　　　　電　話 （注：住所で確実に連絡できるときは記入しないでください。） 　　　　　　　　　　　　　　　　　　（　　　　　　　方）
人	フリガナ 氏　　名	○○　○○　○○　○○　　大正・昭和・平成　○年○月○日生 ○　○　○　○　　　　　　　　　　　　　（○○歳）
	職　　業	○○○○
※ 被 相 続 人	本　籍 （国　籍）	（戸籍の添付が必要とされていない申立ての場合は，記入する必要はありません。） ○○都道府県　○○市○○町○丁目○番地
	最後の 住　所	〒000-0000　　　　　　　　電　話　000-000-0000 　○○県○○市○○町○丁目○番○号　　○○マンション○号 　　　　　　　　　　　　　　　　　　（　　　　　　　方）
	連　絡　先	〒　　－　　　　　　　　　　電　話 　　　　　　　　　　　　　　　　　　（　　　　　　　方）
	フリガナ 氏　　名	○○　○○　○○　○○　　大正・昭和・平成　○年○月○日生 ○　○　○　○　　　　　　　　　　　　　（　　歳）
	職　　業	○○○○

100

申　立　て　の　趣　旨

　申立人が，被相続人○○○○の相続の承認又は放棄をする期間を平成○年○
月○日まで伸長するとの審判を求めます。

申　立　て　の　理　由

1　申立人は，被相続人の長男です。
2　被相続人は平成○年○月○日死亡し，同日，申立人は，相続が開始したこ
　とを知りました。
3　申立人は，被相続人の相続財産を調査していますが，被相続人は幅広く事
　業を行っていたことから，相続財産が各地に分散しているほか，債務も相当
　額あるようです。
4　そのため，法定期間内に，相続を承認するか放棄するかの判断をすること
　が困難な状況にあります。
5　よって，この期間を○か月伸長していただきたく，申立ての趣旨とおりの
　審判を求めます。

第2章　熟慮期間の考え方と実務

Q2−10　熟慮期間中の相続財産の管理

Q　先日、高齢の父が亡くなりましたが、父には私をはじめとして子ど
もが多く、また子どもの中にはすでに死亡している者もおり、孫世代
も含めて、相続人は非常に多数になっています。父の財産の調査をし、
相続人が承認、放棄等の対応を決断するまでの間は、父名義の不動産
や預貯金等は、父と同居していた私が管理しようと思っていますが、
今後のために、注意すべき点は何かありますか。

　　また、一部兄弟の中には、私が管理することに不満をもっている者
もいるのですが、紛争を回避するために有効な手段があれば、教えて
ください。

A　あなたの財産とお父さんの財産とが混同しないようにしたうえで、
少なくとも、あなた自身の財産に対するのと同じ程度の注意を払って
お父さんの財産を管理してください。また、お父さんの財産を処分し
たり債務を支払ったりすると、他の相続人との間で紛争になるだけで
なく、承認したものとみなされて相続放棄できなくなってしまう可能
性があるので、気を付けてください。

　　また、あなた自身の管理能力に限界を感じたり、相続人が多数いて
管理に関する協議ができなかったり、他の相続人との間で紛争になっ
たりする場合には、家庭裁判所に、相続財産管理人の選任を求める手
続ができます。

1　相続財産の管理義務の意義および求められる注意の程度

　被相続人の財産は、被相続人の死亡により包括的に相続人に帰属し（民法
896条）、相続人が複数の場合は共有となる（同法898条）。しかし、相続人が
承認、放棄のいずれかを選択するまでは、相続財産が誰に帰属するかが確定

102

せず、相続財産は法的に不安定な状態におかれることになる。この間に、相続財産の管理が不十分であると、相続財産が毀損・減少したり、相続財産が相続人の固有財産と混合したりするなどして、後に確定する相続人や受遺者、相続債権者等に不利益が生じるおそれや、相続財産の範囲をめぐる紛争が生じるおそれがある。

そこで、民法は、相続人に対して、相続財産の範囲を明確にし、当該状態を保持するため、熟慮期間終了までの間、相続財産を相続人の固有財産とは区別して、相続財産の管理を義務づけることとした（民法918条）。相続人が複数の場合には、相続人全員で共同して管理することとなる。

相続人による相続財産の管理中の注意義務の程度は、「固有財産におけるのと同一の注意」（民法918条）で足りる。これは、無償受寄者による「自己の財産に対するのと同一の注意」（民法659条）、親権者による「自己のためにするのと同一の注意」（同法827条）と同義であると解されている。相続人による相続財産の管理について、善良なる管理者の注意義務（善管注意義務）など通常課される注意義務よりも注意の程度が軽減されたのは、相続財産は未確定ではあるものの法律上当然に相続開始時から一応相続人に帰属し（同法896条）、その固有財産と混合すること、相続人は暫定的な管理者にすぎないこと等に配慮したものである（雨宮則夫ほか編『相続における承認・放棄の実務』51頁）。

相続人が上記注意義務を怠って相続財産を毀損・減少させた場合には、管理について利害関係を有する者に対し損害賠償責任を負うことになる。

2　相続財産の管理の内容

⑴　保存行為、利用行為、改良行為

管理行為の内容は、保存、利用、改良の各行為である。

他方、相続人が、相続財産の全部または一部を処分したときには、単純承認したものとみなされるため（民法921条1号）、相続人の行為が管理行為なのか処分行為なのかをめぐって、紛争となることが多い。

第2章　熟慮期間の考え方と実務

　判例・学説上は、修繕、補修、腐敗しやすい物や保存に著しい費用を要する物の廃棄や換価、仮装登記の抹消請求（最判昭和31・5・10民集10巻5号487頁）、相続土地の保存登記（東京高判昭和35・9・27下民集11巻9号1993頁）等は保存行為に該当するとされている。

(2)　熟慮期間中の相続債務の弁済等

　では、熟慮期間中に相続財産から相続債務を弁済することや、相続財産をもって相殺することは、どう考えるべきであろうか。

　これらが、相続財産の処分（民法921条1号）に該当するのかについては、見解が分かれる（相続債務の弁済等と熟慮期間との関係については**Q2−5**参照）。

　熟慮期間中の相続財産管理の期間中に、相続債権者や受遺者から弁済の請求を受けた相続人は、弁済を拒絶することができ（民法928条の趣旨）、それにもかかわらず弁済した場合には、一種の財産処分にあたるとして単純承認したものとみなされるとする見解（松川正毅＝窪田充見編『新基本法コンメンタール相続』132頁）がある一方、相続財産の減少は生じないこと等を理由に、保存行為にとどまるとする見解（谷口知平＝久貴忠彦編『新版注釈民法(27)相続(2)〔補訂版〕』483頁。ただし補訂者は疑問視）も存在する。

　この問題に関する裁判例は少数であるが、いずれも相続債務の弁済ないし代物弁済は処分に該当するとしている（大判昭和12・1・30民集16巻1頁、富山家審昭和53・10・23家月31巻9号42頁、宮崎家日南支審平成10・11・10家月51巻5号54頁（福岡高宮崎支決平成10・12・22家月51巻5号49頁の原審）など参照）。

　もっとも、これらの裁判例の趣旨からは、弁済によって相続債権者や受遺者を害することがない場合には、相続財産の処分に該当しないとみる余地があると思われる（なお、葬儀関連費用や治療費等、一定の債務について相続財産から支出することが社会通念上許容される場合があることは、**Q2−5**のとおりである）。

　以上のように、相続債務の弁済が処分に該当するとみられる可能性があるため、熟慮期間中の相続人が、相続債権者から請求を受けた場合には、弁済

を拒絶することが無難である。なお、いずれの見解に立脚しても、相続人の固有財産からの弁済が相続財産の処分に該当することはない（前掲福岡高宮崎支決平成10・12・22）。

3　相続財産の保存に必要な処分

もっとも、一般人である相続人による管理には限界がある。また、相続人が相続財産から遠隔地に居住している、管理能力の不足、共同相続人間の紛争、多数の共同相続人の存在、共同相続人中に行方不明者がいることによる協議不能等の事情から、相続人による管理が困難または不適切な場合もみられる。

このような場合、利害関係人（相続人、相続人の債権者、次順位の相続人など）または検察官の請求により、家庭裁判所は、いつでも、相続財産の保存に必要な処分を命じることができる（民法897条の2第1項、家事事件手続法39条・201条・別表1の89項。【書式11】参照）。

相続財産の保存に必要な処分としては、相続財産管理人の選任、相続財産の封印、換価その他の処分禁止、占有移転禁止、相続財産の換価処分、財産目録の調製・提出命令等が想定される。

4　選択後の保存義務の帰趨

⑴　単純承認をした場合

単純承認をした場合、相続人は、固有財産と区別して管理する必要がなくなるため、注意義務も消滅する。ただし、その後、財産分離請求（民法941条1項・950条1項、家事事件手続法39条・202条・別表1の96項）がなされた場合、相続人には、同じく「固有財産におけるのと同一の注意」をもって管理する義務が再び生じる（民法944条1項）。

⑵　限定承認をした場合

限定承認した場合には、限定承認者は、「固有財産におけるのと同一の注意」をもって管理を継続しなければならない（民法926条1項）。

第2章　熟慮期間の考え方と実務

(3)　相続放棄をした場合

　相続放棄した場合も、相続放棄者は、その放棄の時に相続財産に属する財産を現に占有しているときは、相続人または相続財産清算人（民法952条1項）に対して当該財産を引き渡すまでの間、「自己の財産におけるのと同一の注意」をもって、その財産を保存しなければならない（同法940条1項）。

●財産分離とは●

　相続によって相続財産と相続人の固有財産が混合するが、両者を合わせると債務超過になる等、財産の混合によって、相続債権者、受遺者または相続人の債権者が、回収不能の不利益を被る可能性がある。このような場合に、財産の混合を避け、相続財産を清算させる制度が「財産分離」である。

　固有財産のほうが債務超過の度合いが高い場合に、相続債権者等から請求される第一種財産分離（民法941条以下）、相続財産のほうが債務超過の度合いが高い場合に、相続人の債権者等から請求される第二種財産分離（同法950条）がある。

106

Q2−10 熟慮期間中の相続財産の管理

【書式11】 熟慮期間中の相続財産管理人選任の申立て

受付印	家事審判申立書（相続財産管理人の選任）
	収入印紙貼付欄（800円）
収　入　印　紙　　　　　　円 予納郵便切手　　　　　　円	

準口頭		関連事件番号　平成　年（家　）第　　　号

○○家庭裁判所　　　　　　　　　御中 平成○年○月○日	申立人	○　○　○　○　㊞

添付書類	被相続人の出生時から死亡時までのすべての戸籍（除籍，改製原戸籍）謄本 被相続人の住民票除票または戸籍附票 財産目録，相続人全員の戸籍謄本 財産管理人候補者の住民票または戸籍附表

申立人	本　　籍	○○県○○市○○町○丁目○番地		
	住　　所	〒000-0000　　　　　　　　電　話 000-000-0000 ○○県○○市○○町○丁目○番○号		
	連　絡　先	〒　−　　　　　　　　　　　電　話		
	フリガナ 氏　　名	○○　　○○　　○○　　○○ ○　　　○　　　○　　　○	昭和○年○月○日生	職業 ○○○○
	被相続人 との関係			
被相続人	本　　籍	○○県○○市○○町○丁目○番地		
	最後の 住　　所	〒000-0000　　　　　　　　電　話 000-000-0000 ○○県○○市○○町○丁目○番○号		
	連　絡　先	〒　−　　　　　　　　　　　電　話		
	フリガナ 氏　　名	○○　　○○　　○○　　○○ ○　　　○　　　○　　　○	昭和○年○月○日生	職業 ○○○○

第2章　熟慮期間の考え方と実務

申 立 て の 趣 旨

被相続人亡○○○○の相続財産管理人の選任を求める。

申 立 て の 理 由

1　申立人は，被相続人の長男ですが，平成○年○月○日に死亡した被相続人の相続を承認すべきか，放棄すべきか，現在熟慮中です。

2　被相続人の財産は別紙遺産目録のとおりであり，現在，申立人が管理していますが，相続人が多数かつ疎遠であるため，管理方法について協議をすることが困難であり，また，相続人の中には，申立人が適切に管理するかを不安視する者もいます。

　そのため，申立人が管理することは事実上困難であり，また，後日の紛争を回避する観点からも避けたいと考えています。

3　よって，民法第897条の2第1項に基づき，申立ての趣旨記載の審判を求めます。

　なお，相続財産管理人として，以下の者を選任することを希望します。

　相続財産管理人候補者

　本籍　○○県○○市○○町○丁目○番地

　住所　○○県○○市○○町○丁目○番○号

　氏名　○○○○

　職業　○○○○

　電話　000-000-0000

108

第3章
単純承認の考え方と実務

第3章　単純承認の考え方と実務

Q3-1　単純承認の意義と効果

Q　相続を承認すると、どのような効果がありますか。一度相続を承認すると、取り消すことはできないのですか。

A　相続を承認すると、被相続人の一身に専属したものを除く、一切の権利義務を承継することになります。一度した相続の承認を取り消すことができるか否かについては、単純承認の法的性質に関する学説が分かれています。

1　単純承認とは

　民法920条は、「相続人は、単純承認をしたときは、無限に被相続人の権利義務を承継する」と規定する。

　「無限に被相続人の権利義務を承継する」とは、被相続人の一身に専属したもの（扶養請求権等）を除く、一切の権利義務を全面的かつ無条件に承継するという意味である。

　これにより、相続人の固有財産も消極相続財産に対する責任財産となり、相続債権者は、相続人の固有財産からその債権の回収を図ることが可能となるし、相続人の債権者もまた、相続人の固有財産のみならず、相続財産からもその債権の回収を図ることができるようになる。

2　単純承認の効果

　それでは、単純承認をすると、どのような効果が生じるか。

　単純承認の法的性質について、多数説は、単純承認するという意思表示が存在するものとして（意思表示説）、法定単純承認（民法921条）は、同条所定の事実が生じた場合に、相続人が単純承認の意思表示があるものとみなした規定であると理解する。判例も、「民法921条1号本文が相続財産の処分行為

110

があつた事実をもつて当然に相続の単純承認があつたものとみなしている主たる理由は、本来、かかる行為は相続人が単純承認をしない限りしてはならないところであるから、これにより黙示の単純承認があるものと推認しうるのみならず、第三者から見ても単純承認があつたと信ずるのが当然であると認められることにある」（最判昭和42・4・27民集21巻3号741頁）として、民法921条所定の事実があれば黙示の単純承認があったものとみなされることを前提としており、意思表示説をとるものと理解される。

　他方、少数有力説は、法は、単純承認の意思表示なるものの存在を認めておらず、単純承認の効果は、民法921条所定の事実に法が与えたものだとしている（法定効果説）。

3　単純承認の意思表示の取消し等の可否

　単純承認の法的性質に関する両説の差異は、単純承認を取り消すことができるかという点にある（処分行為（民法921条1号）に取消事由がある場合についてはQ3-9参照）。

　意思表示説によれば、単純承認は、財産行為を目的とした意思表示であるから、民法919条1項および2項は当然適用される。したがって、一度した相続の承認については、同条1項により、撤回することはできないものの、民法総則または親族編の規定する取消事由があれば、単純承認の意思表示を取り消すことができる（同条2項）。なお、同項は、無効の主張を許さない趣旨ではないと解されており、無効事由がある場合には、無効を主張することもできると解される。

　他方、法定効果説によれば、単純承認は、民法921条の該当事実に法が付与した法定効果であるから、同法919条1項および2項が適用される余地はなく、取消しは許されない。

第3章　単純承認の考え方と実務

Q3-2　法定単純承認──単純承認をしたものとみなされる事情

> Q　法定単純承認とは、どのようなものですか。
>
> A　明確に相続を単純承認する意思を表示した場合ではなくても、①相続財産の処分、②熟慮期間の徒過、③限定承認・相続放棄後の背信的行為といった事由に該当する行為をしてしまった場合、「相続人は、単純承認をしたものとみな」されるという制度です（民法921条）。限定承認、相続放棄を検討している場合には、このような行為をしないよう気を付けておくべきです。

1　法定単純承認とは

　民法921条は、①相続財産の処分（同条1号）、②熟慮期間の徒過（同条2号）、または、③限定承認・相続放棄後の背信的行為（同条3号）といった事情があった場合には、「相続人は、単純承認をしたものとみなす」ものと規定する（法定単純承認）。以下、①～③について、概観する。

2　相続財産の処分

　民法921条1号は、相続人が「相続財産の全部又は一部を処分したとき」には、単純承認をしたものとみなすと規定する（**Q3-4～Q3-9**参照。また、熟慮期間中の葬儀費用、相続債務の弁済等については、**Q2-5**参照）。

　民法921条1号の趣旨について、判例は、「本来、かかる行為は相続人が単純承認をしない限りしてはならないところであるから、これにより黙示の単純承認があるものと推認しうるのみならず、第三者から見ても単純承認があったと信ずるのが当然であると認められるところにある」としている（最判昭和42・4・27民集21巻3号741頁）。

112

3 熟慮期間の徒過

民法915条1項は、「相続人は、自己のために相続の開始があったことを知った時から3箇月以内に、相続について、単純若しくは限定の承認又は放棄をしなければならない」と規定し、同法921条2号は、「相続人が第915条第1項の期間内に限定承認又は相続の放棄をしなかったとき」に単純承認をしたものとみなすと規定する（Q2-1参照）。

すなわち、相続人は、限定承認または相続の放棄をしない限り、単純承認をしたものとみなされるのであり、民法921条2号は、相続の原則形態は、単純承認であることを規定したものである。

4 限定承認・相続放棄後の背信的行為

民法921条3号は、「相続人が、限定承認又は相続の放棄をした後であっても、相続財産の全部若しくは一部を隠匿し、私にこれを消費し、又は悪意でこれを相続財産の目録中に記載しなかったとき」は、単純承認したものとみなすと規定する（Q3-10～Q3-14参照）。

これは、上記のような背信的な行動をとった相続人に対しては、相続債権者の犠牲において限定承認または相続の放棄という保護を与えるのは相当ではないから、相続債務を承継させるという一種の民事的制裁を科すものである。

第3章　単純承認の考え方と実務

Q3－3　相続人が未成年者または成年被後見人の場合の単純承認

> Q　離婚した夫が亡くなり、私が親権をもつ未成年の息子が、元夫の財
> 産を相続することになりました。元夫には多額の借金があったので、
> 相続財産をよく調査したうえで相続を承認するかを決めたいと思って
> います。法定単純承認という制度について、インターネットで見かけ
> たのですが、子どもが未成年ということで、何か気を付けるべきこと
> はありますか。
>
> A　「相続財産の処分」および「限定承認・相続放棄後の背信的行為」
> については（民法921条1号・2号）、相続人だけでなく、法定代理人で
> ある親権者が、それに該当する行為を行った場合にも法定単純承認の
> 効果が認められるので、注意が必要です。
>
> 　また、「熟慮期間の徒過」について（民法921条3号）、相続人が未成
> 年の場合、熟慮期間の起算点は、相続人ではなく、法定代理人である
> 親権者が、未成年の相続人のために相続の開始があったことを知った
> 時点から起算されます。

1　相続財産の処分

　相続人の法定代理人（親権者または成年後見人）が相続財産の処分（民法
921条1号）を行った場合であっても、未成年者または成年被後見人である
相続人についての単純承認の効果は生じるものと解される（谷口知平＝久貴
忠彦編『新版注釈民法(27)相続(2)〔補訂版〕』524頁。相続人自身による相続財産の
処分については、処分行為自体の無効・取消しと同号該当性に関するQ3－9参
照）。

2 熟慮期間の徒過

(1) 原 則

相続人が未成年者または成年被後見人の場合、民法915条1項の期間は、その法定代理人が、未成年者または成年被後見人のために相続の開始があったことを知った時点から起算され、その時点から3か月を経過しなければ、同法921条2号により、単純承認をしたとみなされることにはならない。

(2) 法定代理人が存在しない場合

単純承認の法的性質について（Q3-1参照）、多数説の意思表示説に立てば、単純承認を行う時点で、相続人が意思能力および行為能力を備えていることが必要である。したがって、相続人に法定代理人が選任されるまで、民法915条1項所定の期間は進行しない。

また、相続開始後、民法915条1項所定の期間が経過する前に、①法定代理人が死亡等によりいなくなった、または②未成年者または成年被後見人が行為能力者となったことにより、法定代理人がその地位を失った場合、①については、後任の法定代理人が未成年者または成年被後見人のために相続が開始したことを知った時、②については、未成年者または成年被後見人が行為能力者となった時から3か月を経過するまでは、単純承認したものとはみなされないと考えるべきである（Q2-8参照）。

3 限定承認・相続放棄後の背信的行為

相続人の法定代理人が民法921条3号に該当する行為を行った場合であっても、単純承認の効果は生じるものと解される（谷口知平＝久貴忠彦編『新版注釈民法(27)相続(2)〔補訂版〕』533頁）。

判例も、成年後見人が成年被後見人たる相続人を代表して限定承認をなすにあたり、悪意で相続財産を相続財産の目録中に記載しなかった事例において、成年後見人の行為は成年被後見人の行為とみるべきであるから、単純承認をしたものとみなされるとした（大判大正13・7・9民集3巻303頁）。なお、

第3章　単純承認の考え方と実務

この判例は、成年後見人は、成年被後見人に対し善管注意義務違反による責任を負うことを免れられないものと判断し、成年後見人が民法921条3号に該当する行為を行った場合に成年被後見人に生じた不利益については、成年後見人と成年被後見人との間で、内部的に処理するべきものとした。

4　関連する裁判例──不在者財産管理人による相続財産の処分

法定代理人による行為と本人への法定単純承認の効果の発生に関連して、不在者財産管理人の行為について、次のような裁判例（名古屋高判平成26・9・18裁判所HP）がある。

事案の概要は、相続人Xの失踪後、被相続人Aが死亡し、相続人Xについて不在者財産管理人Bが選任され、Bが家庭裁判所の許可を得て相続財産を売却処分したところ、その後、XがAの死亡を知り、3か月以内に相続放棄の申述をしたというものである。名古屋高等裁判所は、不在者財産管理人が、家庭裁判所の許可を得て相続財産を売却処分した行為が、相続財産の「処分」（民法921条1号）に該当するとして、Xによる相続放棄は無効であると判断した。

同裁判例は、一種の法定代理人として、不在者の財産を管理し、必要な処分について代理権を有する不在者財産管理人Bの行為は、相続人Xに帰属することから、不在者財産管理人Bの「処分」行為により、相続人Xに法定単純承認の効果が生じることを前提とするものである。

Q3－4　相続財産の処分①──相続財産の「処分」とは

> Q　父が亡くなり、現在、相続を放棄しようか、承認しようか迷っています。相続財産を処分した場合には、相続を承認したものとみなされてしまうと聞いたのですが、この相続財産の「処分」とは、どのような行為を指すのですか。
>
> A　相続財産の「処分」（民法921条1号）とは、限定承認または相続放棄前に行われる、財産の現状、性質を変える行為を指します。また、相続人は、処分をするにあたり、自己のために相続が開始した事実を知り、または、少なくとも相続人が被相続人の死亡した事実を確実に予想しながらあえてその処分をしたことを要します。

1　相続財産の「処分」とは

　相続財産の「処分」（民法921条1号）とは、相続財産の現状、性質を変える行為をいう。そして、通説・判例は、相続財産の「処分」とは、限定承認または相続放棄前になされたものに限定されるとする（大判昭和5・4・26民集9巻427頁参照）。限定承認または相続放棄後の問題は、同条3号の問題として処理される（Q3－10～Q3－14参照）。

2　相続財産の「処分」の主観的要件

　また、判例は、民法921条1号の趣旨が、相続人の処分により、単純承認するとの黙示の意思表示の存在が推認できることおよび第三者の信頼保護にあるとしたうえで（Q3－2参照）、「たとえ相続人が相続財産を処分したとしても、いまだ相続開始の事実を知らなかったときは、相続人に単純承認の意思があったものと認めるに由ないから、右の規定により単純承認を擬制す

117

第3章　単純承認の考え方と実務

ることは許されない」とし、「この規定が適用されるためには、相続人が自己のために相続が開始した事実を知りながら相続財産を処分したか、または、少なくとも相続人が被相続人の死亡した事実を確実に予想しながらあえてその処分をしたことを要する」と判断した（最判昭和42・4・27民集21巻3号741頁）。なお、この点について、被相続人が生前家出して以来行方不明になり、相続人らが被相続人の死亡を知らずに遺産を処分した行為について、「処分」にあたらないとした判例も存在する（最判昭和41・12・22家月19巻4号53頁）。

　他方、これを超えて、第三者を害する意図を有していることまでは要しないものと思料される。

118

Q3-5　相続財産の処分②──事実行為・保存行為・管理行為

Q3-5　相続財産の処分②──事実行為・保存行為・管理行為

> Q　父が亡くなりましたが、私は、相続を放棄したいと考えています。
> しかし、私が同居していた父の家については、とても老朽化している
> ので、①建物自体は取り壊し、②崩れそうなブロック塀は補修工事を
> したいと思っています。このような行為を行っても問題はありません
> か。
>
> A　①家屋の取壊しは、「処分」(民法921条1号)にあたり、単純承認を
> したものとみなされてしまいます。②崩れそうなブロック塀を補修す
> ることは、「保存行為」(同号ただし書)にあたり、「処分」にあたらな
> いと考えられるので、問題はありません。

1　事実行為の「処分」該当性

　「処分」(民法921条1号)とは、財産の現状、性質を変える行為を指し、法律行為のみならず、事実行為も含む。したがって、家屋の取壊しや動産の毀損などの事実行為は、「処分」にあたり、これらを行った場合には、同号に該当するものとして、単純承認の効果が生じる(したがって、本設問①建物自体を取り壊すことは処分行為に該当する)。

　ただし、民法921条1号の趣旨が、処分により、相続人に単純承認の意思があると推認されることにあることからすれば、過失により動産を毀損してしまった場合等は、そもそも処分の意思がないのであるから、同号にいう「処分」にはあたらないものとされる。

2　保存行為の「処分」該当性

　民法921条1号ただし書は、「保存行為及び第602条に定める期間を超えな

119

第3章　単純承認の考え方と実務

い賃貸をすること」は、同号にいう「処分」にあたらないと規定する。

　「保存行為」とは、相続財産の保全すなわち財産の現状を維持するのに必要な行為を指す。本設問②崩れそうなブロック塀を補修することは保存行為に該当するから、民法921条1号ただし書により処分にはあたらず、単純承認したものとはみなされない。

3　管理行為の「処分」該当性

　「管理行為」とは、財産の性質を変更しない範囲で利用・改良を目的とする行為であり、たとえば、相続財産について締結されていた使用貸借契約の解除等がこれにあたる。

　そもそも相続人は、その固有財産におけるのと同一の注意をもって、相続財産を管理しなければならないとされており（民法918条）、管理行為もまた、ここでいう「処分」にあたらない。

Q3－6　相続財産の処分③──相続財産中の債権の行使

> Q　父が亡くなりましたが、借金が多いようなので、相続を承認するか
> 放棄するか迷っています。父から生前、叔母に300万円を貸したけれ
> ども、支払いがないと聞いていました。私は、叔母に対して、①債権
> の支払いの催告をするか、②300万円を支払うよう訴訟を提起したい
> と考えています。これらの行為を行うことに、何か問題はありますか。
>
> A　叔母に対し、①債権の支払いを催告することは、「保存行為」（民法
> 921条1号ただし書）にあたりますから、それによって単純承認をした
> ものとみなされることはないので、問題はありません。他方、②相続
> 債権の履行を求める訴訟提起した場合、「処分」（民法921条1号）を行
> ったものとして、単純承認をしたものとみなされます。必要があれば、
> 利害関係人として、家庭裁判所に相続財産管理人の選任を求め、管理
> 人に訴訟追行させるべきです。

1　相続財産中の債権の催告

　債務者に債権の催告をすることは、時効中断効（平成29年法律第44号による
改正後債権法によれば、時効の完成を猶予する効果）を有し、「保存行為」（民法
921条1号ただし書）にあたる。したがって、催告を行うことは、同号にいう
「処分」にはあたらない。

　なお、判例には、相続開始後、相続人が、相続財産中の売掛代金債権の一
部を取り立てて収受領得したと認定し、これをもって民法921条1号にいう
「処分」にあたると判示したものが存在し（最判昭和37・6・21家月14巻10号
100頁）、また、自己が受け取ってよい金であるとの認識で相続財産に属する
債権の取り立てを行ったことが、当該相続人との関係で、相続財産の一部の

第3章　単純承認の考え方と実務

「処分」に該当するとした裁判例が存在する（東京地判平成15・8・28判例集未
登載）。しかし、この結論は、相続人が回収した売掛代金を「収受領得」し
た、「自己が受け取ってよい金であるとの認識」で取立てを行ったと認定さ
れたことによるものと考えられ、あくまで相続財産として保管した場合は、
管理行為として、同号にいう「処分」には該当しないものと解されよう。

2　相続財産中の債権についての訴訟提起

　民法921条1号の趣旨は、相続人が単純承認したものと信頼した第三者の
保護にあるところ（**Q3−2**参照）、相続債権の履行を求める訴訟を提起した
場合、第三者が、当該相続人が単純承認をしたと信じるのも当然である。し
たがって、相続債権につき訴訟提起をする行為は、同号にいう「処分」に該
当する。

　裁判例にも、相続人が、建物賃借権を相続したとして、賃貸人に対し、同
賃借権の存在の確認を求める訴えを提起した事例において、かかる訴訟提起
は、その当然の前提として相続放棄をしないことが内包されているとして、
民法921条1号にいう「処分」にあたるとしたものが存在する（東京高判平成
元・3・27判時1311号69頁）。

3　相続財産について訴訟提起をする必要が生じた場合の対応

　相続放棄を検討しているときに、あえて自身で訴訟を提起するべきではな
い。訴訟提起の必要がある場合には、相続人は、利害関係人として、家庭裁
判所に相続財産管理人の選任を求め（民法897条の2第1項、家事事件手続法39
条・201条・別表1の90項）、選任された相続財産管理人に訴訟を提起・追行
させるべきである。

　なお、すでに係属中の訴訟との関係では、相続人は、相続の放棄をするこ
とができる間は、訴訟手続を受け継ぐことができないとされている（民事訴
訟法124条3項）。

122

4 その他の債権の行使

なお、法定単純承認について、「相続人の意思表示がなくても、その態度だけ……から必ず相続財産の帰趨が明確になるようにした」制度であり、「相続財産の管理行為を超える相続財産の取り扱い」は、相続財産の「処分」に該当し、「この点は、相続人に単純承認する意思がなくても、また自己の利益を図るためではなく、相続債権者に対する弁済のためであるとしても、同様」であるとして、①相続人が被相続人の経営していた会社の取締役選任手続において被相続人保有の株主権を行使したこと、②被相続人所有の不動産について入居者の賃料振込口座名義を相続人名義の口座に変更したことが「処分」に該当するとして、法定単純承認の効果が認められた事例が存在する（東京地判平成10・4・24判タ987号233頁）。

第3章　単純承認の考え方と実務

Q3－7　相続財産の処分④──相続財産の処分の客体の経済的価値

> Q　先日、父が亡くなりました。私は、相続を放棄するつもりですが、20年前に私が父にプレゼントし、父が愛用していたセーターは、ボロボロですが、愛着があるので、形見分けにもらいたいと思っています。何か問題はありますか。
>
> A　「処分」（民法921条1号）とは、一般経済価額を有するものを処分することをいいます。そして、一般経済価額を有するか否かは、相続財産全体の額、被相続人、相続人の財産状態、当該処分の性質等を総合的に考慮しますが、セーターの形見分け程度でしたら、「処分」には該当せず、問題はないでしょう。

1　客体の経済的価値と「処分」該当性

　本設問では、「処分」（民法921条1号）に該当するか否かの判断は、形式的になされるべきか、実質的になされるべきか、すなわち、経済的価値が著しく低いものを処分した場合にまで、同号にいう「処分」に該当するかどうかが問題となる。

　この点について、大審院判例は、「被相続人ノ所有セシ衣類モ一般経済価額ヲ有スルモノハ勿論相続財産ニ属スル」として、形見分けであっても民法921条1号にいう「処分」にあたるとした（大判昭和3・7・3新聞2881号6頁）。すなわち、「一般経済価額」を有するものの処分が、同号にいう「処分」にあたるということになる。

2　一般経済価額とは

　その後の裁判例では、この大審院判例を踏襲したうえで、「一般経済価額」

124

を有するかによって、実質的に「処分」該当性を判断している。

これらの裁判例においては、処分対象となる財産の交換価値のみならず、相続財産全体の額、被相続人、相続人の財産状態、当該処分の性質等が総合的に考慮されて、判断されている（雨宮則夫ほか編『相続における承認・放棄の実務』166頁参照）。

なお、同様の問題は、相続財産が「隠匿」された場合（民法921条3号）においても問題となる（**Q3-10**参照）。

(1)　「処分」該当性を否定した事例

「処分」該当性を否定した事例として、「既に交換価値を失う程度に着古したボロの上着とズボン各1着」を元使用人に与えた事例（東京高決昭和37・7・19東高民時報13巻7号117頁）、亡き夫と別居中の妻が、「不動産・商品・衣類等が相当多額にあった相続財産の内より、僅かに形見分けの趣旨で背広上下・冬オーバー・スプリングコートと位牌……時計・椅子2脚」を取得した事例（山口地徳山支判昭和40・5・13家月18巻6号167頁）がある。

(2)　「処分」該当性を肯定した例

「処分」該当性を肯定した事例として、相続財産である①和服15枚、洋服8着、ハンドバッグ4点、指輪2個、②間だんす1棹、洋服だんす1棹、ふとんびつ1棹、鏡台1個、下駄箱1個、ふとん2組、③病院へ持参していたふとん、毛布数枚、寝間着、ゆかた、洋服数点のうち、①を共同相続人の一人に引き渡した事例（松山簡判昭和52・4・25判時878号95頁）がある。

(3)　形見分けの「処分」該当性の判断にあたって

したがって、本設問のような形見分けが「処分」に該当するかを判断するにあたっては、相続財産全体の額、被相続人・相続人の財産状態、当該処分の性質等を総合的に考慮して、その物が一般経済価額を有するか否かによって判断することになる。

第3章　単純承認の考え方と実務

Q3-8　相続財産の処分⑤──保険金の費消

> Q　先日、母が亡くなりましたが、私は、相続を放棄しようと思ってい
> たところ、母が加入していた生命保険の保険金の受取人が私となって
> いたようで、先日、保険会社から保険金の支払いを受けました。これ
> は、私が費消してしまってかまいませんか。
>
> A　保険金が「相続財産」に含まれる場合には、それを処分した場合、
> 相続財産を「処分」（民法921条1号）したものとして、単純承認の効
> 果が生じます。保険金が「相続財産」に含まれるか否かは、当該保険
> 契約の内容により定まりますが、保険金の受取人が相談者となってい
> た場合、保険金が相続財産には含まれないことに争いはありませんの
> で、費消してしまってかまいません。

1　保険金の費消

　保険金を費消する行為が、相続財産の「処分」（民法921条1号）に該当す
るかどうかは、保険金が「相続財産」に含まれるかどうかによって定まる。

2　保険金の「相続財産」該当性

　保険金が「相続財産」に含まれるかどうかは、当該保険契約の内容により
定まる。

(1)　死亡保険金

　保険金の受取人が、相続人中のある特定の者とされている場合には、保険
金請求権は、保険契約の効力として、同特定の相続人の固有財産に属し、相
続財産とはならず、保険金を受領し、これを処分したとしても、単純承認を
したものとはみなされない。

　また、抽象的に「相続人」と指定されていた場合も、保険金請求権は、保

126

険契約に基づいて、保険金請求権発生時における契約者の相続人たるべき個人に属し、相続財産を構成せず（最判平成14・11・5民集56巻8号2069頁、最判昭和40・2・2民集19巻1号1頁参照）、保険金を受領し、これを処分したとしても、単純承認をしたものとはみなされない。なお、この場合に、相続人たるべき個人が取得する保険金請求権は、各相続人の相続分の割合になる（最判平成6・7・18民集48巻5号1233頁）。

　他方、被相続人自身を受取人と指定されていた場合に、保険金が相続財産に含まれるかについては見解が分かれる。この点について、保険契約者の意思解釈から、被保険者を同時に受取人としている場合に受取人死亡の際の受取人を別に指定しなかったのは、保険契約者は被保険者＝受取人の相続人を受取人とする趣旨であったと解するのが自然であるとして、被保険者の相続人が保険金請求権を原始的に取得するという説もある（谷口知平＝久貴忠彦編『新版注釈民法(27)相続(2)』（初版）101頁・102頁）。しかし、通説は、被保険者である被相続人が保険金受取人と指定されている場合、保険金請求権は、いったん被相続人に帰属し、相続財産として相続人に承継されるものとしており（榎戸道也「遺産分割の対象財産──生命保険金」判タ1100号334頁参照）、相続人が被相続人の保険金請求権に基づいて保険金を受領した場合には、その処分により、単純承認したものとみなされるとした裁判例も存在する（千葉地八日市場支判昭和7・3・19新聞3401号12頁）。したがって、この場合には、保険金請求権およびこれにより受領した保険金は相続財産に含まれ、保険金を受領したり、受領した保険金を処分したりした場合には、単純承認したものとみなされる。

　なお、満期保険金請求権については、被相続人が、被保険者および保険金受取人を兼ねている場合には、保険契約の効力発生と同時に被相続人に帰属するから、「相続財産」に該当し、これを処分した場合には、法定単純承認の効果が生じる。

(2) その他の保険金

そのほか、自動車損害賠償保障法16条1項による自賠責保険金請求権につ

第 3 章　単純承認の考え方と実務

いて、相続財産にあたり、相続人が自賠責保険請求権を行使して保険金を受
領したことは法定単純承認にあたるとされた事例がある（京都地判昭和53・
9・18交民集11巻 5 号1345頁）。

Q3-9 相続財産の処分⑥──相続財産の処分自体の無効・取消しと単純承認の効果

> Q 父が亡くなり、父の所持していた土地を不動産業者に売却しました。しかし、その業者が、重要な売買条件について、私を欺罔していたことが発覚したので、売買契約を取り消しました。その後、多額の債務が発覚したので、相続を放棄したいと思っているのですが、可能ですか。なお、まだ、父の死亡から3か月経っていません。
>
> A 相続財産の「処分」（民法921条1号）を行った後、それが取り消された場合に、単純承認をしたものとみなされるかどうかについて学説は分かれますが、相談者は、相続財産であることを認識して処分しているのですから、単純承認をしたものとみなされる可能性が高いです。

1 問題の所在

本設問では、相続財産の「処分」自体が無効とされたり、取り消されたりした場合に、単純承認の効果自体も生じなかったものとされるのか否かが問題となる。

2 裁判例の状況

この点が問題となった裁判例は、次のとおりであり、裁判例の立場は必ずしも明らかではない。

(1) 処分行為自体の無効または取消しにより単純承認の効果も否定した事例

遺産分割協議後に、予期せぬ多大な相続債務が存在したことが発覚したことから、同遺産分割（処分）が錯誤により無効になるとし、単純承認の効果も発生しないとした事例がある（東京地判平成27・5・19遺産相続紛争事例デー

第3章　単純承認の考え方と実務

タファイル1124頁）。また、相続放棄申述申立却下審判に対する抗告事件であるが、大阪高決平成10・2・9家月50巻6号89頁がある（なお、相続放棄の申述受理の審判においては、明白に要件を欠くと断定できない限りこれを受理するべきであるとされていることからすれば、同審判に対する抗告事件においても、明白に相続放棄の要件を欠くとはいえないと判断されたにすぎない）。

　相続人が訴外人に被相続人の債権債務関係の処理を委任した行為が、その経過、方法および結果等に照らして、公序良俗に反し無効のものであるとして、民法921条1号該当行為にあたらないとした事例がある（山口地徳山支判昭和40・5・13家月18巻6号167頁）。

⑵　処分行為自体が無効または取り消されたとしても単純承認の効果は否定されないとした事例

　傍論ではあるものの、未成年者を含む相続人らによる遺産分割協議について、仮に取り消されたとしても、「処分」（民法921条1号）にあたるとした事例がある（松山簡判昭和52・4・25判時878号95頁）。

3　学説の状況

　他方、この点についての学説は、下記のとおり、分かれている。

　一つ目は、処分行為が無効であったり、取り消されたりした場合には、単純承認の効果も生じなかったものとし、熟慮期間経過後に無効または取消しが確定した場合であっても、遅滞なく限定承認・相続放棄をすればその効果が認められるとする説（中川善之助編『註釈相続法㊤』249頁）である。この根拠は、単純承認の法的性質について意思表示説に立ち（**Q3−1**参照）、単純承認をする行為自体に瑕疵があるときには、それを取り消しうることとの権衡にある。

　二つ目は、処分行為が無効であったり、取り消されたりした場合であっても、単純承認の効果は生じなかったものとはならないとする説（中川善之助＝泉久雄『相続法〔第3版〕』356頁）である。この根拠は、無効事由は、第三者にわからないから単純承認の効果が生じなかったこととなると、相続人が

130

単純承認をしたものと信頼した第三者の利益を害すること、処分行為から長期間が経過した後になって、無効または取消しにより単純承認の効果が覆滅することは妥当ではないこと等があげられる。

　三つ目は、無効や取消しの原因が相続人の能力にあり、それによって処分行為が無効または取り消された場合、単純承認の効果も生じなかったものとなるが、無効・取消しの原因が相続財産に関連して存在するのではなく、それと無関係の事項について存した場合、すなわち、客観的に単純承認の意思があると認定できる場合には、単純承認の効果を生じるとする説（我妻榮＝有泉亨『民法Ⅲ（親族法・相続法)』362頁以下）がある。

4　考　察

　いまだ最高裁判所の判断は示されておらず、前述のとおり、学説および裁判例も分かれている状況であることからすれば、売買契約を取り消したうえで、相続放棄の申述をしてみるというのは選択肢の一つとしてあり得よう。

　しかし、殊に本設問についてみると、民法921条1号の趣旨が、相続人の処分行為により単純承認するとの黙示の意思表示の存在が推認できることおよび相続人が単純承認をしたものと信頼した第三者の信頼保護にあるところ（**Q3-2**参照)、このような推認は、「処分」を行ったこと自体によって生じる効果であり、同行為の法的効力自体によって左右されない。そうすると、当該処分が無効であったり、取り消されたりした場合であっても、単純承認の効果が生じると解するのが妥当であるし、このような解釈は、第三者の信頼保護にも資すると考えられる。そうすると、相続放棄または限定承認の効力が争われた場合、当該土地が相続財産であることを認識してそれを売却したのであるから、それにより、単純承認の黙示の意思が推認されたものと解され、同売買契約が詐欺により取り消されたとしても、その効果は覆滅しない可能性も高いといえよう。

　なお、取消事由がある場合であっても、当該処分行為が取り消されるまでは単純承認の効果は消滅しないことは、いずれの説によっても同様である。

第3章　単純承認の考え方と実務

Q3−10　限定承認・相続放棄後の背信的行為①──相続財産の「隠匿」とは

> Q　相続財産の「隠匿」とは、どのような行為を指すのですか。
>
> A　相続財産の「隠匿」（民法921条3号）とは、限定承認・相続放棄後、相続財産の全部または一部について、その所在を不明にする行為をいいます。「隠匿」時の相続人の認識としては、被相続人の債権者等の利害関係人に損害を与えるおそれがあることを認識していれば足ります。「隠匿」該当性は、実質的に判断され、経済的価値の極めて低い財産を隠匿した場合は、同号に該当しません。

1　相続財産の「隠匿」とは

　相続財産の「隠匿」（民法921条3号）とは、相続財産の全部または一部について、その所在を不明にする行為をいう。なお、限定承認・相続放棄前の行為については、同号の適用対象とはされてはいない。その場合、債権者は、同条1号所定の事由に該当しない限り、それによって生じた損害について、不法行為に基づき損害賠償を請求することができるにとどまる。

　「隠匿」時の相続人の認識については、「その行為の結果、被相続人の債権者等の利害関係人に損害を与えるおそれがあることを認識している必要があるが、必ずしも、被相続人の特定の債権者の債権回収を困難にするような意図、目的までも有している必要はない」とされている（東京地判平成12・3・21家月53巻9号45頁）。

　なお、前掲東京地判平成12・3・21は、相続放棄の申述後の形見分けが民法921条3号にいう「隠匿」にあたるかが問題とされた事例であるが、この裁判例は、「相続財産の『隠匿』とは、相続人が被相続人の債権者等にとって相続財産の全部又は一部について、その所在を不明にする行為をいうと解

132

されるところ、相続人間で故人を偲ぶよすがとなる遺品を分配するいわゆる形見分けは含まれない」としつつ、相続人により持ち帰られた財産は、新品同様の洋服や3着の毛皮が含まれており、洋服は相当な量で、一定の財産的価値を有していたうえ、遺品のほとんどすべてであるから、形見分けを超えていると評価した。

2　隠匿された客体の経済的価値と「隠匿」該当性

民法921条3号の趣旨が、背信的行為を行った相続人への民事的制裁にあることからすれば（Ｑ3-2参照）、経済的価値の極めて低い財産を「隠匿」した場合にまで、同号に該当することを認めるのは妥当ではない。「隠匿」に該当するかの判断においても、「処分」（同条1号）該当性の判断と同様、実質的に、対象となる財産が経済的価値を有するかによって判断することとなる（Ｑ3-7参照。なお、「相続財産の目録中に記載しなかったとき」（民法921条3号。Ｑ3-12参照）に関しても、同様の問題がある）。

第 3 章　単純承認の考え方と実務

Q3-11　限定承認・相続放棄後の背信的行為②——相続財産を「私に消費」するとは

> Q　相続財産を「私に消費」するとは、どのような行為を指すのですか。
> A　相続財産を「私に消費」（民法921条3号）するとは、限定承認・相続放棄後、ほしいままに相続財産を処分して原形の価値を失わせることをいいます。公然になされた場合であっても、相続財産を「私に消費」することに該当すると判断される場合もあります。

1　相続財産を「私に消費」するとは

　相続財産を「私に消費」（民法921条3号）するとは、ほしいままに相続財産を処分して原形の価値を失わせることをいう。

　「私に」とあるものの、公然になされたのか否かは、「私に消費」に該当するか否かを判断するにあたって決め手とはならず、公然となされた場合であっても、ほしいままに相続財産を処分して原形の価値を失わせた場合には、「私に消費」したものと判断される場合がある。また、「消費」とは、法律上の処分であるか事実上の処分であるかは問わない。

　なお、限定承認・相続放棄前の行為については、民法921条3号の適用対象とはされてはいない。その場合、債権者は、同条1号所定の事由に該当するかを検討し、万が一これに該当しない場合には、それによって生じた損害について、不法行為に基づき損害賠償を請求することができるにとどまる。

2　財産の保存のためその他の事情により正当な理由がある場合

　財産の保存のためその他の事情により正当な理由がある場合には、「私に消費」したことにはあたらない。

134

Q3-11　限定承認・相続放棄後の背信的行為②——相続財産を「私に消費」するとは

　古い裁判例ではあるが、①虫害にかかった玄米を処分し、自己所有の玄米を振り替え、保管した場合（大判昭和17・10・23判決全集9巻36号2頁）、②被相続人が臨終の際に使用した夜具布団を他人に施与しまたは焼棄した場合（東京控判大正11・11・24評論11巻民法1220頁）には、「私に消費」したとはいえないと判断されている。

　他方、③被相続人が締結していた賃貸借契約が終了したことに伴い、受領した400万円の敷金の存在を明らかにせず、存在することを示す客観的な証拠も提出しないことは、相続財産たる債権の添加物を「私に消費」した（そうでなくとも、その所在を不明にしたものとして「隠匿」した）といえると判断した事例がある（東京地判平成21・9・30判例集未登載）。

135

第3章　単純承認の考え方と実務

Q3－12　限定承認・相続放棄後の背信的行為③──「悪意で」相続財産を「相続財産の目録中に記載しなかったとき」とは

Q　「悪意で」相続財産を「相続財産の目録中に記載しなかったとき」とは、どのような行為を指すのですか。

A　「悪意で」相続財産を「相続財産の目録中に記載しなかったとき」（民法921条3号）とは、相続について限定承認を行った場合に、その財産が相続財産であることを知りながら、財産目録に記載しないことをいいます。

1　「悪意で」相続財産を「相続財産の目録中に記載しなかったとき」とは

(1)　適用範囲

　財産目録の作成が問題となるのは、限定承認をした場合のみであるから、これが問題となるのは、限定承認をした場合のみである。相続放棄の場合には、適用されない（大判昭和15・1・13民集19巻1頁参照）。

(2)　「悪意」の意義

　「悪意」（民法921条3号）について、問題の財産が相続財産であることを認識していたというだけで足りるのか、それを超えて相続債権者を詐害する意思まであることを要するかについて争いがある。

　この点、判例の説明は、一貫しておらず、①「特定ノ相続財産アリタルコトヲ知リナガラ之ヲ財産目録中ニ記載セザル事実アレバ足ルモノニシテ一般債権者ヲ害スル意思ヲ以テ為サルルコトヲ要スルモノニシアラサル」と判断するもの（大判昭和3・7・3新聞2881号6頁）、②①の判決を引用し「財産目録ニ記載スヘキモノナルコトヲ知リナガラ敢テ之カ記載ヲ為ササリシ場合ヲ

136

指称スル」のであり、当該財産の「存在ハ之ヲ知リ居リタルモ……目録ニ記載スルノ要ナキモノト思惟シ居リタ」場合は、「悪意」はないとするもの（大判昭和17・10・23判決全集9巻36号2頁）がある一方で、③「悪意トハ当該財産カ相続財産ニ属スル事実ヲ知リタルヲ以テ足レリトセス更ニ之ヲ隠匿ス可キ意思アリタルコトヲ必要トスル」（大判昭和5・4・14判例集未登載。谷口知平＝久貴忠彦編『新版注釈民法(27)相続(2)〔補訂版〕』491頁）とする事例もある。

学説も、隠匿の意思を要するという立場（我妻榮＝有泉亨『民法Ⅲ（親族法・相続法)』365頁）と、当該財産が相続財産に該当することを認識するだけで足り、極めて少額の財産を記載しなかった場合など、単純承認の効果を発生させることが苛酷にすぎる事情の有無により判断するべきとする立場（谷口知平＝久貴忠彦編『新版注釈民法(27)相続(2)〔補訂版〕』532頁）がある。

しかし、仮に隠匿の意思を要するという立場に立ったとしても、結局その主観を認定するに際して考慮されるのは、当該財産の価額や財産目録に記載しなかった理由等の客観的事情であり、両説は、結論において大きく異なるものではないものと考えられる。

すなわち、いずれの説をとるとしても、民法921条3号の趣旨は、背信的行為を行った相続人への民事的制裁にあるところ（Q3－2参照）、不記載とした相続財産の財産的価値が極めて僅少であるとか、財産目録に記載しなかったことに正当な理由が認められる場合などには、当該相続人には「悪意」がない、または、当該財産目録への不記載が背信的行為であるとはいえず、実質的には同号に該当する行為を行ったとは認められないから、結局同号には該当しないと判断されることとなろう。

第3章　単純承認の考え方と実務

Q3-13　限定承認・相続放棄後の背信的行為④——消極財産の財産目録への不記載

> Q　父が亡くなり、家族で相談のうえ、相続の限定承認をすることとしました。父は、各方面から少しずつお金を借りていたようで、債権者が多数います。借金についての記載は、省略してもかまいませんか。
> A　判例は、消極財産を財産目録に記載しない場合も、「悪意で」相続財産を「相続財産の目録中に記載しなかったとき」（民法921条3号）に該当することを認めています。省略せず、記載しましょう。

　本設問で問題となるのは、消極財産を財産目録に記載しなかったことが、悪意で相続財産を「相続財産の目録中に記載しなかったとき」（民法921条3号）に該当するのかという点である。

　これについて、判例は、民法921条3号の趣旨は、限定承認手続の公正を害する行為であるとともに相続債権者等に対する背信的行為を行った、不誠実な相続人に対して、限定承認の利益を与える必要はなく、かかる相続人に制裁を与えることにあるとしたうえで、消極財産の不記載も、限定承認手続の公正を害するという点で積極財産の不記載との間に質的な差があるとは解しがたいとして、消極財産を財産目録に記載しない場合も、同号により、単純承認したとみなされると判断している（最判昭和61・3・20民集40巻2号450頁）。

　なお、判例は、限定承認手続の公正を害する点からのみ理由づけているようにも読める。しかし、相続債権者にとっては、自ら申し出ない限り、限定承認の手続から事実上無視される抽象的危険があり、消極財産の財産目録への不記載は、相続債権者等に対する背信的行為といいうる（田中壮太「判解」最判解民昭和61年度187頁）ことからすれば、判例の結論に対しては、相続債権者の保護の観点からも理由づけができるものといえよう。

Ｑ３−14　限定承認・相続放棄後の背信的行為⑤──共同相続における一部の相続人の背信的行為

Ｑ３−14　限定承認・相続放棄後の背信的行為⑤── 共同相続における一部の相続人の背信的行 為

Ｑ　先日父が亡くなり、相続人である私、母と弟であるＡが父の遺産
を相続することになりました。①私たち３人が相続放棄をした後にな
って、Ａが父の遺産の一部である現金を「私に消費」した場合、②
私たちが全員で相続の限定承認をした後になって、Ａが父の遺産の
一部である現金を「私に消費」した場合、私や母のした、相続放棄ま
たは限定承認に何か影響はありますか。

Ａ　①の場合、Ａ以外の相続人が行った相続放棄の効果には影響はあ
りません。Ａは、原則として、民法921条３号により、単純承認をし
たものとみなされます。②の場合、限定承認の効果には影響はありま
せん。ただし、Ａは、債権者から、Ａによる費消行為により、相続
財産をもって弁済を受けることができなかった金額の４分の１（Ａの
相続分）について請求される可能性があります（民法937条）。

1　他の共同相続人全員による相続放棄申述後、一部の相続人 が背信的行為を行った場合

　他の共同相続人全員が相続放棄の申述をした後、一部の相続人が民法921
条３号に該当する行為を行ったとしても、それにより、他の共同相続人の相
続放棄の効果が覆されることはない。

　他方で、民法921条３号に該当する行為を行った相続人は、原則として、
同号により、単純承認したとみなされ、同相続人の次順位の相続人は、最初
から相続権を有しなかったということになる。

　ただし、相続人が民法921条３号所定の行為を行った時点が、当該相続人

139

第3章　単純承認の考え方と実務

の相続放棄により相続人となった者が相続の承認をした後であれば、単純承認の効果は生じない（同号ただし書）。これは、次順位の相続人が相続債務を承継することになるため、同号に該当する行為を行った者に相続債務を承継させるという民事的制裁を科さなくても、相続債権者の権利を害されることがないからである。この場合、相続を承認した次順位の相続人は、同号所定の行為を行った先順位の相続人に対して、隠匿・消費をした財産について返還請求権・損害賠償請求権等を有することになる。

2　共同相続人全員による限定承認申述後、一部の相続人が背信的行為を行った場合

共同相続人全員の合意により限定承認の申述をした後、一部の相続人が民法921条3号所定の行為を行ったことにより、限定承認の効果が覆されることはない（なお、共同相続人の一部の者が同号所定の行為を行った場合に、限定承認をすることができるかについてはQ3−9参照）。

ただし、相続債権者は、相続財産をもって弁済を受けることができなかった債権額について、民法921条3号所定の行為を行った相続人に対し、その相続分に応じて権利を行使することができる（同法937条）。

140

第4章
限定承認の考え方と実務

第4章　限定承認の考え方と実務

Q4－1　限定承認の意義と効果

> Q　限定承認とは何ですか。限定承認は債務と責任が分離されると聞き
> ましたが、その意味を教えてください。
> A　限定承認とは、被相続人の権利義務を承継するが、相続財産の範囲
> 内においてのみ相続債務および遺贈を弁済することを条件として相続
> を承認する相続の形態です（民法922条）。被相続人の債務を支払う責
> 任の範囲が相続財産の範囲に限定されます（債務と責任の分離）。

1　限定承認とは

　限定承認とは、被相続人の権利義務を承継するが、相続財産の範囲内にお
いてのみ相続債務および遺贈を弁済することを条件として相続を承認する相
続の形態である（民法922条）。

　限定承認は、被相続人の財産や負債の金額が正確にわからず単純承認する
ことに不安がある場合や、債務超過であっても親族間の軋轢等から相続放棄
をして次順位の親族に相続権が移ることを避けたい場合、相続財産の中にど
うしても残したい相続財産（自宅不動産など）があり相続放棄を避けたい場
合などにおいて、その選択が検討される。

　ただ、限定承認は、相続人が数人ある場合は共同相続人全員で申述をしな
ければならず、申述が受理された後も相続財産の清算手続を行わなければな
らないという負担がある（Q1－4参照）。また、限定承認特有の問題として
「みなし譲渡所得課税」が生じることもあるため、税制度をよく理解したう
えで限定承認を選択するかを検討する必要がある（Q6－2～Q6－5参照）。

2　債務と責任の分離

　限定承認をした場合、限定承認をした相続人は、相続財産の範囲で被相続

142

人の債務および遺贈を弁済する義務を負うこととなる（民法922条）。

これは、相続人は相続債務および遺贈を弁済する義務を相続財産の限度で承継することを意味するのではなく、相続債務をすべて承継する一方、相続債権者に対して負う責任の範囲は相続財産の範囲に限定されることを意味する（債務と責任の分離）。

3　債務と責任の分離から生じる帰結

(1)　限定承認をした相続人が責任の範囲を超えて弁済した場合

限定承認をした相続人は、相続債務の全額を承継するが、責任の範囲が相続財産に限定される。

相続債権者は、限定承認者に対して債務の全額を請求することができ、これに対し、限定承認者は、責任の範囲が相続財産に限定されるとして責任の範囲を超える部分の請求を拒むことができるが、請求を拒まずに任意弁済をすれば、相続債務自体は承継していることから非債弁済とはならない（谷口知平＝久貴忠彦編『新版注釈民法(27)相続(2)〔補訂版〕』548頁）。

したがって、限定承認者は、相続債権者に対して責任の範囲を超えて弁済した場合、責任の範囲を超えている分について相続債権者に不当利得返還請求をすることはできない。

(2)　被相続人の生前に相続債務を相続人が保証していた場合

限定承認があった場合、被相続人の債務を保証する保証人の保証債務も限定されるか。

この点については、限定承認は、相続債務自体を縮減させるものではないので、保証債務に影響を及ぼさない。

そのため、相続人が被相続人の相続債務につき保証債務も負っている場合には、相続人が限定承認をしたとしても、保証債務は縮減されないため、債務を免れようとする相続人の目的が達成できないということもありうるので注意が必要である。

第4章 限定承認の考え方と実務

(3) 訴訟手続に与える影響

限定承認があった場合、相続債務自体は縮減していないので、相続債権者は、自己の有する債権の支払いを求めて訴訟提起する場合、債権全額を訴求する給付の訴えを提起することができる。

もっとも、限定承認により責任の範囲が相続財産の範囲に限定されるため、給付判決が全額認容される場合、判決の主文は、相続財産の範囲においてのみ執行可能である旨の留保を付したうえで相続によって承継した債務の全額について給付を命じるものとなる（大判昭和7・6・2民集11巻1099頁）。

144

Ｑ４－２　限定承認の申述①──限定承認に反対する相続人がいる場合

> Ｑ　父が亡くなりました。相続人は、父の妻である母と子の私です。父
> は知人から借金を重ねていたようで正確な負債額がわからないことか
> ら、私は限定承認の手続をしたいと考えています。しかし、母は、難
> しいことはわからないから手続にかかわりたくないと拒んでいます。
> 私一人で限定承認の申述手続を行うことはできませんか。
>
> Ａ　限定承認手続に反対する人が相続放棄をすれば、相続放棄をした相
> 続人は初めから相続人とならなかったものとみなされるため（民法
> 939条）、相続放棄をした者以外の相続人で限定承認の申述を行うこと
> ができます。

　相続人が数人あるときは、相続人全員が共同して申述する必要があるとこ
ろ（民法923条。Ｑ１－４参照）、限定承認を申述する際に、限定承認の申述に
反対する相続人がいる場合、原則、限定承認の申述はできないということに
なる。

　相続人が数人あるときで、限定承認の申述に反対する者がいる場合であっ
ても、相続放棄をした相続人は初めから相続人とならなかったものとみなさ
れるため（民法939条）、限定承認の申述に反対する者に相続放棄をしてもら
うことができるのであれば、相続放棄をした者以外の相続人で限定承認の申
述を行うことが可能となる。

　限定承認手続においては、限定承認者（または相続財産清算人）によって
弁済や換価など相続財産の清算を行うという手続の負担があることや、手続
懈怠または不当弁済をしてしまい債権者等に対して損害賠償責任を負う可能
性があることなどから、一部の相続人がこれを嫌がり、限定承認に反対する
ということがある。実務上、一部の相続人が限定承認については反対してい

145

第4章　限定承認の考え方と実務

ても相続放棄については異議がない場合には、当該相続人に相続放棄をしてもらったうえで、速やかに残りの相続人全員で限定承認の申述をするという対応が考えられるところである。

　限定承認の申述に反対する者が相続放棄をした結果、相続放棄をした者以外の相続人が単独となる場合は、その相続人が単独で限定承認の申述を行うことが可能となる（【書式12】参照）。

　相続放棄をした者以外の相続人が複数となる場合は、相続放棄をした者以外の相続人全員で限定承認の申述を行うこととなる（【書式13】参照）。申立書には、共同相続人のうち誰を相続財産清算人とすることを求めるかをあらかじめ記載しておくとよい。

　本設問の場合は、母が相続放棄をすれば、子のほかに相続人がいないため、子のみ単独で限定承認の申述を行うこととなる。

Q4-2 限定承認の申述①——限定承認に反対する相続人がいる場合

【書式12】 限定承認の申述書③——相続人の一人の相続放棄後、単独の相続人による場合

家事審判申立書

平成○年○月○日

○○家庭裁判所　御中

申立人　○　○　○　○　㊞

本　　　籍　○○県○○市○○町○番地
住　　　所　○○県○○市○○町○番○号
　　　　　　申　述　人　○　○　○　○　（長男）
　　　　　　TEL　○○○-○○○○-○○○○　FAX　○○○-○○○○-○○○○

本　　　籍　○○県○○市○○町○番地
住　　　所　○○県○○市○○町○番○号
　　　　　　被　相　続　人　○　○　○　○

申立の趣旨

　被相続人○○○○の相続の限定承認をする。

申立の理由

1　被相続人○○○○は，平成○年○月○日に死亡した。
2　被相続人の妻は○○○○，被相続人の子は○○○○である。
　　妻○○○○，子○○○○は，平成○年○月○日に，被相続人○○○○の相続の開始があったことを知った。
　　被相続人の妻○○○○は，本申立に先立ち，すでに相続放棄の申述を済ませている（○○家庭裁判所平成○年（家○）第○号事件）。
3　被相続人○○○○は，生前，銀行や個人などからの借入が多く，現時点においても負債内容は全額明らかになっているとはいえない。
　　よって，申述人は，相続によって得た積極財産の限度においてのみ債務を弁済すべく相続の限定承認の申述をする。

147

第 4 章　限定承認の考え方と実務

> # 附属書類
>
> （略）

Q4-2 限定承認の申述①──限定承認に反対する相続人がいる場合

【書式13】 限定承認の申述書④──相続人の一人の相続放棄後、複数の相続人による場合

家事審判申立書

平成○年○月○日

○○家庭裁判所　御中

申立人　○　○　○　○　㊞
申立人　○　○　○　○　㊞

本　　　籍　○○県○○市○○町○番地
住　　　所　○○県○○市○○町○番○号
　　　　　　申　述　人　○　○　○　○　(長男)
　　　　　　TEL　000-0000-0000　FAX　000-0000-0000

本　　　籍　○○県○○市○○町○番地
住　　　所　○○県○○市○○町○番○号
　　　　　　申　述　人　○　○　○　○　(長女)
　　　　　　TEL　000-0000-0000　FAX　000-0000-0000

本　　　籍　○○県○○市○○町○番地
　　　　　　住　　　所　○○県○○市○○町○番○号
　　　　　　被相続人　○　○　○　○

申立の趣旨

　被相続人○○○○の相続の限定承認をする。

申立の理由

1　被相続人○○○○は，平成○年○月○日に死亡した。
2　被相続人の妻は○○○○，被相続人の子は○○○○と○○○○である。
　　妻○○○○，子○○○○及び子○○○○は，平成○年○月○日に，被相続人○○○○の相続の開始があったことを知った。

第4章　限定承認の考え方と実務

　　被相続人の妻○○○○は，本申立に先立ち，すでに相続放棄の申述を済ま
　せている（○○家庭裁判所平成○年（家○）第○号事件）。
3　被相続人○○○○は，生前，銀行や個人などからの借入が多く，現時点に
　おいても負債内容は全額明らかになっているとはいえない。
　　よって，申述人らは，相続によって得た積極財産の限度においてのみ債務
　を弁済すべく相続の限定承認の申述をする。
4　財産管理人は，長男である○○○○を希望する。

附属書類

（略）

Q4－3 限定承認の申述②──相続人に成年被後見人等がいる場合

> Q 父が亡くなりました。相続人は、父の妻である母と子の私です。母
> が認知症のため、私は、母の成年後見人も務めています。今回、限定
> 承認の申述を行いたいと考えていますが、私が母の成年後見人である
> こととの関係で、何か不都合は生じるでしょうか。
> A 成年後見人は、成年被後見人である本人を代理して、限定承認の申
> 述をすることができます（民法859条1項）。

1 相続人に成年被後見人等がいる場合の限定承認の申述

(1) 相続人に成年被後見人がいる場合

　相続人に成年被後見人がいる場合、法定代理人である成年後見人が本人である成年被後見人を代理して、限定承認の申述を行うこととなる。本設問の場合、子は母を代理して、共同で限定承認の申述を行うこととなる。

　なお、相続人が成年被後見人であるときは、熟慮期間は、法定代理人である成年後見人が成年被後見人のために相続の開始があったことを知った時から起算することとなる（民法917条）。

(2) 相続人に被保佐人がいる場合

　相続人に被保佐人がいる場合、被保佐人が単独で限定承認の申述をするか否かを判断して他の相続人と共同で限定承認の申述をすることができるが、保佐人の同意が必要となる（民法13条1項6号）。

　また、家庭裁判所が被保佐人のために限定承認の申述について保佐人に代理権を付与する旨の審判をした場合（民法876条の4第1項、家事事件手続法39条・別表1の32項）においては、保佐人が被保佐人の代理人として限定承認の申述を行うことになると考えられる。

151

第4章　限定承認の考え方と実務

⑶　相続人に被補助人がいる場合

相続人に被補助人がいる場合、被補助人が単独で限定承認の申述をするか否かを判断して他の相続人と共同で限定承認の申述をすることができる。

ただし、家庭裁判所が被補助人のために被補助人が限定承認の申述をするには補助人の同意を得なければならない旨の審判した場合（民法17条1項、家事事件手続法39条・別表1の37項）、被補助人が限定承認の申述をする際には、補助人の同意が必要となる。

また、家庭裁判所が被補助人のために限定承認の申述について補助人に代理権を付与する旨の審判をした場合（民法876条の9第1項、家事事件手続法39条・別表1の51項）、補助人が被補助人の代理人として限定承認の申述を行うことになると考えられる。

2　限定承認の申述は利益相反行為か

成年後見人と成年被後見人の利益が相反する行為については、成年後見監督人の関与を経るか（民法849条、家事事件手続法39条・別表1の6項）、家庭裁判所に特別代理人の選任の請求をして特別代理人の関与を経る必要がある（民法860条・826条・851条、家事事件手続法39条・別表1の12項）。

しかし、限定承認は、相続人全員が、被相続人の権利義務を承継する一方、相続財産の範囲内においてのみ相続債務および遺贈を弁済することを条件として相続を承認する相続の形態であるため（民法922条）、その行為の客観的性質上、利益相反行為にならないと考えられる。

本設問の場合、子は、限定承認の申述をするにあたり、成年後見監督人がいない場合に家庭裁判所に特別代理人の選任を請求したり（民法860条・826条）、成年後見監督人がいる場合に成年後見監督人に母を代表してもらったり（同法851条）する必要はない。

ただ、成年後見監督人がいる場合、限定承認の申述は成年後見監督人の要同意事項であるため、成年後見監督人の同意を得る必要はある（民法864条・13条1項6号）。

152

Q 4 - 3 限定承認の申述②——相続人に成年被後見人等がいる場合

　なお、共同相続人である成年後見人等が成年被後見人等の相続放棄を検討
する場合に、その相続放棄の申述が利益相反行為にあたるかについては、**Q
5 - 3**参照。

第4章　限定承認の考え方と実務

Q4－4　限定承認の申述人①──相続人の一人が行方不明の場合

> Q　父が死亡しました。母はすでに死亡しているため、相続人は長男の
> 私と二男の二人です。しかし、二男は、家庭内の不和から何年も前に
> 突然家を出てしまって連絡がとれなくなり、住民票も変更しておらず、
> まったく行方がわかりません。この場合に限定承認の申述を行う方法
> はありますか。
>
> A　不在者財産管理人の選任を裁判所に請求し、その不在者財産管理人
> が、裁判所の許可を得て、他の相続人と共同して限定承認の申述を行
> うことになると考えられます（民法25条・28条）。

1　不在者の財産管理とは

　不在者の財産管理とは、不在者がその財産の管理人をおかなかった場合、
または不在中に財産管理人の権限が消滅した場合に、家庭裁判所が利害関係
人または検察官の請求によって不在者財産管理人を選任し、家庭裁判所の後
見的監督の下で、不在者財産管理人に不在者の財産の管理・保存を行わせる
制度である（民法25条～29条、家事事件手続法39条・145条～147条・別表1の55
項。【書式14】参照）。

2　不在者とは

　不在者とは、従来の住所または居所を去って容易に帰ってくる見込みのな
い者をいう（民法25条1項）。
　住所または居所がわかっているが折り合いが悪くて連絡を拒絶しているだ
けにすぎない場合や、ホテルを転々として生活しているが連絡自体は容易に
とれる場合などは、不在者には該当しない。

154

本設問における二男は、住所または居所がわかっておらず、連絡をとることも困難であるため、不在者財産管理人を選任することができる場合における「不在者」に該当する。

3　不在者財産管理人による限定承認の申述

不在者財産管理人は、利害関係人または検察官が、不在者の従来の住所地の家庭裁判所に選任の申立てをして（民法25条1項、家事事件手続法145条）、家庭裁判所により選任される。

家庭裁判所により選任された不在者財産管理人は、不在者に代わって不在者の財産を管理・保存することとなるが、権限の定めのない代理人と同様、民法103条所定の権限を有するにすぎない（民法28条）。不在者財産管理人が権限外の行為を行う場合には、家庭裁判所の許可が必要となる（民法28条、家事事件手続法39条・別表1の55項。【書式15】参照）。

不在者財産管理人は、限定承認の申述を行うことについて家庭裁判所の権限外行為許可を得たうえで、他の相続人と共同で限定承認の申述を行うこととなる（谷口知平＝久貴忠彦編『新版注釈民法(27)相続(2)〔補訂版〕』556頁・557頁）。

本設問においては、長男は、まず、不在者財産管理人の選任の申立てを行い、不在者財産管理人選任後、限定承認につき権限外行為許可を得た不在者財産管理人と共同で限定承認の申述を行うことが検討されることとなる。

不在者財産管理人の選任申立て等で時間を費やすことも考えられるところ、限定承認の申述をする前に熟慮期間（民法915条）を徒過しないよう注意するとともに、必要に応じて熟慮期間の伸長の申立てをすることも検討されたい（Q2−9参照）。

155

第4章　限定承認の考え方と実務

【書式14】　相続人の一人が行方不明の場合の不在者管理人選任の申立て

受付印	不在者の財産管理人選任申立書
	（この欄に申立て1件あたり収入印紙800円分を貼ってください。）
収 入 印 紙　　　　円 予納郵便切手　　　　円	（貼った印紙に押印しないでください。）

準口頭	関連事件番号　平成○年（家○）第○号

○○家庭裁判所 　　　　　御中 平成○年○月○日	申 立 人 （又は法定代理人など） の記名押印	○　○　○　○　㊞

添付書類	戸籍謄本（申立人，不在者），戸籍附票，……

申 立 人	本　　　籍	○○県○○市○○町○丁目○番地		
	住　　　所	〒000-0000　　　　　　　　　　自宅☎ 000-000-0000 　○○県○○市○○町○丁目○番○号 （　　　　　方）		
	連 絡 先	〒　　-　　　　　　　　　　　携帯☎　-　- （　　　　　方）		
	フリガナ 氏　　　名	○○　　○　　○○　　○○ ○　　○　　○　　○	昭和○年○月○日生	職業　○○○○
不 在 者	本　　　籍	○○県○○市○○町○丁目○番地		
	最 後 の 住　　　所	〒000-0000　　　　　　　　　　自宅☎ 000-000-0000 　○○県○○市○○町○丁目○番○号 （　　　　　方）		
	フリガナ 氏　　　名	○○　　○　　○○　　○○ ○　　○　　○　　○	昭和○年○月○日生	職業　○○○○

Q4-4　限定承認の申述人①——相続人の一人が行方不明の場合

申 立 て の 趣 旨			
不在者の財産の管理人を選任する審判を求める。			
申立ての理由	申立ての理由	※　不在者は遅くとも平成○年○月には行方不明であったが， ① 本人が財産管理人を置いていないため， 2　本人が置いた財産管理人の権限が消滅したため，	不在者の財産
			※① 土　　　地
	申立人が利害関係を有する事情	※　① 不在者の親族　　 2　債権者 　　3　国・県　　　　 4　その他	② 建　　　物
		（その詳細） 1　申立人 　　不在者の兄	3 現　　　金
			④ 預・貯金
		2　不在の事実 　　平成○年○月以降，行方不明。親戚，友人等に照会して行方を探したが，今日まで所在が判明しない。	5 有価証券
		3　財産管理の必要性 　　平成○年○月○日に不在者の父○○が死亡。遺産があるが，負債の額が不明確であるため，限定承認の申述をする必要がある。	6 賃金等の債権
			7 借地権・ 　 借家権
		4　財産管理人候補者 　　よって，申立ての趣旨のとおりの不在者財産管理人の選任をするとの審判を求める。なお，下記の者が財産管理人に選任されることを希望する。	8 その他 （合同会社の持分）
			⑨ 負　　　債
	申立ての動機	※　1　財産管理　　　　2　売　却 　　3　遺産分割　　　④ その他	
	特記事項その他	相続人全員で限定承認の申述を行う予定である。	内訳は別紙財産目録のとおり
財産管理人候補者	本　　籍	○○県○○市○○町○丁目○番地		
	住　　所	〒000-0000　　　　　　　　自宅☎ 000-000-0000 ○○県○○市○○町○丁目○番○号 　　　　　　　　　　　　　　　　　（　　　　　　方）		
	フリガナ 氏　　名	○○　　○○　　○○　　○○ ○　　○　　○　　○	昭和○年○月○日生	職業	○○○○
	不在者との関係	※　① 利害関係人（ 兄 ）　2　その他（　　　　　　　　）		

157

財 産 目 録

1　土　地
(1)　所　　　在　○○県○○市○○町○丁目○番○号
　　　地　　　番　○番
　　　地　　　目　宅地
　　　面　　　積　○m^2
　　　備　　　考　○○○○名義　不在者の相続分○分の1　評価額○円
(2)　…………

2　建　物
(1)　所　　　在　○○県○○市○○町○丁目○番○号
　　　家屋番号　○番○号
　　　種　　　類　居宅
　　　構　　　造　○○○○
　　　床 面 積　○m^2
　　　備　　　考　○○○○名義　不在者の相続分○分の1　評価額○円
(2)　…………

3　預貯金
(1)　預　　　金　○○銀行○○支店（普）口座番号○○○○○○○
　　　金　　　額　○○万○○円
　　　備　　　考　○○○○名義　不在者の相続分○分の1
(2)　…………

4　負　債
(1)　債 権 者　○○○○
　　　内　　　容　平成○年○月○日付消費貸借契約
　　　金　　　額　○○万○○円
(2)　…………

Q4－4　限定承認の申述人①──相続人の一人が行方不明の場合

【書式15】　限定承認の申述に関する不在者管理人の権限外行為許可の申立て

受付印	家事審判申立書　事件名 （不在者財産管理人の権限外行為許可）
	（この欄に申立て１件あたり収入印紙800円分を貼ってください。） （貼った印紙に押印しないでください。）

収入印紙　　　　円
予納郵便切手　　円

○○家庭裁判所 　　　　　　　御中 平成○年○月○日	申　立　人 （又は法定代理人など） の記名押印	○　○　○　○　㊞

添付書類	（審理のために必要な場合は，追加書類の提出をお願いすることがあります。） 申立人の戸籍謄本，不在者の戸籍謄本，……	準　口　頭

申立人	本　籍 （国　籍）	（戸籍の添付が必要とされていない申立ての場合は，記入する必要はありません。） ○○県○○市○○町○丁目○番地
	住　所	〒000-0000　　　　　　　　　　　自宅☎ 000-000-0000 ○○県○○市○○町○丁目○番○号 （　　　　　　　　　　方）
	フリガナ 氏　名	○○　　○○　　○○ ○　　○　　○　　○　　昭和○年○月○日生
不在者	本　籍 （国　籍）	（戸籍の添付が必要とされていない申立ての場合は，記入する必要はありません。） ○○県○○市○○町○丁目○番地
	住　所	（最後の住所） ○○県○○市○○町○丁目○番○号 （　　　　　　　　　　方）
	フリガナ 氏　名	○○　　○○　　○○ ○　　○　　○　　○　　昭和○年○月○日生

第4章　限定承認の考え方と実務

申　立　て　の　趣　旨

申立人は，不在者○○○○の財産管理人として，限定承認の申述について許可する旨の審判を求める。

申　立　て　の　理　由

1　申立人は，不在者○○○○（以下「不在者」という。）の財産管理人である（御庁平成○年（家○）第○号）。

2　不在者の父○○○○が平成○年○月○日に死亡した。○○○○には不動産や預貯金等の遺産がある一方，ローン等負債があることは分かっているが，負債総額は不明確である。

　　そこで，限定承認の申述を行うことを検討しており，限定承認の申述は相続人全員で行う必要があるところ，他の相続人も限定承認の申述を行うことに賛同している。

3　よって，申立人は，申立ての趣旨のとおり，限定承認の申述について許可する旨の審判を求める。

Ｑ４－５　限定承認の申述人②──相続人の一人に法定単純承認事由がある場合

> Ｑ　相続人が複数いますが、①相続人の一人が相続財産を処分した事実が明らかな場合、限定承認の申述はできますか。また、②相続人の一人についてのみ熟慮期間が徒過している場合、限定承認の申述はできますか。
>
> Ａ　①相続人の一人が相続財産を処分した事実が明らかな場合（民法921条１号）には限定承認の申述はできないと考えられ、②相続人の一人についてのみ熟慮期間が徒過している場合（同条２号）には限定承認の申述はできると考えられます。

1　相続人の一人が相続財産を処分していた場合

　共同相続人の一人に相続財産の処分による法定単純承認事由（民法921条１号）がある場合に限定承認の申述ができるかどうかについて、富山家審昭和53・10・23家月31巻９号42頁は、共同相続人の一人による相続財産の処分の事実が限定承認の申述時に家庭裁判所に明白となったときは、他の相続人が単純承認したとみなされない場合であっても、限定承認できないと判断している。

　一方、限定承認の申述受理後に共同相続人の一人に民法921条１号所定の事由があることが明らかになった場合においては、限定承認自体は有効であるとされている。

　ただ、当該単純承認者は、相続債権者が相続財産をもって弁済を受けることができなかった債権額について、その相続分に応じて弁済する必要が生じる（民法937条）。

　具体例をあげるとすれば、相続分が等しい共同相続人Ａ・Ｂ・Ｃの３名が

161

あり、Aが限定承認前に相続財産の一部を300万円で処分し、相続財産を換価し配当弁済した結果、相続債権者甲が合計1200万円の債務の弁済を受けられなかったときは、Aは甲に対しその相続分に応じて合計1200万円の3分の1にあたる400万円を自己の固有財産で弁済しなければならない。Aが弁済すべき金額はAが処分した相続財産の価格300万円に限定されるわけではない（谷口知平＝久貴忠彦編『新版注釈民法(27)相続(2)〔補訂版〕』611頁）。

2　相続人の一人が熟慮期間を徒過していた場合

相続人が複数いる場合の熟慮期間については（民法915条1項。**Q2－6**参照）、相続人がそれぞれ自己のために相続の開始があったことを知った時から各別に進行するとされている（最判昭和51・7・1家月29巻2号91頁）。

そのため、共同相続の場合、一部の共同相続人については熟慮期間を徒過していても（民法921条2号）、他の共同相続人がまだ熟慮期間を徒過していないという場合も生じることとなる。

このような場合に限定承認の申述ができるかどうかについて、東京地判昭和30・5・6下民集6巻5号927頁は、一部の相続人については民法915条1項の期間が満了しても、他の相続人において限定承認できる期間内であれば、なお全員で限定承認することができると判断している。

なお、熟慮期間を徒過した相続人が民法937条に基づく責任を負うかについては、937条の明文上（921条2号が除外されている）、また937条1号の処分をした場合と異なり単なる期間の経過の場合にはその者の責任を問うべき理由が少ないことから937条の適用がないと解するべきとの説（谷口知平＝久貴忠彦編『新版注釈民法(27)相続(2)〔補訂版〕』527頁）と、937条が921条1号および3号の同様な場合において限定承認の効果を失わせないこととの均衡からして、同条を類推適用して熟慮期間を徒過した相続人が単純承認的責任を負うとする説（谷口知平＝久貴忠彦編『新版注釈民法(27)相続(2)〔補訂版〕』612頁）とで見解が分かれている。

Q4－6　限定承認者または相続財産清算人の相続財産の管理義務と報酬の有無

> Q　限定承認者、または相続人が数名ある場合に相続人から選任される
> 　相続財産清算人の相続財産の管理義務について教えてください。また、
> 　相続財産の管理業務や清算業務を遂行した場合には相続財産から報酬
> 　をもらえるのでしょうか。
>
> A　限定承認者または相続財産清算人は、固有財産におけるのと同一の
> 　注意をもって、相続財産の管理を継続することとされ、管理義務につ
> 　いて、委任規定が準用されています（民法926条・936条3項）。一方、
> 　相続財産の管理業務や清算業務を遂行しても、相続財産から報酬をも
> 　らうことはできないと考えます。

1　限定承認者または相続財産清算人の相続財産の管理義務

　限定承認者は、相続以前から保有していた固有財産におけるのと同一の注意をもって相続財産の管理を継続する（民法926条1項）。

　相続人が数人あるときは、相続人の中から家庭裁判所が職権で選任した相続財産清算人が清算および清算に必要な一切の行為を行う（民法936条1項・2項、家事事件手続法39条・201条・別表1の94項。Q1－4参照）。限定承認者の清算手続に関する同法926条～935条の規定は、相続財産清算人に準用されている（同法936条3項）。

2　委任規定の準用

　限定承認者または相続財産清算人の相続財産の管理義務については、委任規定が準用されている（民法926条2項）。

　具体的には、相続債権者および受遺者に対する報告義務（民法645条）、受

163

取物の引渡義務（同法646条）、管理事務の費用について相続財産から償還できる権利（同法650条1項・2項）がある。

そのため、限定承認者または相続財産清算人は、相続財産の管理事務処理状況を相続債権者および受遺者に対し報告する必要がある。そして、限定承認者または相続財産清算人は、相続財産の管理にあたって受け取った金銭その他の物を相続財産に組み入れて、相続人の固有財産と区別して管理する必要がある。また、限定承認者または相続財産清算人は、相続財産の管理のための必要費（たとえば、建物の修繕費や公租公課など）およびその利息について相続財産から償還を受けることができる。

3　相続財産から報酬をもらってよいか

限定承認者または相続財産清算人は、被相続人の財産の管理・清算を行ったことの対価として、相続財産から報酬を受領することができるか。

この点に関し、①相続人が数人ある場合に家庭裁判所が相続人から選任する相続財産清算人（民法936条1項、家事事件手続法39条・201条・別表1の94項。Q1－4参照）と、②相続財産保全のために家庭裁判所が選任する相続財産管理人（民法897条の2第1項・2項、家事事件手続法39条・201条・別表1の89項。Q2－10【書式11】、Q3－6参照）とがある。

そして、②相続財産保全のために家庭裁判所が選任する相続財産管理人（民法926条2項・897条の2第1項・2項）には、相続財産から相当な報酬を得ることができる根拠規定があるのに対し（同法897条の2第2項・29条2項）、①限定承認者または相続人から選任される相続財産清算人には、相続財産から報酬を得ることができる根拠規定がない。

そうすると、法は、相続財産から限定承認者または相続人から選任される相続財産清算人に報酬を支払うことを予定しておらず、限定承認者または相続人から選任される相続財産清算人は、相続財産から報酬を受領することはできないと考える。

4－7　相続財産清算人の権限

> Q　相続人が数人ある場合の相続財産清算人にはどのような権限がある
> のでしょうか。
> A　相続財産清算人は、相続人のために、これに代わって、相続財産の
> 管理および債務の弁済に必要な一切の行為をする権限を有します（民
> 法936条2項）。

1　相続財産清算人の権限

　相続財産清算人は、相続人のために、これに代わって、相続財産の管理お
よび債務の弁済に必要な一切の行為をする権限を有し（民法936条2項）、相
続財産清算人の権限によって行われた行為の効果は、相続人全員に帰属する。
相続財産清算人を除く相続人は、相続財産の管理および清算についての権限
が失われる（京都地判昭和44・1・29判タ233号117頁）。

　相続財産清算人には、委任の規定である相続債権者および受遺者に対する
報告義務（民法645条）、相続財産の管理にあたって受け取った金銭その他の
物を相続財産に組み入れて、相続人の固有財産と区別して管理すること（同
法646条）、相続財産の管理のための費用の償還請求権を有すること（同法650
条1項・2項）の委任規定が準用される（同法936条3項・926条2項）。

　また、限定承認者の清算手続に関する民法926条～935条の規定が準用され
ている（同法936条3項）。

　相続財産清算人は、相続債権者および受遺者に対する公告（民法927条1項。
Q4-12参照）を、相続財産清算人に選任されてから10日以内に行う必要が
ある（同法936条3項）。

　不当弁済の責任（民法936条3項・934条）は、相続財産清算人が選任され
ている場合には相続財産清算人が負い、他の共同相続人は負わない（東京地

第4章　限定承認の考え方と実務

判平成13・2・16判時1753号78頁）。

2　相続財産清算人の訴訟上の地位

　相続人の中から選任される相続財産清算人（民法936条、家事事件手続法39
条・201条・別表1の94項。Q1－4参照）の訴訟上の地位については、学説上、
見解が多岐に分かれており、相続人全員が訴訟当事者であり相続財産清算人
はその法定代理人とする説、相続財産清算人が訴訟当事者とする説などがあ
る（谷口知平＝久貴忠彦編『新版注釈民法㉗相続(2)［補訂版］』606頁）。

　判例は、相続人法定代理人説に立っている。「民法936条1項の規定により
相続財産清算人が選任された場合には、同人が相続財産全部について管理・
清算することができるのであるが、この場合でも、相続人が相続財産の帰属
主体であることは単純承認の場合と異なることはなく、また、同条2項は相
続財産清算人の管理・清算が『相続人のために、これに代わって』行われる
旨を規定しているのであるから、前記の相続財産清算人は、相続人全員の法
定代理人として、相続財産の管理・清算を行うものというべきである。した
がって、相続人は、同条1項の相続財産清算人が選任された場合であっても、
相続財産に関する訴訟につき、当事者適格を有し、前記の相続財産清算人は、
その法定代理人として訴訟に関与するものであって、相続財産清算人の資格
では当事者適格を有しないと解するのを相当」であるとしている（最判昭和
47・11・9民集26巻9号1566頁）。

Ｑ４－８　相続債務の弁済にあてられる相続財産①
──相続開始後の賃料債権

Ｑ　遺産の中に収益物件である賃貸アパートがあるのですが、相続開始
　後に発生して取得したアパートの賃料は、限定承認の手続において、
　相続債務の弁済にあてる必要があるのでしょうか。
Ａ　相続開始後に発生して取得したアパートの賃料債権は、相続債務の
　弁済にあてる必要があります。

1　相続債務の弁済にあてられる相続財産とは

　限定承認によって、相続債務の弁済にあてられるべき相続財産は、相続開
始時において被相続人の財産に属した一切の権利（ただし、一身専属の権利は
除く）をいう。

　相続開始後に相続財産から生じた果実などは、相続開始時に存在する財産
そのものではないものの、相続債務の弁済にあてられる相続財産に含まれる
とされている。

　裁判例においては、賃料債権（大判大正 3・3・25民録20輯230頁）、相続開始
後に株式から生じた利益配当請求権（大判大正 4・3・8 民録21輯289頁）、相続
財産の土地について相続開始前およびその後の不法占拠による損害賠償請求
権（東京地判昭和47・7・22判時686号65頁）などが相続債務の引当てとなる相
続財産に含まれるとされている。なお、相続財産から生じる果実に対する税
務上の問題についてはＱ６－４参照。

2　最判平成17・9・8 との関係

　最判平成17・9・8 民集59巻 7 号1931頁は、「遺産は、相続人が数人あると
きは、相続開始から遺産分割までの間、共同相続人の共有に属するものであ

167

第4章　限定承認の考え方と実務

るから、この間に遺産である賃貸不動産を使用管理した結果生ずる金銭債権たる賃料債権は、遺産とは別個の財産というべきであって、各共同相続人がその相続分に応じて分割単独債権として確定的に取得するものと解するのが相当である。遺産分割は、相続開始の時にさかのぼってその効力を生ずるものであるが、各共同相続人がその相続分に応じて分割単独債権として確定的に取得した上記賃料債権の帰属は、後にされた遺産分割の影響を受けないものというべきである」としている。

前掲最判平成17・9・8の考え方が限定承認の場合にも及ぶのであれば、相続開始後に生じた不動産の賃料債権等は、各共同相続人がその相続分に応じて分割単独債権として確定的に取得するもので相続財産とは別個の財産であるから、相続債務の引当てとされないことになると考えられる。

しかし、限定承認の場合、相続開始後に生じた不動産の賃料債権等は相続債務の引当てとなる相続財産を利用することで発生するものであるから、相続人の固有財産とするのは相当でないというべきである。

前掲最判平成17・9・8以降、限定承認後に生じた不動産の賃料債権等が相続債務の引当てとなるか否かについて判断した裁判例はみあたらないが、学説上は、限定承認者と相続債権者との利益考量の結果として、相続開始後に遺産から生じた果実が限定承認者の固有財産から独立した特別の財産を構成し、相続債務の引当てになると解するものがある（松原正明『全訂判例先例相続法Ⅲ』191頁）。

限定承認の場合、相続開始後に生じた不動産の賃料債権等は、相続債務の引当てとされることを前提としており、前掲最判平成17・9・8の考え方は限定承認の場合には及ばないと考えるべきである。

よって、限定承認の場合、相続開始後に生じたアパートの賃料債権は相続債務の引当てとする必要があり、本設問の場合、アパートの賃料債権は相続債務の弁済にあてる必要がある。

Q4－9　相続債務の弁済にあてられる相続財産②
──生前に処分された財産

> Q　父が死亡したため限定承認を行うことにしましたが、①父が生前所
> 有していた賃貸アパートを売却した後、買主に所有権移転登記手続を
> しないまま死亡していたことがわかりました。当該賃貸アパートは、
> 相続財産として限定承認者の私が管理・換価する必要がある財産なの
> でしょうか。
> 　　また、②父は、生前、私に自宅を死因贈与してくれました（仮登記
> 手続も行いました）。私が父の死亡後に限定承認した場合、自宅を相続
> 財産として管理・換価する必要はあるのでしょうか。
> A　限定承認者において、①の場合の賃貸アパート、②の場合の自宅と
> もに相続財産として管理・換価する必要があります。

1　相続債務の弁済にあてられる相続財産とは

　限定承認によって、相続債務の弁済にあてられるべき相続財産は、相続開
始時において被相続人の財産に属した一切の権利（ただし、一身専属の権利は
除く）をいう。

2　未登記の権利

　限定承認の申述が受理されても、被相続人が行った売買などの生前処分の
効力が否定されることはない。

　しかし、被相続人から不動産の譲渡を受けた者がその登記をしない間に相
続が開始し、相続人が限定承認をしたときは、譲受人は、相続債権者および
受遺者に対し、所有権の取得を対抗することができない。

　判例も、建物の売主が移転登記をしないで死亡し、相続人が限定承認した

第4章　限定承認の考え方と実務

場合に、建物は相続債権者に対する関係においては相続財産に属し、買主はその所有権取得をもって相続債権者に対抗することはできないとしている（大判昭和9・1・30民集13巻93頁）。

　したがって、本設問の場合、賃貸アパートの買主は、売主の生前に所有権移転登記手続がされていなかった以上、他の相続債権者および受遺者に対抗できないため、当該賃貸アパートは、限定承認者において、相続財産として管理・換価する必要がある財産である。

　なお、本設問の場合と異なり、不動産を譲り受ける者が、相続開始前に所有権移転登記手続をしていたり、相続開始前に所有権移転請求権保全の仮登記をして順位保全し、その後に所有権移転登記手続をしたりした場合には、不動産を譲り受けた者は所有権を相続債権者および受遺者に対して対抗できることとなる。

　判例も、乙所有の土地につき、甲のため所有権移転登記請求権保全の仮登記がなされた後、乙が死亡し、その相続人丙が限定承認をした場合に、その後甲において所有権取得登記をなしたときは、甲はその所有権の取得をもって、乙の相続債権者に対抗することができるとしている（最判昭和31・6・28民集10巻6号754頁）。

3　死因贈与

　不動産の死因贈与の受贈者が贈与者の相続人であった場合は、贈与者の生前に相続人が始期付所有権移転仮登記手続をしていたとしても、限定承認後に相続債権者に対して不動産の所有権を対抗できないとされている。

　したがって、当該不動産は、相続債務の弁済にあてられるべき相続財産となる。

　判例は、限定承認者が受遺財産から相続債務を弁済しないことは信義誠実の原則に反することから、死因贈与を原因とする受贈者（限定承認者）への所有権移転登記が相続債権者による差押登記よりも先にされていたとしても、受贈者（限定承認者）は相続債権者に対して不動産の所有権を対抗できない

170

Q4-9　相続債務の弁済にあてられる相続財産②──生前に処分された財産

としている（最判平成10・2・13民集52巻1号38頁）。

　本設問の場合、受贈者（限定承認者）は、相続債権者および受遺者に対し、自宅の所有権を対抗できないため、自宅を相続財産として管理・換価する必要がある。

第4章　限定承認の考え方と実務

Q 4 −10　相続財産から弁済できる費用・債務①
──相続開始後の賃料債務等

Q　私が限定承認者として管理する相続財産の一つに収益物件の賃貸ア
　パートがあるのですが、賃貸アパートの敷地は借地です。相続開始後
　の敷地の賃料や賃貸アパートの固定資産税、地震保険料や火災保険料
　等を相続財産から支払ってもよいのでしょうか。
A　争いはありますが、相続財産の維持管理に必要な費用として、相続
　財産から弁済してよいと考えます。

1　相続債務とは

　相続債務とは、一身専属のものを除き、相続人が相続によって承継した債
務である（民法896条）。相続開始後具体的に発生する債務でも、被相続人に
属すべきものであれば、相続債務となり、相続人に承継される（谷口知平＝
久貴忠彦編『新版注釈民法(27)相続(2)〔補訂版〕』545頁）。

　相続財産の負担となるべき債務の例としては、相続財産の管理費用、相続
財産に起因して発生する債務（工作物の瑕疵に基づく損害賠償債務など）があ
る。

　また、限定承認手続における相続債権者および受遺者に対する公告および
催告（民法927条）に要する費用、条件付き債権の弁済のための鑑定費用（同
法930条２項）なども相続財産に関するものであるから、相続財産から支払っ
てよい。

2　相続開始後に生じた賃料債務等

　大審院判例は、限定承認者が借地上に相続財産である建物を所有している
ところ、貸主が限定承認の公告期間経過後に３か月分の賃料の支払いを限定

172

承認者に催告したにもかかわらず地代が支払われなかったため賃貸借契約を解除し、建物収去土地明渡しと明渡しまでの賃料および損害金の支払いを求めたという事案において、相続開始後に生じた賃料債務が相続開始時までに生じた債務でなく相続財産の管理費用とも目しがたいとして、相続開始後の賃料債務および賃貸借契約解除後の損害賠償債務が相続人の固有の債務であるとした（大判昭和10・12・18民集14巻2084頁）。

　これに対しては、相続人がその賃貸借を自己固有の契約として存続させる明示または黙示の意思表示をしたか否かを問題にせず、相続人の固有の債務とするのは不合理であり、相続人が自己の契約として存続させる意思で賃借物を使用している場合には賃料債務は相続人の固有の債務となるが、そうではなく、賃借権を換価弁済できる場合はもちろん、限定承認者が賃借物を管理中に利用しているにすぎない場合には、賃料債務は相続債務（被相続人の債務）と解することが妥当であるなどと指摘されている（谷口知平＝久貴忠彦編『新版注釈民法(27)相続(2)〔補訂版〕』546頁）。

　このように相続開始後に生じた賃料債務が相続債務になるか否かについては争いがあるところであるが、少なくとも、本設問のような賃貸アパートの敷地の賃料債務については、賃貸アパートからの収益や賃貸アパート換価後の代金が相続債務の引当てとされることもあり、相続開始後の敷地の賃料が相続財産である賃貸アパートを維持管理するための費用として評価することができるため、相続財産から敷地の賃料を支払ってよいと考えられる（民法926条1項・650条1項・2項）。

3　相続開始後の相続財産の管理費用

　本設問における固定資産税、地震保険料や火災保険料等については、相続財産を維持管理するための費用（民法885条）として、相続財産から費用を支払ってよいと考えられる。

4 相続財産が不足する場合に相続開始後に生じた賃料等の支払いを拒めるか

　相続開始後に生じる賃料債務や固定資産税、地震保険料や火災保険料等を相続債務と取り扱ってよいのだろうか。仮にこれらが学説で指摘されているとおり相続債務であるとすると、相続財産が不足する場合、限定承認者らは、相続開始後に生じる賃料、固定資産税、地震保険料や火災保険料等につき、それぞれ賃貸人や自治体、保険会社に対し、限定承認を理由に支払いを拒めることとなるが、筆者としては、このような結論が妥当なのか疑問を覚える。

　この点、前掲大判昭和10・12・18が、相続債務にも管理費用にも該当しないとしているのは、相続開始後に発生した賃料債務自体である点は看過されてはならないと考える。

　限定承認者らは、相続財産である不動産を維持管理するために、賃料、固定資産税、地震保険料や火災保険料などを立て替えて支払った場合に相続財産から立替費用を償還すること（民法926条1項・650条1項）や負担した債務を自己に代わって相続財産から支払うことができる（同法926条1項・650条2項）。

　対内的に限定承認者らが相続財産の管理費用を支払った場合に相続財産から償還したり、相続財産から管理費用を支払ったりすることは相続財産の限度で優先的に認められてしかるべきであるが、対外的な相続人らの賃貸人に対する賃料債務、自治体に対する固定資産税、保険会社に対する地震保険料や火災保険料等自体が相続債務となってしまうというのは行き過ぎではないだろうか。

　私見によった場合、相続財産が十分に換価できず、相続開始後に生じた賃料等を全額支払うことができないような場合、相続人らは、限定承認を理由に賃貸人らからの請求を拒めず賃料等を支払う必要があり、支払った賃料等は相続財産から償還を受けることができるが、不足する分については相続人らが固有財産から負担するという結論となる。

Q4−11 相続財産から弁済できる費用・債務②
──相続財産の管理費用

> Q　①限定承認の申述に係る手続費用、②限定承認の申述受理後の相続
> 　債権者および受遺者に対する公告の費用、③条件付き債権の弁済のた
> 　めの鑑定費用、④先買権の行使の際の鑑定費用、⑤限定承認の申述受
> 　理後の清算手続自体を弁護士に委任した場合の弁護士報酬は、相続財
> 　産の管理費用として、相続財産から支払いを受けてもよいでしょうか。
> A　①④⑤の費用については、相続財産から支払うことが許されず、②
> 　③の費用については、相続財産から支払うことができるものと考えま
> 　す。

1　限定承認の申述に係る手続費用

　相続財産に関する費用は、その相続財産の中から支払うことができる（民法885条1項）。

　限定承認の申述は、相続財産の維持管理のためのものではなく、限定承認者の利益のためになされるものであるから、限定承認の申述に係る手続費用を相続財産の中から支払うことはできないと考えられる。

2　限定承認の申述受理後の相続債権者および受遺者に対する公告の費用

　限定承認者または相続財産清算人は、限定承認の申述受理後、限定承認したことおよび2か月を下回らない一定の期間内にその請求の申出をすべき旨を公告しなければならず、公告には、相続債権者および受遺者がその期間内に申出をしないときは弁済から除斥されるべき旨を付記しなければならない（民法927条。Q4−14参照）。

第4章　限定承認の考え方と実務

　この限定承認の申述受理後に行う相続債権者および受遺者に対する公告に
係る費用は、相続財産に関するものであるから、相続財産の中から支払って
よい（民法885条1項）。

3　条件付き債権の弁済のための鑑定費用

　条件付きの債権や存在期間の不確定な債権は、家庭裁判所が選任した鑑定
人の評価に従って弁済しなければならない（民法930条2項）。

　この条件付き債権等の弁済のための鑑定費用は、相続財産の清算手続に関
するものであるから、相続財産の中から支払ってよい（民法885条1項）。

4　先買権の行使の際の鑑定費用

　限定承認者は、家庭裁判所が選任した鑑定人の評価に従い相続財産の全部
または一部の価格を弁済して、競売を差し止め、当該財産を相続債務の引当
てとなる責任財産からはずし、当該財産を取得することができる（民法932
条ただし書。先買権）。

　この先買権の行使（Q4－16参照）に関する鑑定費用は、限定承認者の利
益のために行われるものであるから、相続財産の中から支払うことはできな
い。

5　限定承認の申述受理後の清算手続自体を弁護士に委任した
　　場合の弁護士報酬

　限定承認者または相続人が数人ある場合に家庭裁判所が相続人の中から選
任する相続財産清算人が、相続財産の管理、換価、弁済等の清算手続を弁護
士に委任するということが考えられる。

　この場合の弁護士報酬は、清算手続遂行のための費用というよりは、清算
手続の対価＝報酬と評価されるものと考えられるため、相続財産の清算手続
に必要な費用としての費用償還（民法926条・650条1項）の問題ではなく、
清算手続遂行自体に報酬が与えられるどうかの問題と考える。

176

Q4-11 相続財産から弁済できる費用・債務②——相続財産の管理費用

　限定承認者または相続人の中から選任される相続財産清算人（民法936条1項、家事事件手続法39条・201条・別表1の94項。**Q1-4**参照）には、相続財産保全のために選任される相続財産管理人（民法897条の2第1項・2項、家事事件手続法39条・201条・別表1の89項。**Q2-10【書式11】**、**Q3-6**参照）のように相続財産から相当な報酬を得ることができる根拠規定（民法897条の2第2項・29条2項）がなく、清算手続を遂行しても、相続財産から報酬を受けることができないと考えられる。

　そうすると、限定承認者または相続人の中から選任される相続財産清算人が清算手続の報酬を相続財産から受けることができない以上、弁護士に清算手続を委任した場合の弁護士報酬も相続財産から支払うことはできないと考える。

　もっとも、相続財産清算人が弁護士に清算手続全般を委任した場合の報酬ではなく、相続財産清算人が特定の相続財産の管理換価の必要から個別に弁護士に委任する場合の報酬（たとえば、相続財産を不法占拠する者に対する建物明渡請求訴訟をする場合など）や、司法書士に登記手続を依頼する場合の報酬などについては、明確な定めがないところではあるが、当該報酬を相続財産の中から相続財産に関する費用として支払うことが認められる余地があるのではないかと考える。

177

第4章　限定承認の考え方と実務

4 −12　相続債権者および受遺者に対する公告

> Q　相続債権者および受遺者に対する公告とはどのようなものでしょう
> 　か。
> A　限定承認者は、限定承認をした後5日以内にすべての相続債権者お
> 　よび受遺者に対して、限定承認した旨および2か月を下らない一定の
> 　期間内に請求の申出をすべき旨の公告をしなければなりません（民法
> 　927条1項）。そして、その公告には、期間内に申出をしない債権者ら
> 　は弁済から除斥する旨を付記する必要があります（同条2項）。また、
> 　公告は官報に掲載して行います（同条4項）。
> 　　なお、共同相続で相続財産清算人が選任された場合は、選任後10日
> 　以内に相続財産清算人が公告を行います（同法936条3項）。

1　相続債権者および受遺者に対する公告

　限定承認者は、限定承認をした後5日以内（相続財産清算人が選任された場
合には10日以内）に、すべての相続債権者および受遺者に対し、限定承認を
したことおよび2か月以上の一定の期間内にその請求の申出をすべき旨を公
告しなければならない（民法927条1項・936条3項。【書式16】参照）。そして、
その公告には、期間内に申出をしない相続債権者および受遺者は弁済から除
斥する旨を付記しなければならない（同法927条2項）。

　公告は、官報に掲載して行う（民法927条4項）

2　官報公告掲載申込み

　相続債権者および受遺者に対する公告のため、限定承認後5日以内または
相続財産清算人選任後10日以内に、官報公告掲載の申込みを行う。

　全国官報販売協同組合のWebページに官報公告掲載申込みの入力フォー

178

ム〈https://www.gov-book.or.jp/asp/Kanpo/Koukoku/?op=1〉があり、その入力フォームに従い、平易に申込みを行うことが可能である。

Webページ上の入力フォームから「相続関係の公告」を選択し、その中から「限定承認公告」を選択する。その後、掲載申込書の内容情報を入力し、用意されているひな型の公告原稿に必要情報を入力して申し込むことができる。

3 相続債権者および受遺者に対する公告を怠った場合

限定承認後5日以内に公告できなかった場合など、民法927条に定める公告を怠った場合であっても、限定承認の効力に影響はない。

もっとも、限定承認者または相続財産清算人が民法927条の公告を怠ったことにより、相続債権者または受遺者に損害が生じた場合は、その損害を賠償する責任を負う（民法934条1項）。

4 相続債権者および受遺者に対する公告に係る費用

官報の掲載費用は行数によって異なり、限定承認の関係で官報公告の掲載をするには、4万～5万円台程度の費用が見込まれる。この費用は、相続財産に関して発生するものであるから、相続財産の中から支払ってよい（民法885条1項、**Q4−11**参照、谷口知平＝久貴忠彦編『新版注釈民法(27)相続(2)〔補訂版〕』572頁）。

第 4 章　限定承認の考え方と実務

【書式16】　相続債権者および受遺者に対する公告

限定承認の公告

　本　　　籍　　○○県○○市○○町○番地
　最後の住所　　○○県○○市○○町○番○号
　　　　　　　　被　相　続　人　　○　○　○　○

　　右相続人は，平成○年○月○日死亡し，その相続人は平成○年○月○日○○
家庭裁判所にて限定承認したから，一切の相続債権者及び受遺者は，本公告掲
載の翌日から2か月以内に請求の申出をしてください。右期間内にお申出がな
いときは弁済から除斥します。
　　平成○年○月○日

　住　　　所　　○○県○○市○○町○番○号
　　　　　　　　相続財産清算人（又は限定承認者）　○　○　○　○

Q4−13 相続債権者および受遺者に対する催告

> **Q** どのような相続債権者および受遺者に対し、請求の申出の催告をし
> なければならないのでしょうか。限定承認者は、相続債権者および受
> 遺者が存在するか否かを調査する必要はありますか。
>
> **A** 「知れている」相続債権者および受遺者に対し、請求の申出の催告
> をする必要があります（民法927条3項）。また、限定承認者には、相
> 続債権者および受遺者の存在を積極的に調査する必要はありません。

1 相続債権者および受遺者に対する催告

　限定承認者または相続財産清算人は、知れている相続債権者および受遺者
には、各別にその請求の申出の催告をしなければならない（民法927条3項）。
　知れている相続債権者とは、相続人が相続債権者と認めている者をいう。
被相続人が支払義務を争っており、相続人も相続債権者と認めない者には、
個別に請求の申出を催告する必要はないとされている（横浜地判昭和40・3・
29下民集16巻3号501頁）。

2 相続債権者および受遺者の存在を調査する義務の有無

　限定承認者には、公告以外の方法で相続債権者および受遺者の存否を調査
する義務は課されていない。そのため、相続債権者および受遺者の存在を積
極的に調査する義務はない（東京地判平成13・2・16判時1753号78頁）。

3 相続債権者および受遺者に対する催告の文例

　請求の申出の催告にあたっては、「限定承認のご連絡」（【書式17】参照）の
ような文書を相続債権者および受遺者に送付することが考えられる。
　知れている相続債権者および受遺者に請求の申出をしてもらう期限は、限

第4章　限定承認の考え方と実務

定承認の公告において定めた請求の申出をすべき期限に合わせることとなる。

　限定承認の申述受理時点で、相続財産の換価が容易ですでに弁済の見込み
がついている場合には、弁済実施予定日を示したうえでその予定日時点の債
権額を明らかにしてもらう、振込先口座を通知するよう要求する、弁済する
際の振込名義を通知する（相続債権者が弁済の事実を確認できるようにするた
め）など、記載内容の加筆を適宜検討してもよい。

4　知れている相続債権者および受遺者に対する催告を怠った場合

　民法927条3項に定める催告を怠った場合であっても、限定承認の効力に
影響はない。

　もっとも、限定承認者または相続財産清算人が民法927条3項に定める催
告を怠ったことにより、知れている相続債権者または受遺者に損害が生じた
場合は、その損害を賠償する責任を負う（同法934条1項）。

　催告到達の確実性と記録化の観点から催告書を簡易書留等で送ることも、
債権者の属性に応じて検討されたい。

【書式17】 相続債権者および受遺者に対する催告（相続財産清算人が選任された場合）

限定承認のご連絡
（請求の申出の催告）

平成○年○月○日

債権者各位

　　　　　　　　　住所　　○○県○○市○○町○番○号
　　　　　　　　　亡○○○○相続財産清算人○○○○
　　　　　　　　　TEL　000-0000-0000　FAX　000-0000-0000

　本　　　　籍　○○県○○市○○町○番地
　最後の住所　○○県○○市○○町○番○号
　　　　被　相　続　人　○　○　○　○（生年月日昭和○年○月○日）

　上記被相続人は平成○年○月○日に死亡し，その相続人は平成○年○月○日○○家庭裁判所（○○支部）において相続の限定承認の申述を受理され，同日付で○○○○が被相続人亡○○○○の相続財産清算人に選任されました（○○家庭裁判所（○○支部）平成○年（家○）第○号）。

　つきましては，平成○年○月○日までに請求の申出をしてください。併せて，債権の存在，内容，金額に関する資料等のご送付ください。

※　限定承認者（単独相続）の場合は，差出人の肩書きを「相続財産清算人」から「限定承認者」に置き換える。また，本文中の相続財産清算人選任に関する部分は削除する。

第4章 限定承認の考え方と実務

Q4-14 相続債権者および受遺者に対する公告期間満了前の弁済拒絶権

> Q 確定判決を有する相続債権者に対して民法927条の請求の申出の催告をしたところ、相続債権者から民法927条の期間内であるにもかかわらず、相続財産について強制執行手続の申立てをされました。強制執行手続を止めることはできますか。
>
> A 相続人が民法927条の申出期間中であることを証明した文書を執行機関に提出したときは、同期間満了に至るまで強制執行手続を停止することができます。

1 公告期間満了前の弁済拒絶権とは何か

　限定承認者または相続財産清算人は、公告期間満了前においては、公平な弁済を確保するため、弁済期の到来した債権であっても、相続債権者および受遺者に対して弁済を拒むことができる（民法928条。弁済拒絶権）。

　公告期間満了前に限定承認者または相続財産清算人が弁済拒絶権を行使せず、その結果、相続債権者および受遺者への弁済ができなくなった場合は、弁済自体の効力は否定されないが、限定承認者または相続財産清算人は損害賠償義務を負う（民法934条）。

2 強制執行手続の停止

　債権者がすでに債権につき確定判決その他の債務名義を有する場合、相続財産について債権者から強制執行手続の申立てがなされることが考えられる。この場合、相続人が限定承認をし、民法927条の請求の申出期間中であることを証明する文書（官報公告の写しなど）を提出したときは、民事執行法39条1項8号の規定を類推して、執行機関は請求の申出期間満了に至るまで強

制執行手続は停止しなければならないとされている（谷口知平＝久貴忠彦編
『新版注釈民法⑵相続⑵〔補訂版〕』574頁）。

したがって、限定承認者は、執行機関に民法927条の申出期間中であることを証明する文書を提出することで、公告期間満了まで強制執行手続を停止させることができる。

3 債権者が相続財産に対して優先権を有する場合

相続財産の全部または一部のうえに留置権者、先取特権者、質権者、抵当権者などの優先権を有する相続債権者については、民法927条の請求の申出期間内であってもその権利を実行できるため、限定承認者または相続財産清算人は、相続債権者からの請求を拒むことができない。ただ、抵当権などのように対抗要件を必要とする優先権のある債権については、相続開始の時までに対抗要件を具備することが必要とされており、対抗要件を具備していない場合、他の相続債権者が優先権を承認しない限り、その相続債権者は優先弁済を受けられず、また、限定承認者または相続財産清算人に対しても権利を行使できず、対抗要件の具備も請求できないとされている（谷口知平＝久貴忠彦編『新版注釈民法⑵相続⑵〔補訂版〕』577頁）。

4 公告期間満了後の弁済拒絶は認められるか

限定承認者または相続財産清算人は、民法927条の請求の申出期間満了後、相続財産の数額・相続債務の総額が確定しないことを理由に弁済を拒絶することができるか。

大審院当時の判例は、限定承認者は弁済を拒絶し得ないとする（大判大正4・3・8民録21輯289頁、大判昭和6・5・1民集10巻297頁）。他方、学説上は、信義則上、弁済額の計算をするのに相当な期間内は弁済を拒絶することができ、履行遅滞の責めを負うことがないとする見解が多数である（谷口知平＝久貴忠彦編『新版注釈民法⑵相続⑵〔補訂版〕』574頁・575頁）。

ただ、実務的には、判例が弁済を拒絶し得ないとしている点や弁済拒絶の

第4章　限定承認の考え方と実務

根拠を信義則に求めるほかない点などから、弁済拒絶権があることを当然の前提とすることにはリスクがあり、たとえば、相続財産の換価に期間を要することが当初より見込まれる場合には公告期間を2か月よりも長い期間を定めるなどの対応も検討する必要があるのではないかと考える。

Q4−15 相続財産の換価方法①──競売による換価

> Q 相続財産の不動産を換価する必要があるのですが、競売によらなければならないのでしょうか。また、家財道具等の動産や、株式・投資信託等の金融資産その他債権の換価についても教えてください。
>
> A 相続財産の換価は、不動産に限らず、家財道具等の動産や、株式・投資信託等の金融資産その他債権も原則として裁判所による競売に付さなければならないとされています（民法932条本文）。また、限定承認の競売の場合でも、無剰余取消しの規定（民事執行法63条）は適用されます。

1 競売による換価

限定承認における清算のために相続財産を売却する必要がある場合には、原則として裁判所による競売に付さなければならない（民法932条本文。同条ただし書による競売の差止め（先買権の行使）については**Q4−16**参照）。

競売に付さなければならない相続財産は、不動産に限らず、家財道具等の動産や、株式・投資信託等の金融資産その他債権も含まれる点に注意が必要である。なお、競売手続においては、限定承認者または相続財産清算人は自ら買受人になることもできる。

2 不動産の換価

⑴ 不動産競売の申立て

民事執行法195条は、「民法……による換価のための競売については、担保権の実行としての競売の例による」旨規定している。いわゆる形式的競売と呼ばれるものであり、限定承認における相続財産の換価のための競売もこれに含まれる。民事執行法は、形式的競売を担保権の実行としての競売の「例

第4章　限定承認の考え方と実務

による」ものとして、どの範囲で異なる取扱いをするかを解釈運用に委ねている。

　不動産競売の申立ては書面によって行い（民事執行法2条、民事執行規則1条。【書式18】参照）、管轄権は、不動産の所在地を管轄する地方裁判所が有する（民事執行法188条・44条）。

　不動産競売の申立書の記載事項は、担保権の実行の申立書の記載事項（民事執行規則170条）を適宜読み替える必要がある。「債権者、債務者及び担保権の目的である権利の権利者」は「申立人及び相手方」に、「担保権及び被担保債権の表示」は「競売申立権の表示」に読み替える。

　不動産競売の申立ての提出書類として、担保不動産競売の例にならい、競売の基礎となる換価権を証明する法定文書が必要である（民事執行法181条1項）。相続人が一人で限定承認をした場合は限定承認申述受理証明書が、相続人が複数で限定承認をした場合は相続財産清算人選任の審判書謄本が、これに該当する。

　そのほかの提出書類として、請求申出期間内（民法927条1項）に申し出た相続債権者および受遺者並びに知れたる相続債権者および受遺者の名簿（氏名および住所を記載したもの）が必要である。これらの者に民法933条が定める参加の機会を保障するために、自己の費用をもって競売に参加できる旨の開始決定通知を出す必要があるからである。

　そして、担保不動産競売の例にならい、提出書類として、不動産の登記事項証明書（民事執行規則23条1号）、公課証明書（同条5号）、不動産登記法14条の地図の写し（民事執行規則23条の2第1号）、物件案内図（同条3号）が必要である。

(2)　不動産競売における配当手続

　租税債権者は、担保不動産競売の例にならい、相続財産の換価のための不動産競売において交付要求ができると解される。

　担保権を有する債権者についても、担保不動産競売の例にならい、配当要求（民事執行法51条）ができると解される。民法の規定上、優先権を有する

188

債権者は第1順位であり（同法929条）、競売に伴い担保権が消滅する消除主義（民事執行法59条）が採用されるため、確実に配当される必要があることから、担保権を有する債権者に対しては、執行裁判所が配当をすることが相当であると考えられるからである。執行裁判所は、売却代金から手続費用を控除し、担保権を有する債権者および交付要求庁に配当をした後、残額があれば、その残額を申立人に交付するということになる。

一方で、債務名義等を有する一般債権者については、担保不動産競売と異なり、配当要求ができないと解される。相続財産換価のための不動産競売は、民法の規定（同法929条〜931条）に従って弁済するために行われるものであるところ、競売手続内で債務名義等を有する一般債権者に対する配当を認めると、債務名義等のある者が債務名義等のない者と比べ優先して配当を受けることになり、前記民法の規定に反する結果となるからである。

⑶　不動産競売における剰余主義

相続財産の換価のための不動産競売において、担保不動産競売の例にならい、剰余主義が採用されると解される（東京高決平成5・12・24判タ868号285頁）。最判平成24・2・7判タ1379号104頁は、同じく形式的競売である共有物分割のための競売について、剰余主義（民事執行法63条）が準用されると解した。

剰余主義とは、執行裁判所が、評価人の評価に基づいて売却基準額を定め（民事執行法60条1項）、ここからその10分の2に相当する額を控除した買受可能価額（同法3項）を基準に、執行費用のうち共益費用となるものおよび優先債権者の債権を弁済して剰余を生じるかどうかを判断し、執行裁判所は、剰余が生じないと判断した場合、その旨を申立人に通知し（同法63条1項）、申立人が通知を受けた日から1週間以内に無剰余を回避する手段をとらなければ、競売手続の取消決定をしなければならない（同条2項）というものである。

申立人に対する配当の余地がない無益な執行を排除する必要性、担保権者がその意に反する時期に担保不動産を売却されて被担保債権を十分に回収す

第4章　限定承認の考え方と実務

ることができない事態となることを避ける必要性は、担保不動産競売の場合と同様、相続財産の換価のための不動産競売においても認められる。

3　動産の換価

　動産の換価手続として、入札（民事執行法134条）、競り売り（同条）、特別売却（民事執行規則121条）、委託売却（同則122条）が存在する。

　入札は、期日入札の方法で行われ（民事執行規則120条）、動産の評価額が高額な場合などに使われる。

　競り売りは、売却条件を告げ、売却物件を読み上げて買受けの申出を催告し、買受けの申出の額を競り上げさせる方法により行い、最も多く使われている。

　特別売却は、入札、競り売り以外の方法で売却する方法であり、たばこ等、一定の資格がなければ買受けを許されない物について、たばこ店と執行官が個別に売買をする場合等が考えられる。

　委託売却は、第三者に委託して売却する方法であり、骨董品を古美術商に売却してもらう場合等が考えられる。

4　貸金返還請求権等の金銭債権の換価・回収

　民法932条が相続財産の換価につき競売という方法を指定している趣旨は、相続人や相続財産清算人の恣意的な処分を排除し、適正な金額での換価を実現するためである。

　金銭債権は、現金・預金と同様に価値が一律に決まっているから、相続人や相続財産清算人は、競売手続等を経る必要はなく、直接の回収を図るべきである。ただし、弁済期限が未到来の債権や、条件付き債権については、価値が一律に決まらないので、競売手続か先買権行使の手続を経る必要がある。

　競売手続における債権の換価手続としては、裁判所が選任した評価人が評価をしたうえで（民事執行規則139条1項）、申立人に売却するか、執行官が売却先を見つけるかの方法がとられる（民事執行法161条1項）。

5　競売により換価が実現できない場合の任意売却による換価

　競売手続により相続財産を入札に付しても落札者が現れず、相続財産の換価が実現しないこともある。その場合、民法932条ただし書に基づく先買権の行使（Q4-16参照）や、同条に反するが相続財産の任意売却等の処理が検討されることとなる。

　民法932条本文の趣旨は、任意売却によって不当な廉価で換価される弊害を防止し、衡平な換価を期待する点にあるが、同条本文に違反して、相続財産を任意売却した場合でも、売却の効力自体は有効であり、ただ、その売却によって相続債権者および受遺者に損害が生じた場合には限定承認者は不法行為に基づく損害賠償責任を負うと解されている。

　なお、限定承認後の任意売却自体は、民法921条1号には該当しない。同号の「処分」は、限定承認前のものに限られるためである（大判昭和5・4・26民集9巻427頁）。

　また、民法921条3号にも当然には該当しない。ただ、同号が「私にこれ〔相続財産〕を消費し」た場合に単純承認したものとみなすとされていることから、相続債権者および受遺者に不利益な任意売却を行ったような場合には、単純承認したものとみなされるおそれがあるため、注意を要する。

　任意売却の方法によることを検討する場合、相続債権者および受遺者に不利益な任意売却を行うことで単純承認したものとみなされないようにするため、①任意売却によらず先買権の行使により対応できないかを検討する、②先買権の行使をしたうえで任意売却を行う、③相続債権者および受遺者の了解を得て、相続債権者および受遺者の権利保護に欠くことのないよう先買権の行使に準じた配慮をしたうえで任意売却を行うなどの対応が必要であると考えられる。

第4章　限定承認の考え方と実務

【書式18】　限定承認における相続財産の換価のための不動産競売申立書

不動産競売申立書

平成○年○月○日

○○地方裁判所　御中

申立人代理人弁護士　○　○　○　○　㊞

当　事　者　　別紙目録（略）記載のとおり
目的不動産　　別紙目録（略）記載のとおり

　申立人は，相続財産（被相続人　亡○○○○，最後の住所　○○県○○市○○町○番○号）である別紙物件目録（略）記載の不動産について，民法932条の相続財産換価のための競売を求める。

添付書類

1	不動産登記事項証明書	2部
2	固定資産税評価額等証明書	2部
3	住民票等	1部
4	相続関係説明図	2部
5	戸籍事項全部証明書等	4部
6	現地案内図	2部
7	公図写し	1部
8	建物図面	2部
9	不動産競売事件の進行等に関する照会書（回答）	1部
10	限定承認申述受理証明書	1部
11	委任状	1部
12	債権者名簿	1部

Q4－16　相続財産の換価方法②──先買権の行使による換価

> Q　被相続人に多額の負債がある中、自宅不動産などのどうしても取得したい相続財産がある場合、民法932条ただし書の規定を利用することで、その相続財産を取得できると聞きました。同規定について教えてください。
>
> A　民法932条ただし書は、限定承認者に、家庭裁判所が選任した鑑定人が鑑定した評価額を支払うことにより、当該相続財産を被相続人の債務の引当てとなる責任財産から解放し、その当該相続財産を取得する権利を認めたものといわれています（いわゆる先買権の行使）。

1　先買権の行使

　限定承認者が被相続人の個々の財産を競売の対象から除外したい場合には、家庭裁判所が選任した鑑定人が鑑定した評価額を相続債権者および受遺者に弁済することにより、競売を止めることができる（民法932条ただし書）。

　この「競売を止めることができる」との規定は、単に競売手続を中止ないし停止できるというだけの意味ではなく、鑑定人の鑑定価格（時価鑑定）以上の金員を支払うことにより、当該相続財産を被相続人の債務の引当てとなる責任財産から解放し、その当該相続財産を取得する権利を認めた趣旨であると解されている（いわゆる先買権の行使）。

　ただ、民法932条ただし書による権利は、抵当権等の優先権者に勝る権利を限定承認者に認めたものではないため、抵当権等の優先権者がその優先権に基づいてする競売については、民法932条ただし書の権利行使によっては止めることができず、この場合に競売を止めるためには抵当権者等の同意が必要となる。

第4章　限定承認の考え方と実務

2　具体的な権利行使方法

　まず、限定承認者が、限定承認の申述を受理した家庭裁判所に鑑定人選任の申立てを行う（民法932条ただし書、家事事件手続法39条・201条 2 項・別表 1の93項。【書式19】参照）。

　家庭裁判所に選任された鑑定人が相続財産の鑑定を行い、鑑定評価額が提示される。なお、鑑定にあたり、限定承認者が知れている相続債権者および受遺者に対して鑑定が行われる旨の通知をすることまでは必要ないが、相続債権者および受遺者が鑑定に参加する旨の申出をした場合には、相続債権者および受遺者には鑑定に意見を述べる機会が与えられる（民法933条）。

　限定承認者は、鑑定評価額以上の金員をその固有財産から支出し、（相続財産清算人が選任されている場合には相続財産清算人に同金員を交付して）同金員を相続債務の引当てとなる相続財産とすることにより、当該相続財産を被相続人の債務の引当てとなる責任財産から解放し、その当該相続財産を取得することができる。

3　鑑定人の選任および鑑定に要する費用

　鑑定人の選任および鑑定に要する費用は、限定承認者の利益のためになされるものであるため、相続財産から支出することはできず、限定承認者の負担となる（Q 4 −11参照）。

【書式19】　限定承認における先買権の行使のための鑑定人選任の申立て

家事審判申立書

平成○年○月○日

○○家庭裁判所　御中

申立人　○　○　○　○　㊞

本　　　籍　　○○県○○市○○町○番地
住　　　所　　○○県○○市○○町○番○号
　　　　　　　　申　立　人　○　○　○　○
　　　　　　　　TEL　000-0000-0000　FAX　000-0000-0000

本　　　籍　　○○県○○市○○町○番地
最後の住所　　○○県○○市○○町○番○号
　　　　　　　　被 相 続 人　○　○　○　○

申立の趣旨

　別紙財産目録（略）記載の相続財産の価格を評価する鑑定人の選任を求める。

申立の理由

1　申立人は，被相続人の長女である。
2　被相続人の相続財産のうち，別紙財産目録記載の財産は，先祖代々家宝として受け継がれてきた宝石であり，申立人も被相続人より引き継ぐことを希望する。
3　（希望者があれば記載）鑑定人候補者として，○○○○（住所　○○県○○市○○町○番○号，職業　宝石商，TEL　000-0000-0000）を希望する。

添付書類

（略）

第4章　限定承認の考え方と実務

Q4−17　弁済の対象となる債権①──現在化していない債権

Q　相続債権者および受遺者に対する公告・催告期間（民法927条1項）が満了しました。相続債権者から申出のあった債権の中には、①弁済期が到来していない債権、②停止条件付きの債権、③存続期間が不確定な債権がありました。このような債権についても、相続財産から弁済をしなければならないのでしょうか。また、弁済をする場合、その弁済額はどのように定めればよいのでしょうか。

A　限定承認の申述をした相続人は、弁済期が到来している債権だけではなく、弁済期が到来していない債権についても、相続財産から弁済をする必要があります（民法930条1項）。また、条件付きの債権や存続期間の不確定な債権についても、相続財産から弁済をしなければなりません（同条2項）。

　①弁済期が到来していない債権については、中間利息を控除することなく、債権全額を弁済します。それに対して、②条件付き債権や③存続期間の不確定な債権については、家庭裁判所が選任した鑑定人による金銭評価に従って弁済する必要があります。そこで、限定承認の申述をした相続人または相続財産清算人は、条件付き債権や存続期間の不確定な債権について相続債権者から申出があった場合には、限定承認の申述を受理した家庭裁判所に対し、鑑定人選任の審判を申し立て（家事事件手続法39条・201条2項・別表1の93項）、鑑定人を選任してもらう必要があります。

1　弁済の対象となる債権

　弁済の対象となる債権は、弁済期が到来した債権だけではなく、弁済期未

196

到来の債権、条件付き債権または存続期間の不確定な債権も含まれる（民法930条）。これは、破産手続の迅速な進行を図るべく、破産債権者の手続参加を定めた破産法103条と同様に、相続財産の清算手続の速やかな完了を図る趣旨である。

2　弁済期未到来の債権

⑴　保証人等の第三者に対する効力

限定承認の清算手続において、弁済期が到来していない債権が弁済の対象として取り扱われるのは、前述のとおり、清算手続の迅速な進行という手続上の要請に基づくものである。よって、弁済期未到来の債権について、実体法上、その弁済期を到来させる効力が生じるわけではない。当該債権を有する債権者が、当該債権の保証人、物上保証人といった第三者に対して権利を実行できるのは、あくまで当初の弁済期が到来してからである（水沢区判昭和8・7・24新聞3612号18頁）。

⑵　中間利息の取扱い

弁済期未到来の債権に対して弁済をする場合、中間利息の取扱いが問題となる。この点について、民法には規定が存在しないところ、学説においては、限定承認が債務者側の都合によりなされるものであることを考慮して、債務者側に期限の利益の放棄（民法136条2項）を擬制し、相続債権者は中間利息を控除されずに債権全額について弁済を受けることができると考えられている（谷口知平＝久貴忠彦編『新版注釈民法⒄相続(2)〔補訂版〕』579頁、松川正毅＝窪田充見編『新基本法コンメンタール相続』149頁）。

3　条件付き債権または存続期間の不確定な債権

条件付き債権とは、停止条件付き債権または解除条件付き債権である。停止条件付き債権の例としては、保険事故発生前の保険金請求権、契約違反を理由とする損害賠償請求権や違約金請求権、仮執行宣言の失効に伴う不当利得返還請求権や損害賠償請求権などがあげられる（伊藤眞ほか『条解破産法

〔第2版〕』716頁）。他方、存続期間の不確定な債権とは、たとえば、終身定期金（民法689条）のように、存続期間を明確に定めることができず、その金額を直ちに確定させることができない債権のことである。

このような債権は、弁済期未到来の債権とは異なり、直ちに金額を確定することが困難である。そこで、限定承認をした相続人または相続財産清算人は、限定承認の申述を受理した家庭裁判所に鑑定人選任の審判の申立てを行い（家事事件手続法39条・201条・別表1の93項。条件付き債権につき【書式20】、存続期間の不確定な債権につき【書式21】参照）、同裁判所が選任した鑑定人にこれらの債権を評価させ、その評価に従って弁済する義務を負う（民法930条2項）。これは、限定承認が相続債権者および受遺者に相続財産を弁済する清算手続であるところ、公平な弁済を確保するため、相続債権の現在価値を公平・妥当に定める趣旨である。なお、債権評価に係る鑑定人の諸費用は、相続財産に関する費用（同法885条1項）として、相続財産から優先的に支出することができる（谷口知平＝久貴忠彦編『新版注釈民法(27)相続(2)〔補訂版〕』580頁）。

4　条件付き債権または存続期間の不確定な債権以外の債権

限定承認をした相続人または相続財産清算人が鑑定人の評価に従って弁済をする義務を負うのは、あくまで条件付き債権または存続期間の不確定な債権に限定される（民法930条2項）。すなわち、これら以外の債権については鑑定人の評価を経るまでもなく、債権額どおりに弁済をしなければならない。

この点、東京地判平成21・5・18判時2050号123頁は、連帯保証契約に基づく保証債務履行請求権に対して民法930条2項に基づく鑑定が行われ、限定承認の申述をした被相続人の子らが鑑定書に記載された限度でしか責任を負わない旨を主張した事案である。東京地方裁判所は、「限定承認者が家庭裁判所の選任した鑑定人の評価に従って弁済をする義務を負うのは、同債権の現在の価値を公平妥当に判定する必要のある条件付きの債権又は存続期間の不確定な債権についてであるということができるから、これら以外の債権に

ついては、その価値を鑑定により評価する必要なく、鑑定人の評価を得るまでもなく同債権の債権額どおりに弁済すべき義務を負うというべきであるし、仮に鑑定人の評価がされたとしても、その鑑定人の評価に関わりなく、同債権の債権額どおりに弁済する義務を負うというべきである。鑑定についての不服申立ての方法がないことや限定承認者が鑑定に従って弁済するべき義務を負うことは、債権の現在の価値を公平妥当に判定する必要があることが前提になっているのであるから、上記以外の債権について鑑定に従うべきことの理由とはならない」と判示している。

第4章　限定承認の考え方と実務

【書式20】　限定承認における条件付き債権の評価のための鑑定人選任の申立て

受付印	家事審判申立書　事件名（鑑定人の選任）
	（この欄に申立手数料として1件について800円分の収入印紙を貼ってください。）
収入印紙　　　　円 予納郵便切手　　円 予納収入印紙　　円	（貼った印紙に押印しないでください。）

準口頭		関連事件番号　平成○年（家）第○○○号

○○家庭裁判所 　　　　　　　　　　御中 平成○年○月○日	申　立　人 （又は法定代理人など） の記名押印	○　○　○　○　　　　　印

添付書類	（審理のために必要な場合は，追加書類の提出をお願いすることがあります。） 限定承認申述受理証明書，債権目録

	本　籍 （国　籍）	（戸籍の添付が必要とされていない申立ての場合は，記入する必要はありません。） 　　○○県○○市○○町○丁目○番地	
申	住　　所	〒000-0000　　　　　　　　　　電　話 000-000-0000 ○○県○○市○○町○丁目○番○号	
立	連 絡 先	〒　　－　　　　　　　　　　　電　話　　－　　－	
人	フリガナ 氏　　名	○○　　○○　　○○　　○○ 　　　　○　　　○　　　○　　　○	昭和○年○月○日生 （○歳）
	職　　業	○　○　○　○	
被	本　籍 （国　籍）	（戸籍の添付が必要とされていない申立ての場合は，記入する必要はありません。） 　　○○県○○市○○町○丁目○番地	
相	住　　所	〒000-0000　　　　　　　　　　電　話 000-000-0000 ○○県○○市○○町○丁目○番○号	
続	連 絡 先	〒　　－　　　　　　　　　　　電　話　　－　　－	
人	フリガナ 氏　　名	○○　　○○　　○○　　○○ 　　　　○　　　○　　　○　　　○	昭和○年○月○日生 （○歳）
	職　　業	○　○　○　○	

200

Q4-17 弁済の対象となる債権①——現在化していない債権

申　立　て　の　趣　旨
別紙債権目録記載の条件付き債権を評価する鑑定人を選任する審判を求める。

申　立　て　の　理　由
1　申立人は，限定承認申述受理証明書（平成○年（家○）第○○○号）記載のとおり，被相続人○○○○の相続人であり，被相続人の遺産を限定承認した。 2　被相続人の相続財産には，別紙債権目録記載のとおり，相続債権者○○○○に対する相続債務が存在するところ，同債務は民法930条2項に定める条件付き債権であることから，弁済額を確定させるために鑑定人の評価が必要となる。 3　よって，鑑定人選任の審判を申し立てる。

第4章　限定承認の考え方と実務

【書式21】　限定承認における存続期間の不確定な債権の評価のための鑑定人選任の申立て

受付印	家事審判申立書　事件名（鑑定人の選任）
	（この欄に申立手数料として1件について800円分の収入印紙を貼ってください。）
収入印紙　　　　円 予納郵便切手　　円 予納収入印紙　　円	（貼った印紙に押印しないでください。）

準口頭	関連事件番号　平成○年（家）第○○○号

○○家庭裁判所 　　　　　　　　御中 平成○年○月○日	申　立　人 （又は法定代理人など） の記名押印	○　○　○　○　　　　㊞

添付書類	（審理のために必要な場合は，追加書類の提出をお願いすることがあります。） 限定承認申述受理証明書，債権目録

申立人	本　籍 （国　籍）	（戸籍の添付が必要とされていない申立ての場合は，記入する必要はありません。） ○○県○○市○○町○丁目○番地	
	住　　所	〒000-0000　　　　　　　　　電　話　000-000-0000 ○○県○○市○○町○丁目○番○号	
	連絡先	〒　－　　　　　　　　　　　電話　－　－	
	フリガナ 氏　名	○○　○○　○○　○○ ○　　○　　○　　○	昭和○年○月○日生 （○歳）
	職　業	○　○　○　○	
被相続人	本　籍 （国　籍）	（戸籍の添付が必要とされていない申立ての場合は，記入する必要はありません。） ○○県○○市○○町○丁目○番地	
	住　　所	〒000-0000　　　　　　　　　電　話　000-000-0000 ○○県○○市○○町○丁目○番○号	
	連絡先	〒　－　　　　　　　　　　　電話　－　－	
	フリガナ 氏　名	○○　○○　○○　○○ ○　　○　　○　　○	昭和○年○月○日生 （○歳）
	職　業	○　○　○　○	

202

Q4-17 弁済の対象となる債権①——現在化していない債権

申　立　て　の　趣　旨

　別紙債権目録記載の存続期間不確定の債権を評価する鑑定人を選任する審判を求める。

申　立　て　の　理　由

1　申立人は，限定承認申述受理証明書（平成○年（家○）第○○○号）記載のとおり，被相続人○○○○の相続人であり，被相続人の遺産を限定承認した。
2　被相続人の相続財産には，別紙債権目録記載のとおり，○○○○が生存している限り毎月5万円を支払うという内容の存続期間の不確定な債権（民法930条2項）が存在していることから，同債権に対する申立人の弁済額を確定させるために鑑定人の評価が必要となる。
3　よって，鑑定人選任の審判を申し立てる。

203

第 4 章　限定承認の考え方と実務

Q 4 −18　弁済の対象となる債権②──特定物の給付を目的とする債権、作為・不作為を目的とする債権

> Q　父が亡くなり、父の相続財産について限定承認の申述をしました。
> 相続債権者および受遺者に対して公告（民法927条 1 項）をしたところ、
> 相続債権者から、①父が売買した物品の引渡請求権、②父が無断で設
> 置した看板の撤去請求権について債権の申出がありました。このよう
> な非金銭債権についても、弁済の対象として取り扱わなければならな
> いのでしょうか。
>
> A　特定物の給付を目的とする債権（①）、作為を目的とする債権（②）
> については、学説上、金銭に評価することが可能であると考えられて
> います。よって、民法930条 2 項を類推して弁済の対象として取り扱
> います。①のような物の引渡請求権であれば、その物の市場価格等を
> 基礎として、②のような作為請求権であれば、その行為を第三者が履
> 行する場合の費用等を考慮して、客観的に金銭評価することになりま
> す。

1　問題の所在

　破産の配当手続においては、金銭の支払いを目的としない債権を有する債
権者（破産法103条 2 項 1 号イ）も、破産債権者として手続に参加すること が
できる。しかし、不作為請求や非代替的作為請求権については金銭的に評価
することが困難であり、財産上の請求権に該当せず、破産債権の要件を満た
さないと考えられている（竹下守夫ほか編『大コンメンタール破産法』400頁、
伊藤眞ほか『条解破産法〔第 2 版〕』713頁）。

　民法には、破産法103条 2 項 1 号イのような明文規定が存在しないことか

204

ら、特定物の給付を目的とする債権や作為・不作為を目的とする債権などの非金銭債権が、限定承認の手続において弁済の対象になるかどうかが問題となる。

限定承認の手続は、相続財産を換価して相続債権者や受遺者に公平な弁済をすることを目的する清算手続である。したがって、弁済の対象となる債権は、弁済により満足を受けられる性質のものである必要はあるが、必ずしも金銭債権である必要はない。非金銭債権であっても、金銭に評価しうる債権であれば足りるものと考えられる。

2　学説の状況

この点について、学説は、条件付き債権または存続期間の不確定な債権について換価を認める規定が存在することから（民法930条2項）、特定物の給付を目的とする債権や作為・不作為を目的とする債権についても、同規定を類推し、金銭に評価して弁済しうると解している（ただし、作為・不作為を目的とする債権は相続財産をもって履行すべきではないとする反対意見もある）。また、作為・不作為を目的とする債権については、債務の履行に代わる損害賠償請求権として弁済することも可能であるとしている（谷口知平＝久貴忠彦編『新版注釈民法(27)相続(2)〔補訂版〕』578頁）。

第4章　限定承認の考え方と実務

Q 4 −19　弁済の順序①──公租公課と相続財産の管理費用

> Q　相続債権者および受遺者に対する公告・催告期間（民法927条1項）が満了し、相続債権者や受遺者の債権額も確定しました。破産手続における配当のように、限定承認の手続にも弁済の優先順位はあるのでしょうか。
>
> A　限定承認をした相続人または相続財産清算人は、相続財産の中から公租公課、相続財産の管理費用（民法885条）、換価や弁済等に関する費用を優先して支払うことができます。
>
> 　その後、民法に定められた順序に従って、債権額が確定した相続債権者および受遺者に弁済をすることになります。弁済の順序は、まずは優先権を有する債権者（民法929条ただし書）、次に公告・催告期間内に申し出た一般債権者および知れている債権者（同条本文）、最後に受遺者（同法931条）です。

1　弁済の方法

　破産法の配当手続とは異なり、民法には、限定承認の手続における弁済方法について詳細な定めがおかれていない。もっとも、限定承認も債権者に対する公平な弁済を確保するための清算手続であることから、破産法上の規定を類推し、具体的な弁済方法を検討することが考えられる。

2　公租公課と相続財産の管理費用等の取扱い

　被相続人が支払うべき税金（国税・地方税）等が存在する場合には、他の債権に優先して相続財産から支払うことになる（国税徴収法8条、地方税法14条、破産法148条・151条・152条参照）。

206

そして、相続開始後の固定資産税、地震保険料や火災保険料といった相続財産の管理費用についても、「相続財産に関する費用」（民法885条）として相続財産の中から優先して支払うことができる。また、上記管理費用のほか、相続財産の換価や弁済、その他清算に関する費用についても、「破産財団の管理、換価及び配当に関する費用の請求権」を財団債権と定めた破産法の規定（同法148条1項2号）を類推して、同法上の財団債権と同様に、相続財産の中から優先的に支払うことができると考えられている（谷口知平＝久貴忠彦編『新版注釈民法(27)相続(2)〔補訂版〕』547頁、梶村太市ほか編『相続・遺言・遺産分割書式体系』338頁）。

　もっとも、破産管財人の報酬とは異なり、相続財産清算人の報酬は相続財産からの支払いが認められないし（**Q4-6**参照）、先買権の行使のために支出した鑑定人の選任および鑑定に要する費用は鑑定人選任を申し立てた限定承認者の負担となり、相続財産からの支払いが認められない（**Q4-16**参照）。

3　弁済の順序

　相続債権者および受遺者に対する弁済の順序については、民法に定められている。

　限定承認者は、①まずは優先権を有する債権者（民法929条ただし書）、②次に公告・催告期間内に申し出た相続債権者および知れている相続債権者（同条本文）、③最後に受遺者（同法931条）の順序で弁済をしなければならない。

第4章　限定承認の考え方と実務

Q4−20　弁済の順序②──相続財産が不足する場合の弁済

Q　相続債権者および受遺者に対する公告・催告期間（民法927条1項）が満了し、相続債権者や受遺者の債権額も確定しました。しかし、すべての債権を弁済するには、相続財産が不足しています。今後、どのようにして弁済を進めればよいのでしょうか。

A　申し出られた債権の中に優先権を有する債権者（民法929条ただし書）が存在する場合には、まずは、同債権者の有する優先権の内容に応じて、その目的物ないし価額の限度において弁済を行います。その後、残余の相続財産がある場合は、公告・催告期間内に申し出た一般債権者および知れている債権者（同条本文）、受遺者（同法931条）の順番に弁済をします。

　残余の相続財産が同順位のすべての債権を弁済するのに不足する場合は、債権額の割合に応じた配当弁済をします。

1　優先権を有する債権者

「優先権を有する債権者」（民法929条ただし書）とは、留置権（同法295条）、先取特権（同法303条）、質権（同法342条）、抵当権（同法369条）を有する債権者である。留置権は優先弁済的効力を備えているものではないが、留置的効力を行使することにより事実上の優先弁済を受けることができる。

優先権を有する債権者は、公告・催告期間終了後、同期間内に申し出た一般債権者および知れている債権者に先立って弁済を受ける権利を有するとともに（民法929条ただし書）、公告・催告期間満了前であっても弁済を請求することができる（名古屋地決昭和4・5・15新聞2992号5頁）。すなわち、限定承認をした相続人または相続財産清算人は、公告・催告期間満了前であって

208

も、優先権を有する債権者からの請求については拒むことができない（Q4
－14参照）。

2 優先権を有する債権者に対する弁済

優先権を有する債権者は、優先権の内容に応じて、その目的物ないし価額
の限度において弁済を受ける（民法929条ただし書）。優先権の目的物ないし
価額が優先権を有する債権者の債権額に不足する場合には、優先権を有する
債権者は、その不足額について他の相続債権者とともに、つまり第二順位の
債権者として、割合に応じた弁済を受けることになる（民法929条。谷口知平
＝久貴忠彦編『新版注釈民法(27)相続(2)〔補訂版〕』576頁、梶村太市ほか編『相続・
遺言・遺産分割書式体系』39頁）。

3 配当弁済の手順

優先権を有する債権者に弁済をした後、残余の相続財産がある場合には、
公告・催告期間内に申し出た一般債権者および知れている債権者（民法929
本文）、受遺者（同法931条）の順序で配当弁済を行う。民法には、配当手続
に関する詳細な定めがおかれていないことから、破産における配当手続を参
考に弁済を実施することが考えられる。

具体的には、弁済日を決定し、申し出られた債権の内容に基づいて、原則
として弁済日までの利息および遅延損害金を計算したうえ配当表を作成する。
残余の相続財産をもって同順位の債権者らに全額弁済することができない場
合には、債権額に応じた按分弁済をする（相続債権者につき民法929条、受遺
者につきQ4－22参照）。そして、弁済の対象となる相続債権者および受遺者
に対し、配当通知書（【書式22】参照）、配当通知書に対する回答書（【書式23】
参照）を郵送し、これに基づき配当弁済を実施することになる。

209

第4章　限定承認の考え方と実務

【書式22】　配当通知書

平成○年○月○日

（債権表番号○）

○　○　○　○　様

〒000-0000　○○県○○市○○町○丁目○番○号

被　相　続　人　○　○　○　○

上記相続財産管理人　○　○　○　○

TEL　000-0000-0000

配当実施のご通知

　被相続人○○○○（死亡日：平成○年○月○日，最後の住所：○○県○○市○○町○丁目○番○号）について，相続債権者及び受遺者の皆様に配当を行います。配当は，下記の要領に従って行う予定です。

記

1　債権の総額　　　　　　　　　　金○○円

2　配当の対象となる相続財産の金額　金○○円

3　○○○○様に対する配当額　　　　金○○円（配当率○％）

4　配当の要領

　　必要事項を記載した同封の「回答書」及び「印鑑証明書」1通を，下記の日までに下記の場所に郵送してください。平成○年○月○日（○）に上記配当額の振込みを行います。

①　書類提出期限　平成○年○月○日必着

②　書類提出先　〒000-0000　○○県○○市○○町○丁目○番○号　○○○○宛

以　上

210

【書式23】 配当通知書に対する回答書

被相続人亡○○○○相続財産清算人
○　○　○　○　殿

平成○年○月○日

住　所　○○県○○市○○町○丁目○番○号
氏　名　○　○　○　○　㊞

回　答　書

私は，配当通知書記載の金額について異存はありません。
ついては，下記「2」の方法による配当金の受領を希望します。

記

1　管理人の事務所に赴いて，銀行振出小切手で受領します。当日は，受領書
　を持参します。私の代わりに代理人が受領する場合は，受領権限を授与した
　書面（いずれも印鑑登録をした印章を押印して作成したもの），それに印鑑
　証明書を持参させます。

2　下記銀行口座に振込送金をお願いします。この回答書には印鑑登録をした
　印章を押印し，印鑑証明書を同封します。
　　　　　　　　送　金　先　○○銀行○○支店　普通預金
　　　　　　　　名　義　人　○○○○
　　　　　　　　口座番号　○○○○○○○

以　上

第4章　限定承認の考え方と実務

Q 4 −21　弁済の順序③──優先権を有する債権者と その要件

> Q　私は、被相続人の生前に抵当権の設定を受けていましたが、抵当権
> の設定登記はしていませんでした。抵当権の設定登記をしたのは被相
> 続人が亡くなってからです。相続人が限定承認の申述をしましたので、
> 「優先権を有する債権者」（民法929条ただし書）として、優先して弁済
> を受けたいのですが、それは可能でしょうか。
>
> 　私が、被相続人の生前に仮登記をしていた場合には、何も登記をし
> ていなかった場合と比べて、結論に違いは生じるのでしょうか。
>
> A　優先権を有する債権者は、他の相続債権者よりも優先的に弁済を受
> けることができます。しかし、優先弁済を受けるためには、相続開始
> 時までに対抗要件を備えていることが必要となります。よって、あな
> たが被相続人から抵当権の設定を受けていたとしても、被相続人の死
> 亡後に抵当権設定登記をしたのであれば、他の債権者があなたの優先
> 権を承認しない限り、優先弁済を受けることはできません。ただし、
> 被相続人の死亡前に仮登記がなされていた場合、相続開始後に仮登記
> に基づき本登記が設定されれば、あなたは優先弁済を受けることがで
> きます。

1　優先弁済を受けるための要件

　優先権を有する債権者が優先弁済を受けるためには、相続開始時までに対
抗要件を備えていることが必要である。相続開始時までに対抗要件を備えて
いない場合には、他の債権者が優先権を承認しない限り、優先弁済を受ける
ことができず、また、限定承認をした相続人に対し、対抗要件の具備を請求
することもできない。

212

この点につき、東京高判昭和48・6・28下民集24巻5～8号435頁は、「限定承認の効力は相続開始の時に遡るため、右時点において相続財産につき清算を行うべきこととなる結果、相続債権者は、相続財産について抵当権等の優先権を主張し得るためには、相続開始の時点において右優先権について第三者対抗要件をも具備していることを必要とするのである」。「相続開始後において抵当権につき仮登記がなされた場合においても、仮登記は後日なされる本登記の順位を保全する効力を有するにとどまるものであるから、仮に後日右仮登記に基く本登記がなされたとしても、右と同様に右抵当権をもつて他の相続債権者に対抗することはできない」。「被相続人が設定した抵当権の権利者が、相続開始後限定承認をした相続人に対して抵当権設定の登記手続の請求をしたとしても、相続人は、右請求に応ずれば民法第921条第1号の規定により単純承認をしたものとみなされるのであるから、限定承認が無効である等例外的場合を除き、かかる請求に応ずる義務はない」と判示している。

2　仮登記との関係

もっとも、当該優先権について相続開始前に本登記がなされていなかったとしても、被相続人の死亡前に仮登記がなされていた場合、仮登記に基づき本登記が設定されれば、債権者は優先権を取得することができる。この点について、最判昭和31・6・28民集10巻6号754頁は、被相続人所有の土地について所有権移転請求権保全の仮登記がなされた後に被相続人が死亡し、その相続人が限定承認の申述をした事案について、その後仮登記に基づき所有権移転登記がなされたときは、当該土地を取得した者はその所有権を相続債権者に対抗することができるとした。

また、相続人不存在により相続財産管理人（当時）が選任され、相続開始後に仮登記をした根抵当権者が相続財産法人に対して仮登記に基づく本登記手続請求訴訟を提起した事案について、最判平成11・1・21民集53巻1号128頁は、「相続人が存在しない場合には（限定承認がされた場合も同じ。）、相続

第4章　限定承認の考え方と実務

債権者は、被相続人からその生前に抵当権の設定を受けていたとしても、被相続人の死亡の時点において設定登記がされていなければ、他の相続債権者及び受遺者に対して抵当権に基づく優先権を対抗することができないし、被相続人の死亡後に設定登記がされたとしても、これによって優先権を取得することはない（被相続人の死亡前にされた抵当権設定の仮登記に基づいて被相続人の死亡後に本登記がされた場合を除く。）」。「相続財産の管理人は、すべての相続債権者及び受遺者のために法律に従って弁済を行うのであるから、弁済に際して、他の相続債権者及び受遺者に対して対抗することができない抵当権の優先権を承認することは許されない。そして、優先権の承認されない抵当権の設定登記がされると、そのことがその相続財産の換価（民法957条2項において準用する932条本文）をするのに障害となり、管理人による相続財産の清算に著しい支障を来たすことが明らかである。したがって、管理人は、被相続人から抵当権の設定を受けた者からの設定登記手続請求を拒絶することができるし、また、これを拒絶する義務を他の相続債権者及び受遺者に対して負うものというべきである」と判示している。

214

Q4-22 弁済の順序④──死因贈与を受けた者への弁済

> Q 父が亡くなり、父の相続財産について限定承認の申述をしたところ、公告・催告期間内に父との間で死因贈与を受ける契約をした方からの申出がありました。しかし、限定承認の手続における死因贈与の取扱いについては、民法に規定がありません。死因贈与を受けた方については、受遺者と同様に取り扱えばよいのでしょうか。
>
> A 死因贈与を受けた方に対しては、受遺者に対する弁済について定めた民法931条の規定に準じて取り扱うものと考えられています。よって、相続債権者に弁済をした後、残余の相続財産がある場合に弁済をすることになります。

1 受遺者の地位

受遺者は、弁済の順序について、相続債権者より劣後する地位におかれている（民法931条）。これは、相続債権者が相続開始前に対価的に債権を取得したのに対して、受遺者は相続開始後に被相続人の好意に基づき一方的に権利を取得するという両者の立場の違いによる。両者への弁済順序を同順位としたのでは、相続債権者の地位を不当に害することになり、また、多大な債務を負担している被相続人が、遺贈することによって相続債権者を詐害する可能性も生じるからである（谷口知平＝久貴忠彦編『新版注釈民法(27)相続(2)』582頁）。

2 死因贈与

死因贈与は契約であり、遺贈は単独行為である点で両者に違いはある。しかし、両者はともに無償行為であって、贈与者の死亡により権利変動の効力

が生じる点で共通しており、死因贈与には遺贈の規定が準用されている（民法554条）。相続債権者を害する可能性がある点においても、死因贈与と遺贈とを区別する理由はない（谷口知平＝久貴忠彦編『新版注釈民法(27)相続(2)〔補訂版〕』584頁）。

したがって、限定承認の清算手続においても、死因贈与と遺贈とを別異に取り扱うべき合理的理由はなく、受遺者について定めた民法931条の規定に従って、相続債権が弁済された後に弁済をすればよいと考えることが可能である（能見善久＝加藤新太郎編『論点体系判例民法(10)相続〔第2版〕』198頁）。この点に関連して、死因受贈者は被相続人の債権者に対する弁済がなされた後でなければ受贈を得られないとした判例が存在する（東京地決平成6・2・18判時1518号28頁）。

3 受遺者に対する弁済の留意点

複数の受遺者が存在する場合において、残余の相続財産をもってすべての受遺者に対する弁済が不足する場合の取扱いについては、相続債権者とは異なり（民法929条）、民法は明文規定をおいていない。しかし、民法929条を類推して、それぞれ遺贈額の割合に応じて残余財産の配当弁済を行うべきであるとするのが学説の多数である（谷口知平＝久貴忠彦編『新版注釈民法(27)相続(2)〔補訂版〕』585頁）。

また、受遺者の弁済期未到来の債権に対する取扱いについても、相続債権者とは異なり（民法930条）、民法に明文規定が存在しないが、このような場合についても、民法930条を類推適用すべきであると考えられている（谷口知平＝久貴忠彦編『新版注釈民法(27)相続(2)〔補訂版〕』585頁）。

4 限定承認者の責任

限定承認をした相続人が、民法921条1号に違反して、受遺者・受贈者に対し、登記名義の変更、物の引渡しなどをした場合には、当該相続人は相続債権者に対し、民法934条の損害賠償責任（**Q4－26**参照）のほか、法定単純

承認事由に該当するものとして民法937条の責任を負う（谷口知平＝久貴忠彦編『新版注釈民法(27)相続(2)〔補訂版〕』585頁）。

第4章　限定承認の考え方と実務

Q4-23　弁済の順序⑤——公告・催告期間内に請求の申出をしなかった相続債権者等

Q　公告・催告期間（民法927条1項）が満了した後に、相続債権者から債権の請求の申出がありました。このような債権者に対しては、どのような取扱いをすればよいのでしょうか。

A　公告・催告期間内に請求の申出をしなかった相続債権者に対しては、同期間内に請求の申出をした一般債権者および受遺者に弁済をした後に、残余の相続財産を上限として弁済をすれば足ります（民法935条）。

1　公告・催告期間内に請求の申出をしなかった相続債権者および受遺者で限定承認者に知れなかった者

　公告・催告期間内（民法927条1項）に請求の申出をしなかった相続債権者および受遺者で限定承認者に知れなかった者（同法935条）とは、①公告・催告期間満了後に請求を申し出た相続債権者および受遺者と、②公告・催告期間満了後に限定承認者により知れた相続債権者および受遺者のことである。また、公告・催告期間満了前に債権者であることは知れていても、その数額が不明確であった者の債権額が後に明らかになった場合や、公告・催告期間中に債権の一部についてだけ請求の申出をしたが同期間満了後に残余の債権額請求を申し出た者もこれに含まれるものと解されている（谷口知平＝久貴忠彦編『新版注釈民法(27)相続(2)〔補訂版〕』600頁）。

　このような相続債権者および受遺者は、限定承認の清算手続からは除外される。そして、清算手続終了後に残余の相続財産がある場合に限り、その権利を行使することが認められている。すなわち、限定承認の申述をした相続債権者または相続財産清算人は、残余の相続財産の限度で弁済をすれば足りる。

218

2 弁済の方法

このような相続債権者および受遺者に対する弁済の順序や方法について、民法は明文規定をおいていない。

まず、このような相続債権者と受遺者の双方が存在する場合には、受遺者に対する弁済（民法931条）の規定の趣旨を類推して、相続債権者は、受遺者に優先して弁済を受けられるものと考えられる。

また、同順位の相続債権者および受遺者が複数存在しており、複数の同順位の債権者の債権額が残余財産を超過していて一部支払不能となることが事前に明らかな場合については、公告・催告期間満了後の弁済（民法929条）および受遺者に対する弁済（民法931条）の規定の趣旨を類推して、配当弁済の方式をとるのが信義則上相当であると考えられている（谷口知平＝久貴忠彦編『新版注釈民法(27)相続(2)〔補訂版〕』601頁、松川正毅＝窪田充見編『新基本法コンメンタール相続』152頁）。

3 相続人の弁済義務

限定承認の申述をした相続人は、このような相続債権者および受遺者に対して、いつまで弁済をする義務を負うのかという問題がある（梶村太市ほか編『相続・遺言・遺産分割書式体系』42頁）。すなわち、相続人は、当該債権が時効により消滅するまで弁済義務を負うと考えるべきであるのか、受遺者に対する弁済（民法931条）が終了した時点において、このような相続債権者および受遺者の存在が判明していなかった場合には清算手続が終了して残余財産は相続人の所有となり、相続人の弁済義務はなくなると考えるべきであるのか、という問題である。

この点について民法に定めはなく、判例も見当たらない。学説においては、このような相続債権者および受遺者が相続人から弁済を受けるためには、残余財産が相続人の固有財産と混同して識別できなくなるまでか、あるいは限定承認者が残余財産の処分をするまでに請求の申出をしなければならないと

第4章　限定承認の考え方と実務

する見解もある（谷口知平＝久貴忠彦編『新版注釈民法⒄相続⑵〔補訂版〕』601頁）。

　このように、限定承認の申述をした相続人の弁済義務の終期についての取扱いは確立していない。よって、限定承認者としては、清算手続の終了後、残余の相続財産を相続人の固有財産と混同させる際には、残余の相続財産の内容や金額を証明できる資料を保管して、その後に判明した相続債権者や受遺者に対する弁済に備えておくことが重要である。

4　相殺権の行使

　公告・催告期間満了前に請求の申出をしなかった相続債権者の相殺権行使については、**Q4−26**を参照されたい。

Q 4 −24　相続債権者と相続財産①──限定承認の申述受理後の相殺

> Q　私たちは、亡くなった父の相続財産について限定承認の申述をしました。その後、相続債権者である銀行から、父が生前に締結した同銀行との保証契約に基づく連帯保証債務と、相続財産である父の定期預金払戻債権とが主債務者の期限の利益喪失によって相殺適状に至ったことを理由として、両債権を対当額で相殺する旨の相殺通知書が届きました。
>
> 　いくら相殺適状に至ったからといって、限定承認の申述が受理された後に相殺をされたのでは納得できません。他の相続債権者にとっても不公平だと思います。このような相殺は有効といえるのでしょうか。
>
> A　裁判実務においては、実質的公平の見地から相当でない場合を除き、対立する同種の債権債務が相殺適状に達した後は、たとえ限定承認の申述受理後であったとしても、相続債権者は有効に相殺することができると考えられています。したがって、お父さんの定期預金払戻債権に対する相殺は有効です。

1　相殺権の行使

　限定承認は、相続債権者に対する公平な弁済を確保するための清算手続である。それにもかかわらず、一般債権者の相続財産に対する相殺が認められるとなれば、当該相続債権者が相続財産から優先的に満足を得られることになるため、相殺の可否が問題となる。

　この点については、限定承認の申述受理後、銀行が被相続人の連帯保証債務と定期預金払戻債権の相殺を行ったことに対して、限定承認をした相続人が相殺の無効を主張し、相殺により消滅したとされる定期預金額の返還を求

221

第4章　限定承認の考え方と実務

めた事案がある。この事案に対して、東京地判平成9・7・25判時1635号119
頁は、「限定承認の受理後に、自己の負担する債務と相殺するために、限定
承認の申述受理後に反対債権を取得したなどの、実質的公平の見地から相当
でない場合（民法511条、破産法104条参照）を除き、対立する同種の債権債務
を有する相続債権者は、相殺適状に達しさえすれば、その時期が限定承認の
申述受理後であっても、自己の有する反対債権をもって、その負担する債務
を有効に相殺することができる」。「相続債権者の合理的期待ないし他の債権
者よりも有利な地位は、その後に限定承認がされたからといって、これを否
定すべきものではない」と判示した。つまり判例は、相殺と差押えとの関係
を判断した判例（最大判昭和45・6・24判時595号29頁）と同様に、相殺と限定
承認との関係についても相殺の担保的機能を重視し、実質的公平の見地から
相当でない場合を除いて相殺を認めている。

2　請求の申出をしなかった相続債権者

　公告・催告期間満了前に請求の申出をしなかった相続債権者（民法935条。
Q4−23参照）について、その有する債権債務が相殺適状にある場合には、
請求の申出をした相続債権者と同様に相殺権を行使することができるのだろ
うか。このような相続債権者および受遺者は、清算手続終了後に残余の相続
財産がある場合に限り、権利を行使することが認められる地位にあることか
ら問題となる。

　この点については、残余財産の限度においてのみ相殺権の行使が許される
とした判例がある（大判昭和6・4・7民集10巻369頁）。もっとも、学説におい
ては、前掲大判昭和6・4・7を支持する見解のほか、相殺権の行使を認めな
いと不公平な結果を招来するから全面的な相殺権の行使を認めるべきとする
見解も存在するようである（能見善久＝加藤新太郎編『論点体系判例民法(10)相
続〔第2版〕』205頁、谷口知平＝久貴忠彦編『新版注釈民法(27)相続(2)〔補訂版〕』
602頁）。

222

Q4－25 相続債権者と相続財産②──限定承認における清算手続と強制執行手続との関係

> Q 相続財産に対する強制執行手続は、限定承認による清算手続との関係では、どのように取り扱われるのでしょうか。
>
> A 相続債権者がその債権について債務名義を有する場合には、相続財産に対して強制執行手続を開始することができます。しかし、相続人が限定承認の申述をして、公告・催告期間中（民法927条1項）であることを証明する文書を提出した場合は、執行裁判所は、公告・催告期間が満了するまでは強制執行手続を停止します。しかし、公告・催告期間が満了した後は、限定承認をした相続人が請求異議訴訟等により強制執行停止の手続をとらない限り、強制執行手続は続行されることになります。

1 問題の所在

限定承認については、同じく清算手続である破産手続とは異なり（破産法42条）、相続財産に対して強制執行手続が行われた場合の処理について民法や民事執行法に定めがない。民法には、限定承認をした相続人が、公告・催告期間満了前は相続債権者および受遺者の請求を拒むことができ（同法928条）、公告・催告期間が満了した後は弁済義務を負うこと（同法929条）が定められているのみである。

相続財産に対する一般債権者の強制執行手続が認められた場合には、限定承認による清算手続において債権者間の公平な弁済を確保することが困難になるため、両者の関係が問題となる。

第4章　限定承認の考え方と実務

2　限定承認における清算手続と強制執行手続との関係

　この点について判例は、公告・催告期間満了前とは異なり（Q4−14参照）、公告・催告期間が満了した後は、債務者の相続人または相続財産清算人が限定承認のあったことを主張して請求異議訴訟等を提起し、これに基づき強制執行停止等の手続をとらない限り、強制執行手続を続行するのが相当であるという立場をとっている。

　まず、大阪高判昭和60・1・31家月38巻1号131頁は、競売手続の進行中に債務者が死亡し、その相続人が限定承認をした場合に、競売による売得金を担保権者に配当した後の剰余金を配当要求債権者に配当すべきか、相続人または相続財産管理人（当時）に交付して限定承認による清算手続に委ねるべきかについて争われた事案である。この点、大阪高等裁判所は、限定承認の申述が家庭裁判所に受理されたとしても、必ずしも申述が有効であると断定することはできず、執行裁判所が限定承認の有効性を判断することになれば、迅速を旨とする執行の実際に適合しないとして、「執行裁判所としては、執行当事者から右限定承認及び申述受理の事実を知らされたとしても、債務者の相続人ないしは相続財産管理人が限定承認のあったことを主張して請求異議訴訟等を提起し、これに基づき執行停止等の手続がとられない限りは、民事執行法87条に定める債権者に売却代金を配当すべきである」と判示した。

　東京地判平成3・6・28判時1414号84頁は、強制執行手続中に限定承認をした相続人が、強制執行手続に従って配当を受けた一般債権者に対して、その配当金のうち民法929条の規定による配当弁済を超過する部分の返還を求めた事案である。東京地方裁判所は、「相続債権者がその債権について確定判決その他の債務名義を有する場合には、相続財産に対し強制執行手続を開始できるが、相続人が限定承認し、しかも、民法第927条の申出期間中であることを証明する文書を提出したときは、執行機関は右申出期間満了に至るまでは執行手続を停止しなければならないが、右期間を経過した後は、限定承認者から請求異議訴訟等の提起に伴う執行手続の停止がない限り、強制執

224

行手続を続行してさしつかえない」。「限定承認による清算手続を実行するためには、民事執行手続の中で、その旨を主張して請求異議の訴え等を提起し、先行事件の執行停止の手続をとり、その間に、民法929条の定めに従い、相続財産と相続債務との割合に応じて減額された配当額を定め、これを請求異議訴訟等の訴訟に反映されるべきである」と判示した。結果として債務名義を有する一般債権者に配当がなされたとしても、法が限定承認の清算手続と強制執行手続の調整を図っていない以上は、やむを得ないと考えられている。

　また、東京高決平成7・10・30判タ920号246頁は、相続人不存在のため相続財産管理人（当時）が選任された後、相続財産管理人が相続財産に対して発せられた債権差押命令に執行抗告をした事案である。東京高等裁判所は、「公告期間満了前は、相続財産管理人は相続債権者及び受遺者に処して請求を拒むことができるから（957条2項、928条）、民事執行法39条1項8号を類推して、同期間満了に至るまで執行手続を停止すべきではあるが、同期間満了後は、債務名義を得ている一般債権者がその権利行使のために強制執行手続することについて、これを許されないものと解すべき根拠はなんらない」。「相続財産管理人は、かように一般債権者が個別に相続財産に対する強制執行によって権利の実現を図る場合においては、相続財産をもって債務を完済できないことが明らかになり、公平に弁済して清算すべき義務の履行が不可能になった場合には、直ちに破産申立をすることが要請されており（改正前破産法136条2項）、一般債権者の個別執行による偏頗な弁済の結果が生じるおそれのあるときは破産手続に委ねることを法が予定しているものと考えるのが相当である」とし、公告・催告期間満了後に債務名義を有する一般債権者が強制執行手続をすることは許されると判示した。

第4章　限定承認の考え方と実務

Q4－26　不当な弁済をした限定承認者または相続財産清算人の損害賠償責任

Q　私は、公告・催告期間満了前に、相続債権者に弁済しましたが、民法に定められた弁済順序とは違う方法で弁済してしまった結果、本来であれば弁済金を受領すべき債権者が弁済を受けられなくなってしまいました。このような場合、私がした弁済は無効になってしまうのでしょうか。また、私は何らかの法的責任を負わなければならないのでしょうか。

A　限定承認者（限定承認の申述をした相続人）または相続財産清算人が民法の規定に違反した弁済をした場合であっても、その弁済自体は有効です。したがって、あなたの弁済も有効です。しかし、その弁済によって相続債権者に損害が生じたのであれば、あなたはその損害について、限定承認の清算手続が完了しているかどうかにかかわらず、損害賠償責任を負わなければなりません（民法934条1項）。

1　民法934条の損害賠償責任

　限定承認の申述をした相続人または相続財産清算人が民法927条～931条に規定された義務を怠り、それらに違反した弁済をした場合であっても、その弁済は有効である（Q4－12、Q4－14参照）。

　しかし、それら弁済により他の相続債権者または受遺者に弁済できなくなった場合には、限定承認の申述をした相続人または相続財産清算人は損害賠償責任を負う（民法934条1項）。この場合の損害とは、本来弁済を受けるべきであった相続債権者または受贈者が、不当な弁済により弁済を受けられなくなった金額である。

2 損害賠償の請求権者

　限定承認の申述をした相続人または相続財産清算人に対して、民法934条に定める損害賠償請求権を行使できるのは、公告・催告期間内に申出をした相続債権者および受遺者と、限定承認者に知れている債権者および優先権を有する債権者に限定される。つまり、申出をしなかったために、限定承認の清算手続から除外された者は損害賠償請求権を有しない（谷口知平＝久貴忠彦編『新版注釈民法(27)相続(2)〔補訂版〕』596頁）。

　また、限定承認の申述をした相続人には、相続債権者等の存否を調査する義務はないため、限定承認の申述をした相続人が調査をしたならば知ることができたであろう相続債権者についても損害賠償請求権を有しないと考えられている（松川正毅＝窪田充見編『新基本法コンメンタール相続』150頁）。この点について、東京地判平成13・2・16判時1753号78頁は、「民法934条１項の損害賠償請求の根拠とされる民法927条２項が準用している民法79条３項が、個別に請求の申出を催告する対象を『知れたる債権者』としていることからすると、民法934条１項の損害賠償責任を負うのは、相続の限定承認に基づく清算手続の実施の時点（正確には限定承認の公告の際に定めた相続債権者及び受遺者による請求の申出の期間内）において、限定承認者が相続債権者あるいは受遺者であると認識していたにもかかわらず、あえて当該債権者等に対し個別の催告をせず、または、失念あるいは法律の規定の不知により個別の催告を怠ったような場合に限られると解すべきである」と判示している。なお、民法934条に定める損害賠償請求権には、不法行為による損害賠償請求権の時効規定が準用される（同条３項）。

3 損害賠償の請求時期

　民法927条～931条に違反した弁済が行われたことにより弁済を受けることができなかった相続債権者または受遺者は、限定承認の清算手続がいまだ完了していない場合であっても、限定承認の申述をした相続人または相続財産

第4章　限定承認の考え方と実務

管理人に対して民法934条に基づく損害賠償を請求することができる。この点について、最高裁判所は、「〔民法927条1項・936条3項の〕期間満了後は、所定の計算も完了し、各相続債権者に対する弁済額も確定してこれを弁済することができるし、またその義務もあることが法律上予定されているものというべきである。そうとすれば、一定の相続債権者に対し不当な弁済があったとしても、それによって他の相続債権者に対して弁済ができなくなった金額（これが、同法934条に基づく損害賠償額にほかならない。）は、右期間満了後の段階にあっては、おのずから計算可能のはずであって、清算手続が完了しない限りはその算定が不能であるというべきものでないことは明らかである」と判示して、限定承認の清算手続が完了していない以上、民法934条の規定に基づく損害の発生の有無およびその額を確定することはできないとした原審を破棄し、差し戻した（最判昭和61・3・20民集40巻2号450頁）。

228

第5章
相続放棄の考え方と実務

第5章　相続放棄の考え方と実務

Q5-1　相続放棄の意義と効果

Q　相続を放棄すると、どのような効果がありますか。

A　相続の放棄をした者は、その相続に関しては、初めから相続人とならなかったものとみなされます。そのため、仮に相続財産の中に多額の相続債務が含まれていたとしても、相続人は、それを返済する義務を一切負いません。

1　相続放棄の趣旨

民法939条は、「相続の放棄をした者は、その相続に関しては、初めから相続人とならなかったものとみなす」と規定する。

相続により、相続人は、消極財産を含む被相続人の有する一切の権利義務を承継することとなるが、相続財産が債務超過になっている場合等、被相続人の有する一切の権利義務を承継させることが相続人にとって酷となる場合もある。したがって、相続放棄の趣旨は、相続債務から相続人を解放することにある。

2　相続放棄の効果

相続人が相続放棄をする場合、家庭裁判所に対して申述書等を提出し、これを受理する旨の審判がされることで相続放棄の効力が生じる（民法938条、家事事件手続法39条・201条7項・別表1の95。Q1-5参照）。これにより、当該相続人は、「その相続に関しては、初めから相続人とならなかったものとみな」される（民法939条）。

相続放棄の効力は、絶対的で、何人に対しても登記等の対抗要件なくしてその効力を生じる（最判昭和42・1・20民集21巻1号16頁）。

3　相続放棄の効力についての後訴における主張

　相続人が、相続を放棄すると、さかのぼって相続開始時から相続人となら
なかったものとみなされる。相続債務に関する前訴判決の確定後、相続人が
相続を放棄した場合、その効果は、前訴判決の確定前にさかのぼって生じる
こととなり、確定判決の遮断効により、後訴においては主張することが困難
となりそうである。

　しかし、裁判例において、このような場合、当該相続人は、後訴において
その効力を主張することができるとされている（東京地判平成15・3・27判タ
1138号274頁、限定承認に関する事例であるが大判昭和15・2・3民集19巻110頁参
照）。

4　相続放棄の効果が強制執行手続に与える影響

　また、同様に、相続放棄には遡及効があることから、相続放棄により強制
執行手続には影響があるかが問題となる。

　この点について、被相続人の債権者が、被相続人に対する債権に基づいて
被相続人の財産に抵当権に基づく競売手続が開始された後に、被相続人が死
亡したため、相続人を仮差押債務者として仮差押決定を得たところ、同相続
人が相続放棄をした事案において、同債権者が、同仮差押えの登記を根拠と
して配当要求をしたのに対して、相続放棄の遡及効を理由として、配当要求
を却下した原審を覆し、「その配当要求の効力を否定されることはない」と
した裁判例がある（東京高決平成9・3・26東高民時報48巻1～12号21頁）。

　その根拠は、強制執行は、その開始後に債務者が死亡した場合においても、
続行することができるとされているため（民事執行法194条・41条1項）、相続
人として手続を引き継ぐ者が確定しないまま手続が進行する事態が生ずるこ
とは避けられないところ、被相続人の債権者に対して、誰を債務者と特定し
て申立てをするか苦慮しているうちに、配当要求の終期を徒過することによ
って配当にあずかる道が閉ざされてしまうという不利益を被らせるのは相当

第5章　相続放棄の考え方と実務

ではないということにある。

　この決定は、実体上配当にあずかる資格を有する被相続人の債権者が、相続人を債務者として仮差押えの手続をとってその登記を得たうえ配当要求をしたにもかかわらず、その相続人が相続放棄をしたことにより不利益を被らせることはできないことを示したものである。したがって、これとは異なり、相続放棄の遡及効が配当にあずかる実体上の資格自体を左右する場合には、この決定の射程外であり、相続放棄の遡及効が執行手続に影響を及ぼすこととなる。

Ｑ５－２　未成年者または成年被後見人等の相続放棄の申述①──相続放棄の方法

> Ｑ　私の離婚した夫が亡くなり、私と元夫との間の未成年の子どもＡ
> およびＢが、夫の遺産を相続することになりました。元夫には、多
> 額の借金がありましたので、相続を放棄しようと考えています。それ
> にあたって、何か注意するべき点はありますか。
> Ａ　未成年の子の相続放棄の申述は、法定代理人が行う必要があります。
> この場合、動機や目的が不当である場合には、代理権の濫用に該当す
> る可能性がありますので、注意が必要です（熟慮期間の起算点について
> はＱ２－８参照）。

1　未成年者または成年被後見人等の相続放棄の申述

　相続放棄の法的性質は、意思表示であり、相続放棄の申述を有効に行うた
めには、申述人が行為能力を備えていることが必要となる。

　したがって、相続人が未成年者または成年被後見人の場合には、法定代理
人（親権者または成年後見人）が相続放棄の申述を行う（民法４条・824条・
859条）ことが必要である。また、相続人が被保佐人の場合は、自ら相続放
棄の申述をすることができるが、保佐人の同意を要し（同法13条６号）、被補
助人の場合も、補助人に相続放棄に関する同意権が付与されている場合には、
自ら相続放棄の申述をすることができるが、補助人の同意を要する。

　なお、被相続人の子どもが胎児の場合に、出生する前に相続放棄をするこ
とができるかどうかについて、「胎児は、相続については、既に生まれたも
のとみなす」（民法886条１項）と規定されていることを理由に積極に解する
説も存在するが、実務は、消極説をとっているものとされている（法曹会決
議昭和36・2・20曹時13巻11号174頁）。

233

第5章　相続放棄の考え方と実務

2　法定代理人の代理権の濫用

　法定代理人が未成年者または成年被後見人等を代理して行った場合、その動機や目的が不当である場合には、代理権の濫用に該当する可能性があり、注意を要する。

　たとえば、本設問において、Bにだけ財産を相続させることを目的として、Aについてのみ相続放棄をする場合などは、代理権の濫用に該当し、無効とされる可能性がある（平成29年法律第44号による改正後債権法によれば、代理権の濫用は、無権代理として無効となるが、本人による追認が可能である。なお、本設問については、利益相反も問題となりうるが、この点は**Q5−3**参照）。

234

Q5－3　未成年者または成年被後見人等の相続放棄の申述②──法定代理人と相続人との利益相反

> Q　夫が亡くなり、私と未成年の子どもＡが、夫の遺産を相続することになりました。夫には、多額の借金がありましたので、相続を放棄しようと考えています。それにあたって、何か注意するべき点はありますか。
>
> A　あなたが相続を放棄せず、お子さんだけの相続を放棄する場合には、あなたとお子さんの利益が相反します。したがって、家庭裁判所に対して、特別代理人の選任を申し立てるか、あなたが、自ら相続の放棄をした後で、または、自らの相続の放棄と同時に、お子さんの相続放棄をする必要があります。

1　利益相反行為

　法定代理人（親権者または成年後見人）と未成年者または成年被後見人等が共同相続関係にある場合、当該法定代理人が未成年者または成年被後見人等に代わって相続放棄の意思表示をすることが利益相反行為に該当し、無権代理行為とされる可能性がある。

2　利益相反行為該当性の判断基準

　判例は、利益相反にあたるかどうかの判断基準について、「行為自体を外形的客観的に考察して判定すべき」であるとして、外形説（最判昭和42・4・18民集21巻3号671頁）をとっている。そして、未成年者または成年被後見人等とその法定代理人が共同相続関係にある場合、当該未成年者または成年被後見人等が相続を放棄すれば、当該法定代理人を含む他の相続人の相続分が

第5章　相続放棄の考え方と実務

増加する関係にあるから、法定代理人が未成年者または成年被後見人等に代わり相続を放棄することは、通常、利益相反行為に該当するというべきである。

　ただし、判例は、成年後見人が、自ら相続の放棄をした後で、または、自らの相続の放棄と同時に、成年被後見人の相続放棄をした場合には、利益相反行為にはならないとしている（最判昭和53・2・24民集32巻1号96頁）。

3　利益相反行為に該当しうる場合、どのように相続放棄を行うか

　未成年者または成年被後見人等と法定代理人が共同相続の関係にあり、法定代理人による相続放棄の申述が利益相反行為に該当する場合、未成年者または成年被後見人等のために相続放棄を行うには、次のような方法によることが必要である。

　まず、①成年被後見人等と利益相反関係にない成年後見監督人、保佐監督人または補助監督人が選任されている場合にはこれらの者が成年被後見人等を代表する（または、保佐人は保佐監督人、補助人は補助監督人の同意を得る）ことで相続放棄の申述を行うことができる（民法851条4号・876条の3第2項・876条の8第2項）。また、②これらの者が選任されていない場合には⑧未成年者および成年被後見人については特別代理人（同法826条・860条、家事事件手続法19条1項・別表1の12項。【書式24】参照）、⑤被保佐人については臨時保佐人（民法876条の2第3項、家事事件手続法39条・128条2項・別表1の25項。【書式25】参照）、⑥被補助人については臨時補助人（民法876条の7第3項、家事事件手続法39条・136条2項・別表1の44項。【書式26】参照）を選任し、同人らにより、相続放棄の申述を行うことができる。これらがなされないままなされた相続放棄は無権代理により行われたものとして無効となる（雨宮則夫ほか編『相続における承認・放棄の実務』272頁参照）。

236

Q5-3 未成年者または成年被後見人等の相続放棄の申述②——法定代理人と相続人との利益相反

【書式24】 相続放棄が利益相反行為に該当しうる場合の特別代理人選任の申立て

受付印	特別代理人選任申立書
	(この欄に未成年者1人について収入印紙800円分を貼る。)
貼用収入印紙　　　　円 予納郵便切手　　　　円	(貼った印紙に押印しないでください。)

準口頭	関連事件番号　平成○年（家○）第○号

○○家庭裁判所 平成○年○月○日	御中	申立人の 著名押印 または 記名押印	○　○　○　○　　㊞

添付書類	☐　未成年者の戸籍謄本（全部事項証明書） ☐　特別代理人候補者の住民票又は戸籍附票 ☐　利益相反に関する資料

<table>
<tr><td rowspan="4">申
立
人</td><td>本　　籍</td><td colspan="4">○○県○○市○○町○丁目○番地</td></tr>
<tr><td>住　　所</td><td colspan="4">〒000-0000　　　　　　　　電　話 000-000-0000
○○県○○市○○町○丁目○番○号</td></tr>
<tr><td>フリガナ
氏　　名</td><td colspan="4">○○　　○○　　○○　　○○
○　　　○　　　○　　　○
　　　　　　　　　　　　　　昭和○年○月○日生</td></tr>
<tr><td>職　　業</td><td colspan="4">○○○○</td></tr>
<tr><td rowspan="5">未
成
年
者</td><td>本　　籍
(国　籍)</td><td colspan="4">○○県○○市○○町○番地</td></tr>
<tr><td>住　　所</td><td colspan="4">〒000-0000　　　　　　　　電　話 000-000-0000
○○県○○市○○町○丁目○番○号</td></tr>
<tr><td>フリガナ
氏　　名</td><td>○○　○○ ○○
○　○　○　○</td><td>平成○年○月○日生
（○歳）</td><td>職業又は
在校名</td><td>○○○○</td></tr>
<tr><td>フリガナ
氏　　名</td><td>○○　○○ ○○
○　○　○　○</td><td>平成○年○月○日生
（○歳）</td><td>職業又は
在校名</td><td>○○○○</td></tr>
<tr><td>フリガナ
氏　　名</td><td>○○　○○ ○○
○　○　○　○</td><td>平成○年○月○日生
（○歳）</td><td>職業又は
在校名</td><td>○○○○</td></tr>
</table>

237

第5章　相続放棄の考え方と実務

申　立　て　の　趣　旨
未成年者の特別代理人を選任する審判を求める。

申　立　て　の　理　由	
利益相反する者	利益相反行為の内容
①　親権者と未成年者との間で利益相反する。 2　同一親権に服する他のこと未成年者との間で利益が相反する。 3　後見人と未成年者との間で利益が相反する。 4　その他	1　被相続人亡＿＿＿＿＿＿の遺産を分割するため ②　被相続人亡＿〇〇〇〇＿の遺産を放棄するため 3　＿＿＿＿＿＿＿＿＿の調停・審判をするため 4　未成年者の所有する物件に 　　□抵当権　□根抵当権　を設定するため 5　その他 <hr>（その詳細） 　申立人の夫，未成年者の父である被相続人亡〇〇〇〇の相続を放棄するため。

特別代理人候補者	住　　所	〒000-0000　　　　　　　電　話 000-000-0000 〇〇県〇〇市〇〇町〇丁目〇番〇号		
	フリガナ 氏　　名	〇〇　　〇〇　　〇〇　　〇〇		昭和〇年〇月〇日生
	職　　業	〇〇〇〇	未成年者 との関係	〇〇〇〇
	勤　務　先	〒000-0000　　　　　　　電　話 000-000-0000 〇〇県〇〇市〇〇町〇丁目〇番〇号		

Q5−3 未成年者または成年被後見人等の相続放棄の申述②──法定代理人と相続人との利益相反

【書式25】 相続放棄が利益相反行為に該当しうる場合の臨時保佐人選任の申立て

受付印		臨時保佐人選任申立書
		(この欄に収入印紙800円分を貼る。)
貼用収入印紙　　　円		
予納郵便切手　　　円		(貼った印紙に押印しないでください。)

準口頭	関連事件番号　平成○年（家○）第○号

○○家庭裁判所　　　　　御中　　平成○年○月○日	申立人の著名押印または記名押印	○　○　○　○　㊞

添付書類	□　被保佐人の戸籍謄本（全部事項証明書） □　臨時保佐人候補者の住民票又は戸籍附票 □　利益相反に関する資料

申立人	本　籍	○○県○○市○○町○丁目○番地	
	住　所	〒000-0000　　　　　　電　話 000-000-0000 ○○県○○市○○町○丁目○番○号	
	フリガナ 氏　名	○○　　○○　　○○　　○○ ○　　　○　　　○　　　○	昭和○年○月○日生
	職　業	○○○○	
被保佐人	本　籍	○○県○○市○○町○番地	
	住　所	〒000-0000　　　　　　電　話 000-000-0000 ○○県○○市○○町○丁目○番地	
	フリガナ 氏　名	○○　　○○　　○○　　○○ ○　　　○　　　○　　　○	昭和○年○月○日生
	職　業	○○○○	

第5章　相続放棄の考え方と実務

申　立　て　の　趣　旨
被保佐人の臨時保佐人を選任する審判を求める。

申　立　て　の　理　由	
利益相反する者	利益相反行為の内容
①　保佐人と被保佐人との間で利益相反する。 2　その他	1　被相続人亡＿＿＿＿＿＿＿の遺産を分割するため ②　被相続人亡＿＿○○○○＿＿の遺産を放棄するため 3　＿＿＿＿＿＿＿＿＿＿の調停・審判をするため 4　被保佐人の所有する物件に 　　□抵当権　□根抵当権　を設定するため 5　その他
	（その詳細） 　　申立人の夫，被保佐人の父である被相続人亡○○ ○○の相続を放棄するため。

臨時保佐人候補者	住　　所	〒000-0000　　　　　　　　　　電　話 000-000-0000 ○○県○○市○○町○丁目○番○号	
	フリガナ 氏　　名	○○　　○○　　○○　　○○	昭和○年○月○日生
	職　　業	○○○○	被保佐人 との関係　○○○○
	勤　務　先	〒000-0000　　　　　　　　　　電　話 000-000-0000 ○○県○○市○○町○丁目○番○号	

Q5-3　未成年者または成年被後見人等の相続放棄の申述②──法定代理人と相続人との利益相反

【書式26】　相続放棄が利益相反行為に該当しうる場合の臨時補助人選任の申立て

受付印	臨時補助人選任申立書
	（この欄に収入印紙800円分を貼る。）
貼用収入印紙　　　　円 予納郵便切手　　　　円	（貼った印紙に押印しないでください。）

準口頭	関連事件番号　平成○年（家○）第○号

○○家庭裁判所 　　　　　　　　　御中 平成○年○月○日	申立人の 著名押印 または 記名押印	○　○　○　○　　㊞

添付書類	□　被保佐人の戸籍謄本（全部事項証明書） □　臨時補助人候補者の住民票又は戸籍附票 □　利益相反に関する資料

申立人	本　　籍	○○県○○市○○町○丁目○番地	
	住　　所	〒000-0000　　　　　　　　　電　話　000-000-0000 ○○県○○市○○町○丁目○番地○号	
	フリガナ 氏　　名	○○　　○○　　○○　　○○ ○　　　○　　　○　　　○	昭和○年○月○日生
	職　　業	○○○○	
被補助人	本　　籍	○○県○○市○○町○番地	
	住　　所	〒000-0000　　　　　　　　　電　話　000-000-0000 ○○県○○市○○町○丁目○番地	
	フリガナ 氏　　名	○○　　○○　　○○　　○○ ○　　　○　　　○　　　○	昭和○年○月○日生
	職　　業	○○○○	

241

第5章　相続放棄の考え方と実務

申　立　て　の　趣　旨
被補助人の臨時補助人を選任する審判を求める。

申　立　て　の　理　由	
利益相反する者	利益相反行為の内容
①　補助人と被補助人との間で利益相反する。 2　その他	1　被相続人亡_____の遺産を分割するため ②　被相続人亡＿＿〇〇〇〇＿＿の遺産を放棄するため 3　_____の調停・審判をするため 4　被補助人の所有する物件に 　　□抵当権　□根抵当権　を設定するため 5　その他
	（その詳細）
	申立人の夫，被補助人の父である被相続人亡〇〇 〇〇の相続を放棄するため。

臨時補助人候補者	住　　　所	〒000-0000　　　　　　　　　　　電　話 000-000-0000 〇〇県〇〇市〇〇町〇丁目〇番〇号	
	フリガナ 氏　　　名	〇〇　　〇〇　　〇〇　　〇〇	昭和〇年〇月〇日生
	職　　　業	〇〇〇〇	被補助人 との関係　〇〇〇〇
	勤　務　先	〒000-0000　　　　　　　　　　　電　話 000-000-0000 〇〇県〇〇市〇〇町〇丁目〇番〇号	

Q5-4　相続放棄と相続資格の重複

> Q　私は、子のいない兄の養子となりましたが、先日、その兄が亡くな
> りました。兄には、借金があるようですので、相続放棄をしたいと考
> えていますが、どのような手続をする必要がありますか。
>
> A　相談者は、被相続人の兄弟姉妹（第三順位）かつ養子（第一順位）
> と、二つの資格で相続をすることになります。したがって、相続放棄
> の申述の際に、家庭裁判所に対して、それぞれの資格において相続放
> 棄をすることを明示するべきです。

1　相続資格の重複とは

相続資格の重複が生じうる場面は、次の①～④のとおりである。

①　被相続人の非嫡出子（第一順位）かつ養子（第一順位）　　被相続人が
非嫡出子Aを養子とした場合

②　被相続人の子の代襲相続人（第一順位）かつ養子（第一順位）　　被相
続人が孫を養子とした場合

③　被相続人の配偶者（第一順位）かつ兄弟姉妹（第三順位）　　被相続人
の配偶者が、被相続人の親の養子となっていた場合（なお、被相続人に
子がいる場合には、兄弟姉妹に相続分は認められないから（民法900条参照）、
相続資格の重複が問題となりうるのは、被相続人に子がいない場合のみであ
る）

④　被相続人の兄弟姉妹（第三順位）かつ養子（第一順位）　　被相続人の
兄弟姉妹が被相続人の養子となった場合（なお、子が存在する場合、兄弟
姉妹に相続分は認められないから、相続人が子としての相続資格で相続を放
棄した場合にのみ、兄弟姉妹の身分として相続資格を重複して取得するとい
うこととなる）

243

第5章　相続放棄の考え方と実務

この点、多くの学説は、二つの資格が両立し、相排斥しない場合には、相続資格の重複を認めている。

前記の各場面についてみると、①については、養子とするのは、嫡出子たる身分を取得することが目的とされているから、二つの資格は両立しないものとして相続資格の重複は認められない。②③については、それぞれ二つの資格は両立し、相排斥しないものとして、相続資格の重複が認められるとしている（松川正毅＝窪田充見編『新基本法コンメンタール相続』57頁参照）。また、④についても同様に、それぞれ二つの資格は両立し、相排斥しないものとして、相続資格の重複が認められるものといえよう。

2　相続放棄と相続資格の重複

前記の各場面について、それぞれの相続資格において相続を放棄することができるか否かについて、学説は、①～④を区別せずに、一つの資格でなされた放棄は当然に他の資格に及ぶとする説（中川善之助＝泉久雄『相続法〔第3版〕』400頁）、異順位の場合（④の場合）には、先順位の資格でなされた相続放棄の効果は後順位の資格でなす相続放棄に及ばないが、同順位の場合には、一つの資格でなされた相続放棄の効果がほかの資格に及ぶとする説（沼辺愛一「相続放棄と民法の一部改正」判タ167号65頁）、①～④を区別せずに、一つの資格でなされた相続放棄の効果は他の資格に及ばないとする説（我妻榮＝唄孝一編『判例コンメンタール(8)相続法』209頁）等に分かれている。

この問題について、家庭裁判所においては、相続放棄の申述書に申述人の資格がどのように記載されているか（申述書の相続人との「続柄」欄の記載）により決しており、重複した資格が記載され、両者が同順位であるときには、1件として（両方の資格について放棄するものとして）、両者が異順位のときには2件として（資格ごとに相続を放棄するものとして）取り扱われている（雨宮則夫ほか編『相続における承認・放棄の実務』278頁）。

したがって、本設問のように、異順位の相続資格に基づき、いずれの資格についても相続放棄をする場合には、家庭裁判所に対して、両方の資格につ

244

いて、相続放棄をする旨明示するべきである。

　他方、同順位の相続資格に基づき、一方の資格についてのみ相続を放棄し、他方の資格については放棄しない場合には、その旨も家庭裁判所に対して明示するべきである。

第5章　相続放棄の考え方と実務

Q5－5　相続放棄と債権者代位

Q　先日、父が死亡しました。父の遺産は一定程度ありますが、私は、
相続を放棄しようと考えています。しかし、私にお金を貸していた知
人が、私に父の遺産を相続して、遺産から借金を返してほしいと迫っ
ています。私がこれを拒否した場合、知人が裁判を起こすなどして、
無理やり相続させられることはありませんか。

A　相続人の債権者が、相続人を代位して、相続の放棄をすることがで
きるかという点が問題となりますが、相続の承認・放棄は行使上の一
身専属権であり、相続人の債権者が、相続人を代位して、相続の承認
や放棄をすることはできません。したがって、相談者が、意に反して
相続させられるということはありません。

1　相続放棄と債権者代位

　相続人が相続を放棄するか承認するかは、行使上の一身専属権であり（民
法423条ただし書）、その権利行使は、権利者の自由な意思決定に委ねられる
べきであるから、債権者が意思決定過程に介入するのは適当ではない。

　したがって、相続人の債権者や相続債権者が、相続人を代位して、相続の
承認や放棄をすることはできない。

2　遺留分減殺請求権の行使と債権者代位

　類似の問題として、相続人の債権者による遺留分減殺請求権の債権者代位
の可否について、判例は、「遺留分権利者が、これを第三者に譲渡するなど、
権利行使の確定的意思を有することを外部に表明したと認められる特段の事
情がある場合を除き、債権者代位の目的とすることができない」（最判平成
13・11・22民集55巻6号1033頁）としている。

246

その理由とするところは、特段の事情がある場合を除き、遺留分減殺請求権は、民法423条ただし書にいう「債務者の一身に専属する権利」にあたるというものである（同様の理由から、相続債権者が相続人を代位して遺留分減殺請求を行うことも否定されよう）。

相続の承認・放棄についても、遺留分減殺請求と同様、相続人の自立的決定に委ねられていることからすれば、同様に、原則として債権者代位をすることはできないものと解される。

3　債権者の財産保全方法

相続人の財産は十分にあるものの、相続財産が債務超過に陥っている場合に、相続人の債権者が自己の債権を保全しようとするときには、第二種財産分離（民法950条）により、相続財産と相続人の財産を分離することが可能である。また、相続債権者または受遺者の場合にも同様の制度（第一種財産分離。民法941条以下）がある（各財産分離制度については、**Q2−10**参照）。

第5章　相続放棄の考え方と実務

Q5-6　相続放棄と相続債権者等による詐害行為取消権の行使

> Q　私は、知人のＡにお金を貸していましたが、返済を受けることなくＡは死亡してしまいました。Ａには夫がいるのですが、相続を放棄したといって、私の借金を返してくれません。私が、債権者の立場から、Ａの夫が相続を放棄したのを取り消すことはできませんか。
>
> A　相続債権者が、相続人のした相続の放棄について詐害行為取消権を行使することができるかが問題となりますが、判例はこれを認めていません。

1　相続債権者による詐害行為取消権の行使

　判例は、相続債権者が相続人の相続放棄について詐害行為取消権を行使することはできないとしている（最判昭和49・9・20民集28巻6号1202頁）。

　その理由として、最高裁判所は、「相続の放棄のような身分行為については、民法424条の詐害行為取消権の対象とならない」。なぜなら、「取消権行使の対象となる行為は、積極的に債務者の財産を減少させる行為であることを要し、消極的にその増加を妨げるにすぎないものを包含しないものと解するところ、相続の放棄は、相続人の意思から言っても、また法律上の効果から言っても、これは既得財産を積極的に減少させる行為というよりはむしろ消極的にその増加を妨げる行為にすぎないとみるのが、妥当である。相続の放棄のような身分行為については、他人の意思によってこれを強制すべきでない。もし相続の放棄を詐害行為として取り消しうるものとすれば、相続人に対し相続の承認を強制することと同じ結果となり、その不当であることは明らかである」と判示した。

248

2 相続人の債権者による詐害行為取消権の行使

相続人の債権者についてみても、相続放棄により、本来引当てとするべき相続人の財産の額が減少するものではないから、それによって不当に相続人の債権者を害することにはならない。

また、相続人に対し、相続の放棄といった身分行為を強制するべきではないのは、相続債権者による場合であっても相続人の債権者による場合であっても異なるものではない。

よって、前記1の判例の理論は、相続人の債権者にも同様にあてはまるものといえよう。

したがって、相続債権者および相続人の債権者は、相続放棄について詐害行為取消権を行使することはできない。

第5章 相続放棄の考え方と実務

Q5-7 事実上の相続放棄

Q 先日、父が亡くなりました。私は、父の事業を承継する兄にすべて
の遺産を相続してほしいと思っていますが、相続を放棄する場合は、
家庭裁判所に行って手続をしなければならないと聞き、少し面倒だと
思っています。相続放棄をしなくとも、相続財産を放棄したのと同様
の効果を実現する方法はありますか。

A 相続放棄をしなくても、相続財産を放棄したのと同様の効果を実現
する方法としては、①遺産分割協議において、自己の取得分を「0」
とする旨の合意をする方法、②自己の相続分に相当する生前贈与を受
けたものとして特別受益証明書を作成する方法、③相続分を譲渡する
方法、④相続分を放棄する方法があります。ただし、相続放棄とは異
なり、相続債権者等の第三者に対抗することができない点に注意が必
要です。

1 事実上の相続放棄とは

　相続放棄をしなくとも、相続財産を放棄したのと同様の効果を実現する方
法として、①遺産分割協議において、自己の取得分を「0」とする旨の合意
をする方法、②自己の相続分に相当する生前贈与を受けたものとして特別受
益証明書を作成する方法、③相続分を譲渡する方法、④相続分を放棄する方
法がある。これらは、「事実上の相続放棄」と呼ばれ、主として、特定の相
続人に相続財産を集中させることを目的としてなされるものである。

　いずれも、熟慮期間内に家庭裁判所に申述することを要する相続放棄と比
較して、熟慮期間を徒過した場合であっても可能であること、家庭裁判所で
の手続を要しないことといった利点がある。

　その一方で、相続放棄は、登記がなくとも第三者に対抗することができる

250

のに対して（**Q5－1**、**Q6－1**参照）、事実上の相続放棄は、第三者に対抗することができず、事実上の相続放棄をした場合であっても、相続財産中の債務について、法定相続分に応じて承継することとなる点に注意が必要である。

各手続の詳細は、次のとおりである。

2　遺産分割協議における自己の取得分を「0」とする合意

(1)　遺産分割協議における自己の取得分を「0」とする合意とは

この方法は、遺産分割協議の際に、共同相続人の一部の者が、自己の取得分を「0」とすることを合意し、遺産分割協議を成立させるというものである（**【書式27】**参照）。

(2)　相続放棄との違い

この方法による場合、相続放棄と比べて、前記1で述べたとおりの差異がある。

また、相続放棄は、詐害行為取消しをすることができないとされているのに対し（最判昭和49・9・20民集28巻6号1202頁。**Q5－6**参照）、遺産分割協議について、判例は、「遺産分割協議は、相続の開始によって共同相続人の共有となった相続財産について、その全部又は一部を、各相続人の単独所有とし、又は新たな共有関係に移行させることによって、相続財産の帰属を確定させるものであり、その性質上、財産権を目的とする法律行為であるということができる」として、共同相続人の間で成立した遺産分割協議は、詐害行為取消権行使の対象となりうるとしている（最判平成11・6・11民集53巻5号898頁）。

したがって、相続分を「0」とする旨の遺産分割協議を行った場合には、同協議により、相続分を「0」とした相続人の債権者から、詐害行為として取り消される可能性がある点に注意が必要である。

251

第5章　相続放棄の考え方と実務

3　特別受益証明書の作成

(1)　特別受益証明書の作成とは

　自己の相続分を超える生前贈与または遺贈を受けた相続人は、具体的相続分が「0」となる結果、相続財産を取得しない。

　この場合、その余の相続を受ける相続人が、相続財産である不動産について、相続を原因とする所有権移転登記手続をとろうとするときに、自己の相続分を超える生前贈与または遺贈を受けた相続人から、「民法903条により、相続分がない旨の証明書」（「特別受益証明書」「相続分不存在証明書」などという。以下、「特別受益証明書」という）を取得し【書式28】参照）、これを、「相続を証する書面」（不動産登記法61条、不動産登記法施行令7条1項5号ロ）とすることで、遺産分割協議書等を作成していなくても、その余の相続人のみで手続を行うことができる。

　そして、実際には、自己の相続分を超える生前贈与または遺贈を受けていない場合であっても、相続放棄手続や遺産分割協議を経ず、簡単に、共同相続人の一人または数人に遺産を集中させることができる方法として、この特別受益証明書の作成が便宜上活用されてきた。

(2)　特別受益証明書の効力

　多数説は、特別受益証明書の内容が事実に反したものであっても、本人がそれを知ったうえで作成交付した場合には、相続分の譲渡・放棄、もしくは贈与契約があった、または遺産分割協議が成立していたと解している。

　また、裁判例では、相続分の贈与（大阪高判昭和53・7・20判タ371号94頁）や遺産分割協議の成立（東京高判昭和59・9・25家月37巻10号83頁）を認めたものが存在する。

(3)　相続放棄との違い

　しかし、前記1に述べたとおり、相続放棄の場合には、登記等の対抗要件がなくとも第三者に対抗することができるのに対し、この方法による場合、その効果を第三者に対抗することができず、相続財産中の債務について、法

252

定相続分に応じて承継することとなるほか、次の①②のような問題点も存在する。

① 特別受益証明書が偽造されるおそれがあること　なお、特別受益証明書が偽造された場合や、記載内容が事実に反し、本人の真意にも基づかない場合には、当該証明書は無効とされ、共同相続人間であらためて遺産分割をすることができるとされている（大阪高決昭和46・9・2家月24巻11号41頁、名古屋地判昭和50・11・11判時813号70頁）。

② 特別受益証明書を作成した相続人に対し、自己の相続分を超える生前贈与があったものとして、贈与税が発生する可能性があること

　したがって、後の紛争を防止するためには、安易に特別受益証明書を作成するのではなく、相続放棄の申述の手続をとったり、遺産分割協議書を作成したりするのが適切である。

4　相続分の譲渡

⑴　相続分の譲渡とは

　相続分の譲渡とは、相続人の一人が、他の相続人または第三者に、自己の相続分を、有償または無償で譲渡することをいう。

　事業承継のために特定の相続人に遺産を集中させたいとか、遺産分割に時間を要するため、早期に換価し金銭を取得したいなどの理由で行われることが多い。

　相続分の譲渡は、相続開始後、遺産分割協議終了前に行うことを要するが、その他法定の方式はなく、口頭または書面のいずれによってもできる。

⑵　相続分の一部譲渡の可否

　この点について、学説は、否定説と肯定説に分かれている。

　否定説の論拠は、相続分が細分化されて譲渡されることにより、相続関係が複雑化すること、および民法905条の相続分は遺産全体に対する包括的持分または法律上の地位であるため、その一部を分割して譲渡することができないという点にある（中川善之助＝泉久雄『相続法〔第3版〕』279頁）。

253

第5章　相続放棄の考え方と実務

　これに対して、肯定説は、包括的遺産全体の分量的一部の譲渡として、相続分の一部を譲渡することも許されるとしている（谷口知平＝久貴忠彦編『新版注釈民法(27)相続(2)〔補訂版〕』281頁）。

(3)　相続放棄との違い

　前記1で述べたとおりである。

(4)　相続分の譲渡の効果

　他の相続人に対して相続分が譲渡された場合には、当該相続人の相続分が変動するにすぎないが、第三者に対して譲渡された場合には、当該第三者が相続人と同じ地位に立ち、相続財産の管理や遺産分割協議に加わることとなる（譲受人には、遺産分割調停・審判等における当事者適格が認められる）。

　また、相続分を譲渡した相続人について、判例は、「共同相続人のうち自己の相続分の全部を譲渡した者は、積極財産と消極財産とを包括した遺産全体に対する割合的な持分を全て失うことになり、遺産分割審判の手続等において遺産に属する財産につきその分割を求めることはできないのであるから、その者との間で遺産分割の前提問題である当該財産の遺産帰属性を確定すべき必要性はない」として、固有必要的共同訴訟である「遺産確認の訴えの当事者適格を有しない」と判断した（最判平成26・2・14民集68巻2号113頁）。この判例からすれば、遺産分割調停・審判等における当事者適格についても、同様に失うことになるであろう。

　したがって、相続分を譲渡した相続人は、「相続分譲渡届出書」（【書式29】参照。家事審判法適用事件（平成24年12月31日までに申し立てられた事件）については「相続分譲渡及び脱退申出書」（【書式30】参照））および「相続分譲渡証書」（【書式31】参照）に、印鑑証明書を添付して、家庭裁判所に提出することが求められる。

　なお、共同相続人の一人が第三者にその相続分を譲渡した場合、1か月以内であれば、他の相続人は取戻権を行使することができる（民法905条2項）。

(5)　譲受人による相続債務の承継

　相続分とは、消極財産を含む相続財産全体に対する持分であるから、相続

分の譲渡があった場合、譲渡人および譲受人の間では、相続債務は、譲受人に移転することとなる。ただし、第三者との関係では、その効果を対抗することができず、譲渡人もまた、引き続き法定相続分に応じた債務を負担することとなる。

●相続分の譲渡が遺留分減殺請求の対象となる「贈与」に該当するか●

　最判平成30・10・19民集72巻5号900頁の事案の概要、判旨の概要は以下のとおりである。

〔事案の概要〕

　AおよびBは夫婦、XおよびYはその間の子どもである。平成20年12月、Bが死亡し、Aは、Yに対し、相続分を譲渡した（以下、「本件相続分譲渡」という）。平成22年8月、Aは、全財産をYに相続させる旨の遺言を作成し、同年12月、亡Bの遺産につき、遺産分割調停が成立した。その後、平成26年7月、Aが死亡した。

〔判旨の概要〕

　Xが、本件相続分譲渡によって遺留分を侵害されたとして、Yが亡Bの遺産分割調停によって取得した不動産の一部について、遺留分減殺を原因とする持分移転登記手続等を求めたところ、判例は「相続分の譲渡は、……当該相続分に財産的価値があるとはいえない場合を除き、譲渡人から譲受人に対し経済的利益を合意によって移転するものということができる」から、「共同相続人間においてされた無償による相続分の譲渡は、譲渡に係る相続分に含まれる積極財産及び消極財産の価額等を考慮して算定した当該相続分に財産的価値があるとはいえない場合を除き、上記譲渡をした者の相続において、民法903条1項に規定する『贈与』に当たる」と判断した。

第5章　相続放棄の考え方と実務

5　相続分の放棄

(1)　相続分の放棄とは

相続分の放棄とは、相続人の一人が、自己の相続分を放棄することをいう。

相続分の譲渡と相続分の放棄は、遺産分割協議に関心がない相続人が相続分を処分する場合に利用されるという意味で共通する。

しかし、当該相続人が、他の相続人らと疎遠であって、他の相続人との協議を望まない場合であるとか、他の相続人らの中から一人を選択して相続分を譲渡することに抵抗がある場合などには、相続分の放棄のほうが適しているといえよう。

相続分の放棄の場合も、相続分の譲渡と同様、相続開始後、遺産分割協議終了前に行うことを要するが、その他法定の方式はなく、口頭または書面のいずれによってもできる。

(2)　相続放棄との違い

前記1で述べたとおりである。

(3)　相続分の放棄の効果

相続分の放棄により、放棄者は、自己の相続分を失うことになる。

それでは、放棄された相続分は、他の共同相続人にどのように帰属するのか。この点については、①放棄者以外の共同相続人の相続分に応じて帰属するという見解、②放棄者は、相続開始当時から相続人ではなかったものとして、株分け的に帰属するという見解等に分かれる（相原佳子「相続分の譲渡・放棄」判タ1100号326頁）。

相続分を放棄した共同相続人は、原則として、相続分の譲渡と同様、遺産分割調停・審判等における当事者適格を失うことになるので（前記4⑷参照）、「相続分放棄届出書・相続分放棄証書」（【書式32】参照。家事審判法適用事件（平成24年12月31日までに申し立てられた事件）については、「相続分放棄及び脱退届・相続分放棄証書」（【書式33】参照））に、印鑑証明書を添付して、家庭裁判所に提出することが求められる。

256

Q5－7　事実上の相続放棄

【書式27】　自己の取得分を「0」とする遺産分割協議書

遺産分割協議書

　被相続人〇〇〇〇（平成〇年〇月〇日死亡，本籍地　〇〇県〇〇市〇〇町〇丁目〇番地。以下，「被相続人」という。）の相続人〇〇〇〇（昭和〇年〇月〇日生。以下，「妻〇〇」という。），相続人〇〇〇〇（昭和〇年〇月〇日生。以下，「長男〇〇」という。），相続人〇〇〇〇（昭和〇年〇月〇日生。以下，「長女〇〇」という。），相続人〇〇〇〇（昭和〇年〇月〇日生。以下，「二男〇〇」という。）は，被相続人の遺産を次のとおり分割することに合意した。

1　妻〇〇は，次の不動産を取得することとする。
　　土地　所在　〇〇県〇〇市〇〇町〇丁目
　　　　　地番　〇番
　　　　　地目　宅地
　　　　　地積　100.00m^2

2　二男〇〇は，次の不動産を取得することとする。
　　土地　所在　〇〇県〇〇市〇〇町〇丁目
　　　　　地番　〇番
　　　　　地目　宅地
　　　　　地積　55.00m^2

3　長男〇〇は，前項までに記載した財産以外の被相続人の有する財産全部を取得し，また，被相続人の一切の債務を承継負担する。

4　長男〇〇は，祖先の祭祀を主宰すべき者として，系譜，祭具及び墳墓の所有権を承継する。

5　相続人全員は，以上をもって，被相続人の遺産分割について一切解決したものとし，本遺産分割協議書に定めるほか，被相続人の遺産分割に関し，何らの債権債務のないことを相互に確認する。

257

第5章　相続放棄の考え方と実務

　上記のとおり協議が成立した証として，本書を作成し，相続人全員が署名捺印するものとする。

　平成○年○月○日

　　　　　　　　　　　　　　住　　所　○○県○○市○○町○丁目○番○号
　　　　　　　　　　　　　　相続人　○　○　○　○　㊞

　　　　　　　　　　　　　　住　　所　○○県○○市○○町○丁目○番○号
　　　　　　　　　　　　　　相続人　○　○　○　○　㊞

　　　　　　　　　　　　　　住　　所　○○県○○市○○町○丁目○番○号
　　　　　　　　　　　　　　相続人　○　○　○　○　㊞

　　　　　　　　　　　　　　住　　所　○○県○○市○○町○丁目○番○号
　　　　　　　　　　　　　　相続人　○　○　○　○　㊞

　　　　　　　　　　　　　　　　　　　　　　　　　　　　　以　　上

Q5-7　事実上の相続放棄

【書式28】　特別受益証明書

特別受益証明書

被相続人の氏名　○　　○　　○　　○
最後の本籍地　　○○県○○市○○町○丁目○番地
死亡年月日　　平成○年○月○日

　私は，被相続人の生前，相続分以上の財産の贈与を受けていますので，上記
被相続人の相続に関して，相続する相続分のないことを証明します。

平成○年○月○日

相　　　続　　　人
　　　（住所）○○県○○市○○町○丁目○番○号

　　　（署名）○　　○　　○　　○　　（実　印）

259

第5章　相続放棄の考え方と実務

【書式29】　相続分譲渡届出書

平成○年（家○）第○号
○○家庭裁判所遺産分割○係　御中

　申立人　○　○　○　○　外○名
　相手方　○　○　○　○　外○名

相続分譲渡届出書

　私は，自己の相続分を，○○○○に譲渡しましたので，別紙（【書式31】）の
とおり，相続分譲渡証書を添付のうえお届けします。

　□　つきましては，本手続の当事者ではなくなる裁判（排除決定）がなされ
　　　ても異議ありません。排除決定に対して不服を申し立てる権利（即時抗告
　　　権）も，あらかじめ放棄します。
　□　ただし，排除決定に対して不服を申し立てる権利は留保します。

平成○年○月○日

　　　　　住所　○○県○○市○○町○丁目○番○号

　　　　　氏名　○　○　○　○　（実　印）

260

Ｑ5－7　事実上の相続放棄

【書式30】　相続分譲渡及び脱退申出書（家事審判法適用事件）

平成○年（家○）第○号
○○家庭裁判所遺産分割○係　御中

　申立人　○　○　○　○　外○名
　相手方　○　○　○　○　外○名

相続分譲渡及び脱退申出書

　私は，自己の相続分を，○○○○に譲渡しましたので，本件手続から脱退したく，別紙（【書式31】）のとおり，相続分譲渡証書を添付のうえお届けします。

平成○年○月○日

　　　　住所　○○県○○市○○町○丁目○番○号

　　　　氏名　○　○　○　○　　実　印

261

第5章　相続放棄の考え方と実務

【書式31】　相続分譲渡証書

平成○年（家○）第○号

相続分譲渡証書

住　所　○○県○○市○○町○丁目○番○号

譲渡人　○　○　○　○（以下,「甲」という。）

住　所　○○県○○市○○町○丁目○番○号

譲渡人　○　○　○　○（以下,「乙」という。）

　甲は,乙に対し,本日,被相続人亡○○○○（本籍　○○県○○市○○町○丁目○番地）の相続について,甲の相続分全部を（　有償　・　無償　）譲渡し,乙はこれを譲り受けた。

平成○年○月○日

　　　　　　甲　○　○　○　○　　実　印

　　　　　　乙　○　○　○　○　㊞

262

Q5－7　事実上の相続放棄

【書式32】　相続分放棄届出書・相続分放棄証書

平成○年（家○）第○号
○○家庭裁判所遺産分割○係　御中

　申立人　○　○　○　○　外○名
　相手方　○　○　○　○　外○名

相続分放棄届出書

　私は，下記のとおり，自己の相続分を放棄しましたので，相続分放棄証書を
お届けします。

　□　つきましては，本手続の当事者ではなくなる裁判（排除決定）がなされ
　　ても異議ありません。排除決定に対して不服を申し立てる権利（即時抗告
　　権）も，あらかじめ放棄します。
　□　ただし，排除決定に対して不服を申し立てる権利は留保します。

相続分放棄証書

　私は，本日，上記事件の被相続人亡○○○○（本籍　　○○県○○市○○町○
丁目○番地）の相続について一切の遺産に関する私の相続分を全部放棄します。

　□　私の相続分は，他の相続人（相続分譲渡人を除く。）で，相続分に応じ
　　て取得してください。
　□　私の相続分は，同順位の他の相続人（相続分譲渡人を除く。）のみで，
　　私が初めから相続人とならなかった場合と同じように計算して取得してく
　　ださい。

平成○年○月○日

　　　　　住所　　○○県○○市○○町○丁目○番○号

第5章　相続放棄の考え方と実務

氏名　○　○　○　○　（実　印）

Q5−7　事実上の相続放棄

【書式33】　相続分放棄及び脱退届・相続分放棄証書（家事審判法適用事件）

平成○年（家○）第○号
○○家庭裁判所遺産分割○係　御中

　申立人　○　○　○　○　外○名
　相手方　○　○　○　○　外○名

相続分放棄及び脱退申出書

　私は，下記のとおり，自己の相続分を放棄しましたので，本件手続から脱退
したく，相続分放棄証書をお届けします。

相続分放棄証書

　私は，本日，上記事件の被相続人亡○○○○（本籍　○○県○○市○○町○
丁目○番地）の相続について一切の遺産に関する私の相続分を全部放棄します。

　□　私の相続分は，他の相続人（相続分譲渡人を除く。）で，相続分に応じ
　　て取得してください。
　□　私の相続分は，同順位の他の相続人（相続分譲渡人を除く。）のみで，
　　私が初めから相続人とならなかった場合と同じように計算して取得してく
　　ださい。

平成○年○月○日

　　　　　住所　○○県○○市○○町○丁目○番○号

　　　　　氏名　○　○　○　○　（実　印）

265

第 5 章　相続放棄の考え方と実務

Q 5 − 8　相続分の譲渡と対抗要件の要否

Q　私は、友人 A から、父の遺産に対する自身の相続分を無償で譲渡
されました。その 3 か月後、A の兄から、A は、兄に何の連絡もせ
ず、勝手に、私に相続分を譲渡したものだから、相続分の譲渡は無効
で、父親の遺産は一切渡さないと言われました。私は、これに応じな
いといけないのでしょうか。

A　相続分の譲渡を譲受人が主張するために、対抗要件が必要かという
点が問題となります。学説は分かれていますが、不要説が妥当であり、
裁判例にも不要としたものが存在します。したがって、相談者は、友
人から相続分を譲渡されたことを、対抗要件等なくして友人の兄に対
抗できます。

1　相続分の譲渡と対抗要件の要否

　本設問では、相続分の譲渡を、譲受人が他の相続人に主張するために、対
抗要件が必要かどうかという点が問題となる。

　この点に関して、相続分の譲渡は遺産中の個別的財産に関する移転ではな
いので、各種個別的権利の変動について定めてある対抗要件の諸規定とは無
関係であるとして、対抗要件なくして他の相続人に対抗できると判断した裁
判例がある（東京高決昭和28・9・24家月 5 巻11号35頁）。

2　学説の考え方

　他方で、相続分の譲渡と対抗要件の要否に関し、学説は分かれている。

　必要説は、民法905条において、共同相続人の一人が、第三者にその相続
分を譲渡した場合、他の相続人は、 1 か月以内であれば、取戻権を行使する
ことができるとされているところ、他の相続人は、相続分の譲渡の事実を知

266

らなければ、取戻権を行使することができないから、相続分の譲受人は、債権譲渡に関する民法467条に準じて、譲渡人から他の共同相続人に相続分を譲り受けた旨の通知がなければ、相続分の譲渡の事実を対抗することができないとする（中川善之助編『註釈相続法(上)』181頁）。

しかし、必要説が論拠とする民法905条の趣旨は、第三者の介入による紛争発生を予防し、遺産分割が円滑に行われるようにすること、および先祖伝来の財産が他人の手に渡ることを回避するべきだという家産・家制度的思考にあるとされているが、このような家産思想と関連する同条の立法趣旨に批判的な見解もあるところである。

また、取戻権の行使期間を1か月に区切った民法905条の趣旨は、相続分の譲渡の事実を信頼した第三者の取引の安全を図るところにあるところ、取消権を行使し、親族間のつながりを重視するべき状況であれば、当然相続分の譲渡状況に関しても気を配ってしかるべきであり、このような場合に、取戻権の行使を第三者の取引の安全に優先して保護する必要性は乏しい。

したがって、不必要説（谷口知平＝久貴忠彦編『新版注釈民法(27)相続(2)〔補訂版〕』281頁・282頁）が妥当である。そして、仮に相続分が二重に譲渡された場合には、対抗要件を問題とせず、先になされた譲渡が優先する（和歌山家審昭和56・9・30家月35巻2号167頁参照。この審判例では、相続分の譲渡が共同相続人間で有効になされた以上、そのほか他の相続人に二重に譲渡行為がなされても、後になされた相続分の譲渡行為は無効であると判断された）。

第 5 章　相続放棄の考え方と実務

Q5－9　相続分の譲渡後の他の相続人による相続放棄

Q　私は、離婚した元夫のＡから、亡くなったＡの父親の相続分を、慰謝料の代わりとして、譲渡されました。Ａの父親には、Ａの母親のほか、Ａを含む 3 人の子どもがおりますので、私が譲り受けた相続分は、 6 分の 1 でした。しかし、その後、Ａの母親が相続放棄したので、Ａが私に譲渡したＡの相続分は、 3 分の 1 になりました。Ａは、それを知ると、突然連絡してきて、母親の相続放棄により増加した相続分 6 分の 1 は、自分のものだと言いました。私が取得できる相続分は、 6 分の 1 に限られるのでしょうか。

A　学説は分かれますが、相続分譲渡後になされた他の相続人の相続放棄により、増加した相続分は、譲受人に帰属すると考えるのが妥当であり、相談者が取得できる相続分は、 3 分の 1 であると考えられます。

1　相続分の譲渡後の他の相続人による相続放棄

　相続分の譲渡後、他の相続人が相続を放棄した場合、それに伴って、他の相続人の相続分が増加することから、これによって増加した相続分は、譲渡人に帰属するのか譲受人に帰属するのかという問題がある。

2　学説・判例の考え方

　学説は、譲渡人取得説および譲受人取得説に分かれている。

　譲渡人取得説の論拠は、相続分の譲渡により相続人たる地位が移転するわけではなく、譲渡時における譲渡人の相続分についてのみ効力を生ずるにとどまるから、譲渡後に相続分が増加すれば、増加した相続分は、譲渡人が取得するものとする（中川善之助＝泉久雄『相続法〔第 3 版〕』280頁）。

268

Q5-9　相続分の譲渡後の他の相続人による相続放棄

　他方で、譲受人取得説は、相続分の譲渡により、譲受人が相続人たる地位を取得し、譲渡人は相続から離脱するから、譲渡後に相続分が増加すれば、増加した相続分は、譲受人が取得するとする（谷口知平＝久貴忠彦編『新版注釈民法(27)相続(2)〔補訂版〕』283頁）。

　この二つの説の結論を分けるのは、譲渡人が、相続分の譲渡により、相続人たる地位を失うか否かという点にある。この点について、判例は、自己の相続分の全部を譲渡した共同相続人について、「積極財産と消極財産とを包括した遺産全体に対する割合的な持分をすべて失う」ため、遺産分割審判の手続等において、遺産に属する財産につき、その分割を求めることはできないとした（最判平成26・2・14民集68巻2号113頁）。

　この判例の結論からすれば、譲受人取得説が妥当であるといえよう。

269

第5章　相続放棄の考え方と実務

Q5−10　相続放棄者の相続財産の保存義務

> Q　先日、私の父が死亡しましたが、私は、相続を放棄しました。その
> ため、父の妹である叔母が遺産を相続することとなったのですが、叔
> 母は遠方に住んでおり、すぐに遺産を引き渡すことができません。私
> が預かり保管していた父の遺産については、どうすればよいのでしょ
> うか。
>
> A　あなたが預かり保管していた遺産を叔母さんに引き渡すまでの間、
> あなたは、その遺産を自己の財産におけるのと同一の注意をもって保
> 存する必要があります。

1　相続放棄者による相続財産の管理

　相続の放棄をした者は、その放棄の時に相続財産に属する財産を現に占有
しているときは、相続人または相続財産清算人（民法952条1項）に対して当
該財産を引き渡すまでの間、自己の財産におけるのと同一の注意をもって、
その財産を保存する義務を負う（同法940条1項）。

　相続人が相続放棄をしたからといって、当該相続人が放棄の時に占有して
いる相続財産を滅失させ、または損傷する行為をしてしまうと、当該相続人
の相続放棄によって相続人となった者を含む他の相続人に損害を与える可能
性がある。

　そのような事態を防止するため、本条は相続放棄者に必要最小限の義務を
負わせている。

2　相続放棄者が保存すべき相続財産

　保存の対象となる相続財産は、「現に占有」している財産である（民法940
条1項）。

270

Q5−10 相続放棄者の相続財産の保存義務

「現に占有」とは、被相続人の占有を観念的に承継している場合を除く趣旨であり、相続放棄者は、管理に一切関与していない相続財産についてまで、本条の保存義務を負うものではない。

3 保存義務の終期

相続の放棄をした者が相続財産の保存義務を負うのは、相続人に対して当該財産を引き渡すまでの間である。

あるいは、相続人全員が相続放棄をした場合については、「相続人のあることが明らかでない」（民法951条。相続人不存在）ものとして相続財産は法人となり、利害関係人または検察官の請求により、家庭裁判所が相続財産清算人（同法952条、家事事件手続法39条・203条1号・別表1の99項）を選任することから、この場合に相続の放棄をした者が相続財産の保存義務を負うのは、相続財産清算人に対して当該財産を引き渡すまでの間である。

なお、「利害関係人」とは、相続財産の帰属について法律上の利害関係を有する者をいい（谷口知平＝久貴忠彦編『新版注釈民法(27)相続(2)〔補訂版〕』659頁）、相続放棄をした相続人もこれに含まれる。

4 保存義務の具体的内容

相続の放棄をした者の相続財産の保存義務の内容については、次の①～③のとおり、委任の規定が準用されている（民法940条2項）。

なお、民法940条1項の趣旨が、相続財産が毀損・滅失することにより他の相続人に損害が生じることを防止することにあることからすれば、委任の規定が準用されるにあたり、委任者の地位に立つのは、他の相続人であるものと解される。

①　相続財産の管理状況についての報告義務（民法940条2項・645条）を負う

②　相続財産を管理するうえで受け取った金銭その他の物や収受した果実を引き渡す義務（同法940条2項・646条1項）、相続人のために自己の名

第5章　相続放棄の考え方と実務

で取得した権利の移転義務（同法940条 2 項・646条 2 項）を負う

③　相続財産の管理に必要な費用を支出したときは、費用およびその利息の償還（同法940条 2 項・650条 1 項）、相続財産の管理に必要な債務を負担したときは、弁済や担保の提供（同法940条 2 項・650条 2 項）を請求できる

5　訴訟の承継等

相続人が相続を放棄した場合、当該相続人は初めから相続人とならなかったものとみなされるので、被相続人を当事者の一方とする相続財産に関する訴訟を承継することはない。

仮に相続人全員が相続放棄をした場合、訴訟を承継するべき相続人が存在しないこととなるので、当該訴訟の相手方は、①利害関係人として相続財産清算人の選任を得て（民法952条）、同人に訴訟を承継させるか、②法定代理人がない場合（民事訴訟法35条）として、特別代理人の選任を得て、訴訟を継続する必要がある。

なお、熟慮期間中は、訴訟手続を受け継ぐことができないとされている（民事訴訟法124条 3 項）。

6　相続財産の保存に必要な処分

なお、相続財産について、①相続人が存在するが、その相続人が保存行為をしない場合、②相続人のあることが明らかでないために、その物理的状態や経済的価値を維持することが困難である場合などにおいて、家庭裁判所は、利害関係人または検察官の請求により、いつでも相続財産の管理人の選任その他相続財産の保存に必要な処分を命じることができるとされている（民法897条の 2 第 1 項・2 項、家事事件手続法39条・201条・別表 1 の89項。**Q 2 －10【書式11】**、**Q 3 － 6** 参照）。

Q 5 −10　相続放棄者の相続財産の保存義務

　本設問（**Q 5 −10**）については、増刷（第 5 刷）にあたり、令和 3 年改正民法（令和 3 年法律第24号）による940条の改正内容に対応しています。また、第 4 刷まで収録していた「相続放棄者の空き家の管理義務」（**Q 5 −11**）については、本改正に伴い削除しました。

第6章
相続の承認・放棄の関連実務

第6章　相続の承認・放棄の関連実務

Q6－1　相続放棄と所有権移転登記申請

> Q　相続人の中に相続放棄をした者がいる相続を登記原因として、所有権の移転登記の申請手続をする場合、「相続放棄申述受理証明書」の代わりに「相続放棄申述受理通知書」や「相続放棄等の申述有無についての照会に対する家庭裁判所からの回答書」を、登記原因を証する情報として使用することはできますか。
>
> A　「相続放棄申述受理通知書」や「相続放棄等の申述有無についての照会に対する家庭裁判所からの回答書」の内容が、相続放棄申述受理証明書と同等の内容が記載されていると認められる場合には、登記原因を証する情報として、それらの書類を使用することができます。

1　相続放棄・限定承認の申述の有無の照会

　相続放棄・限定承認の申述が家庭裁判所に受理されたかどうかについては、家庭裁判所に、「相続放棄・限定承認の申述の受理の有無についての照会書」（【書式34】参照）、照会対象者を特定した「相続人目録」（【書式35】参照）および必要な資料等を添付して相続放棄・限定承認の申述の受理の有無の照会をすると、当該家庭裁判所から「相続放棄等の申述有無についての照会に対する家庭裁判所からの回答書」（【書式36】参照）が交付される。裁判所によっては、ウェブサイト上で照会の方法や書式が公開されているので参照されたい。

2　相続放棄申述受理証明書

　相続放棄の申述が家庭裁判所に受理されても、「相続放棄申述受理証明書」は交付されない。したがって、「相続放棄申述受理証明書」を取得したい場合には、裁判所に交付申請をする必要がある（【書式37】参照）。

276

「相続放棄申述受理証明書」（【書式38】参照）とは、相続放棄申述事件を受理したことを家庭裁判所が証明するものであり（家事事件手続法47条1項）、当事者または利害関係を疎明した第三者（共同相続人、後順位相続人、相続債権者など）が、申述を受理した裁判所に対して申請することができる。申請費用は1通あたり150円である。

3　登記原因を証する情報についての取扱い

相続人の中に相続放棄をした者がいる相続を登記原因として所有権移転登記の申請手続をする場合、従来の登記実務では、登記原因を証する情報として「相続放棄申述受理証明書」を使用しなければならず、「相続放棄申述受理通知書」（Q1－5【書式7】参照）や「相続放棄等の申述有無についての照会に対する家庭裁判所からの回答書」は使用することができないと取り扱われていた。

しかし、震災復興事業に基づく用地取得の所有権移転登記の嘱託に関する平成26年4月24日付け法務省民二第265号法務省民事局民事第二課長依命通知を踏まえて、相続を原因とする所有権移転登記の申請についても取扱いが変更され、「相続放棄申述受理証明書」に代えて、「相続放棄申述受理通知書」や「相続放棄等の申述有無についての照会に対する家庭裁判所からの回答書」を使用することが認められるようになった（登記研究808号147頁）。

第6章 相続の承認・放棄の関連実務

【書式34】 相続放棄・限定承認の申述の有無についての照会書

<table>
<tr><td colspan="3" align="center">相続放棄・限定承認の申述の受理の有無についての照会書</td></tr>
<tr><td rowspan="3">受付印</td><td colspan="2" align="right">平成○年○月○日</td></tr>
<tr><td colspan="2" align="right">○○家庭裁判所 （○○支部） 御中</td></tr>
<tr><td align="center">照

会

者</td><td>住所 〒000-0000

氏名 ○ ○ ○ ○ ㊞</td></tr>
<tr><td>添付切手　　　円

収入印紙　不　要</td><td colspan="2">電話番号 000-000-0000

担当者 ○ ○ ○ ○</td></tr>
<tr><td align="center">添 付 書 類

（番号に○を付したもの）</td><td colspan="2">① 照会者の身分証明書（運転免許証，パスポート等）のコピー（個人の場合）
2 照会者の資格証明書類（法人登記事項証明書等）のコピー（法人等の場合）
3 委任状（代理人弁護士の場合）※弁護士以外は代理人になれません。
4 被相続人死亡記載のある住民票の除票（本籍記載のもの）のコピー
　（※ 住民票の除票に代えて戸籍附票及び除籍謄本のコピーでも可）
5 利害関係疎明資料（全てコピーで可）　　　　　　　　　　　　（　　　　）
　・相続人の場合（相続人であることを確認できる戸籍謄本等）
　・債権者等の場合（契約書，印鑑登録証明書，不動産登記事項証明書，判決書等）
6 返信用封筒（郵便切手貼付，宛先・宛名記入済みのもの）
7 同一被相続人の過去の照会に対する回答書のコピー
8 その他（　　　　　　　　　　　　　　　　　　　　　）</td></tr>
<tr><td rowspan="2" align="center">被
相
続
人
の
表
示</td><td>最後の住所</td><td>○○県○○市○○町○丁目○番○号</td></tr>
<tr><td>ふりがな
氏　名</td><td>○○　　○○　　○○
○　　○　　○　　○　　死亡日　平成○年○月○日</td></tr>
<tr><td colspan="2">照会対象者の表示</td><td>別紙相続人目録記載のとおり</td></tr>
<tr><td colspan="2" align="center">照 会 の 趣 旨</td><td>上記被相続人の相続に関し，別紙相続人目録記載の照会対象者について，
　☑ 被相続人の死亡日
　□ 先順位者の放棄が受理された日（平成　　　年　　　月　　　日）
を基準日として，貴庁において相続放棄又は限定承認の申述が受理されたかどうかを回答してください。</td></tr>
<tr><td colspan="2" align="center">照
会
を
求
め
る
理
由</td><td>【照会者の有する利害関係】
☑ 相続人　　□ 債権者　　□ その他（　　　　　　　　　　　　　　）
【照会の必要性】
□ 不動産競売手続に必要なため　　　☑ 相続放棄申述受理証明書を申請するため
□ 訴訟を提起するため　　　　　　　□ 相続財産清算人選任申立をするため
□ 先順位者等の相続放棄申述受理の有無を確認するため
□ 裁判所に提出するため
　（提出理由：　　　　　　　　　　　　　　　　　　　　　　　　　　　）
□ その他</td></tr>
</table>

278

Q6−1　相続放棄と所有権移転登記申請

【書式35】　相続人目録

相 続 人 目 録

被相続人氏名	○　○　○　○	

照会対象者の氏名	申述の受理の有無	有の場合の事件番号等
1　○　○　○　○	□ 有 □ 無	平成　　年(家)第　　　　号 平成　　年　　月　　　日受理 □ 限定承認　□ 相続財産清算人
2	□ 有 □ 無	平成　　年(家)第　　　　号 平成　　年　　月　　　日受理 □ 限定承認　□ 相続財産清算人
3	□ 有 □ 無	平成　　年(家)第　　　　号 平成　　年　　月　　　日受理 □ 限定承認　□ 相続財産清算人
4	□ 有 □ 無	平成　　年(家)第　　　　号 平成　　年　　月　　　日受理 □ 限定承認　□ 相続財産清算人
5	□ 有 □ 無	平成　　年(家)第　　　　号 平成　　年　　月　　　日受理 □ 限定承認　□ 相続財産清算人
6	□ 有 □ 無	平成　　年(家)第　　　　号 平成　　年　　月　　　日受理 □ 限定承認　□ 相続財産清算人
7	□ 有 □ 無	平成　　年(家)第　　　　号 平成　　年　　月　　　日受理 □ 限定承認　□ 相続財産清算人

（裁判所使用欄）
備考

※記入上の注意について
1　太線枠内に記入してください。
2　記入された文字情報についてのみ調査しますので，各項目は必ず戸籍の記載どおり正確に記入してください。

※回答事項について
1　□に✓を付したものが該当事項です。
2　「□限定承認」に✓のないものは，相続放棄申述受理事件です。
3　限定承認申述受理事件の場合には，「□相続財産清算人」に✓のある方が相続財産清算人です。

第6章　相続の承認・放棄の関連実務

【書式36】　相続放棄等の申述有無についての照会に対する家庭裁判所からの回答書

平成〇年〇月〇日

〇　〇　〇　〇　殿

〇〇家庭裁判所

裁判所書記官　〇　〇　〇　〇

回　答　書

被相続人　　別紙目録記載のとおり

相　続　人　　別紙目録記載照会対象者のとおり

調査期間　　平成〇年〇月〇日から

　　　　　　平成〇年〇月〇日までの間

相続の放棄又は限定承認の申述の有無

　詳細は，別紙目録記載のとおり

被相続人等目録

被　相　続　人	
本　　　籍	〇〇県〇〇市〇〇町〇丁目〇番地
最後の住所 （住民票上の住所）	〇〇県〇〇市〇〇町〇丁目〇番〇号
ふりがな 氏　　　名	〇〇　〇〇　〇〇　〇
死亡年月日	平成〇年〇月〇日

（調査対象期間　平成〇年〇月〇日から平成〇年〇月〇日）

Q6-1 相続放棄と所有権移転登記申請

照会対象者の表示					
1	ふりがな 氏　名	○○ ○	○○ ○	○○ ○	○○ ○
		□相続放棄の申述受理　□当庁に該当なし □			
		事件番号	平成○年（家○）第○号		
			平成○年○月○日受理		
2	ふりがな 氏　名	○○ ○	○○ ○	○○ ○	○○ ○
		□相続放棄の申述受理　□当庁に該当なし □			
		事件番号	平成○年（家○）第○号		
			平成○年○月○日受理		
3	ふりがな 氏　名	○○ ○	○○ ○	○○ ○	○○ ○
		□相続放棄の申述受理　□当庁に該当なし □			
		事件番号	平成○年（家○）第○号		
			平成○年○月○日受理		

第6章　相続の承認・放棄の関連実務

【書式37】　相続放棄申述受理証明書交付申請書

家庭裁判所　　　　　　　　　　御中				
平成○年（家○）第○号事件				
家事審判官・裁判官	添付の郵便切手等	受付印		
許	郵便切手　　　円			
否	印紙　　　　　円			

申　　請　　書	（収入印紙貼付欄）
下記書類を， ① 交付してください。 ② 　　　　　　に送達してください。 　平成○年○月○日 （住所　　○○県○○市○○町○丁目○番○号　　　　　　　　　） 氏名　○　○　○　○　　　　　㊞　（電話番号　000-000-0000　　　）	

1	審判書　正本・謄本	○通	6　送達証明書	○通
2	審判確定証明書	○通	7　調停調書 正本・謄本・省略謄本	○通
3	相続放棄申述受理証明書	○通	8　調停不成立証明書	○通
4	遺言書検認済証明書	○通	9	通
5	事件係属証明書	○通	10	通

請　　　　　書 　上記書類を受け取りました。 　　　　平成○年○月○日 　　　　　　　　　氏名　　○　○　○　○　　　　　㊞
上記書類を平成　　年　　月　　日通常郵便で送付した。 　　　　　　　　　裁判所書記官

282

Q6-1 相続放棄と所有権移転登記申請

【書式38】 相続放棄申述受理証明書

相続放棄申述受理証明書

事 件 番 号　　平成○年（家○）第○号

申 述 人 氏 名　　○　○　○　○

被 相 続 人 氏 名　　○　○　○　○
本　　　　　籍　　○○県○○市○○町○丁目○番地
最 後 の 住 所　　○○県○○市○○町○丁目○番○号
死 亡 年 月 日　　平成○年○月○日

申述を受理した日　　平成○年○月○日

　上記のとおり証明する。

　　　　　平成○年○月○日
　　　　　　　　○○家庭裁判所
　　　　　　　　裁判所書記官　○　○　○　○

283

第6章　相続の承認・放棄の関連実務

Q6－2　相続の承認・放棄に関する税務①──相続税、所得税、譲渡所得税、不動産取得税

> Q　単純承認、限定承認、相続放棄それぞれの場合に、どのような税金がかかりますか。比較しながら教えてください。
>
> A　相続放棄の場合は、税金がかかりません。
>
> 　単純承認の場合は、相続税のほかに、死亡した年度の被相続人の所得に対し所得税がかかります。被相続人の納税義務は、相続人が承継するからです（国税通則法5条1項）。相続税については相続開始を知った日（通常は被相続人の死亡の日）の翌日から10か月以内に申告および納付が求められ（相続税法27条1項・33条）、所得税については相続開始を知った日の翌日から4か月経過の日の前日までに申告をしなければいけません（準確定申告。所得税法124条1項・125条1項）。
>
> 　限定承認の場合は、単純承認の場合にかかる税金（相続税等）に加え、みなし譲渡による所得税がかかります（所得税法59条1項1号）。みなし譲渡による所得税の申告は、他の所得といっしょに準確定申告で行います。限定承認の選択にあたっては、特に、みなし譲渡による所得税に注意しなければいけません。

1　相続税

(1)　相続税とは

相続税とは、人の死亡を原因とする財産の移転（相続）に着目して課税される税金である。

(2)　相続税の基礎控除額

単純承認でも限定承認でも、相続財産価額が、相続債務、基礎控除額等を上回るときは、相続税課税が発生する。

284

Q6－2　相続の承認・放棄に関する税務①——相続税、所得税、譲渡所得税、不動産取得税

	単純承認	限定承認	相続放棄
相続税	○	○	×
所得税 （死亡した年度の被相続人の所得）	○	○	×
譲渡所得税	× （課税繰延）	○ （みなし譲渡所得課税）	×
不動産取得税	×	○ （先買権行使により法定相続分を超える持分を取得した場合）	×

　平成25年度税制改正により、平成27年1月1日以降に相続開始となる場合の基礎控除額は、〔3000万円＋（600万円×法定相続人の数）〕である。ここにいう「法定相続人の数」は、相続人のうち、相続放棄をした者があっても、その放棄がなかったものとした場合の相続人の数である（相続税法15条2項、相続税法基本通達15-2）。

　なお、限定承認においてみなし譲渡所得課税が発生する場合、これは被相続人の債務となり、相続税の債務控除の対象となる。

2　所得税（準確定申告）

(1)　所得税とは

　所得税とは、毎年1月1日から12月31日までの1年間に生じた所得に対し課税される税金である。

(2)　確定申告・準確定申告とは

　確定申告とは、所得税の額を計算し、翌年の2月16日から3月15日までの間に申告をすることであり、準確定申告とは、確定申告年度の中途で確定申告をすべき人が死亡した場合に、相続人が、1月1日から死亡した日までに確定した所得税の額を計算し、相続の開始があったことを知った日の翌日か

285

ら4か月以内に申告をすることである。

(3) 所得税の準確定申告

単純承認でも限定承認でも、死亡した年度の被相続人の所得について、所得税課税が行われる。

相続人は、その年の1月1日から死亡した日までに確定した所得税の額を計算し、相続の開始があったことを知った日の翌日から4か月以内に準確定申告をしなければならない（所得税法124条・125条）。

3 譲渡所得税

(1) 譲渡所得とは

譲渡所得とは、資産を譲渡することによって生ずる所得であり、ここにいう「所得」とは、所有資産の値上がり益であって、譲渡所得に対する課税は、資産が譲渡によって所有者の手を離れるのを機会に、その所有期間中の値上がり益を清算して課税しようとするものである。

(2) 課税繰延とは

課税繰延とは、資産移転の時には課税しないが、資産移転を受けた人がその資産を譲渡する時に前所有者の所有期間の値上がり益まで含めて譲渡所得を課税することであり、単純承認に適用される（所得税法60条1項1号）。

(3) みなし譲渡所得課税とは

みなし譲渡所得課税とは、資産移転の時に時価で譲渡したとみなして譲渡所得を課税することであり、限定承認に適用される（所得税法59条1項1号）。

(4) 単純承認と限定承認の課税の違い

前述のとおり、相続人が限定承認をした場合は、「相続が開始した時」に、「時価」で、資産の譲渡がなされたものとして、資産の値上がり益に対してみなし譲渡所得課税が行われる。これに対して、相続人が単純承認をした場合は、課税繰延となるので、相続時に譲渡所得課税は行われず、相続人が後に不動産を売却等した時に、被相続人の所有期間の値上がり益まで含めて譲渡所得課税が行われる。

限定承認の場合にみなし譲渡所得課税を採用しているのは、相続人の利益を守るためである。

仮に限定承認の場合にも単純承認の場合と同様に課税繰延を採用するとどのような事態になるであろうか。相続人は被相続人の所有期間の値上がり益に対する課税までも負担することになってしまうが、相続財産が相続債務の支払いにあてられ失われていたようなときには、相続人は相続人の固有財産から被相続人の所有期間の値上がり益に対する課税を納付せざるを得なくなる。このような事態は相続財産の限度でしか責任を負わないという限定承認制度の趣旨からみて不合理である。

そこで、このような不合理な事態を防ぐために、限定承認の場合にはみなし譲渡所得課税を採用しているわけである。

被相続人から相続人に時価で譲渡されたものとみなして被相続人に対し譲渡所得課税を行えば、相続人が相続する資産の取得価額は時価相当額まで引き上げられる。被相続人の所有期間の値上がり益について相続人の下で譲渡所得は発生しないことになる。

そして、被相続人によって譲渡されたものとみなされて被相続人に対する譲渡所得課税は、被相続人の債務として、限定承認の手続の中で他の債務といっしょに清算されることになる。仮に相続した資産の換価代金をもっても弁済しきれない債務（譲渡所得税）が残ったとしても、それは限定承認の手続によって切り捨てられることになり、相続人が負担することはない。

以上のとおり、限定承認の場合にみなし譲渡所得課税が行われるメリットについて述べてきたが、課税時期が早まること、値上がり益が多い資産が含まれている場合の税負担等、相続人にデメリットがありうることも指摘しておかねばならない。特に相続財産の中に値上がり益が多い資産が含まれるときには、限定承認の選択において慎重な判断が求められることを念のため付言しておく。

⑸ 譲渡所得税の準確定申告

限定承認を選択し、みなし譲渡所得が発生する場合、被相続人に対する譲

第6章　相続の承認・放棄の関連実務

渡所得課税があり、これが相続人に対する相続債務として承継され、相続人は、相続の開始があったことを知った日の翌日から4か月以内に準確定申告を行わなければならない。

4　不動産取得税

⑴　不動産取得税とは

不動産取得税とは、不動産（土地・家屋）を取得したときに課税される税金である。

⑵　限定承認において先買権の行使により法定相続分を超える持分の移転があった場合

相続による不動産取得には、不動産取得税は課税されない（地方税法73条の7）。ただし、限定承認において、先買権の行使により法定相続分を超える持分の移転があった場合、これは相続後の新たな権利移転と評価しうるものであり、法定相続分を超える持分の移転に対して、不動産取得税が課税されると解される。

Q6-3 相続の承認・放棄に関する税務②──限定承認における居住用財産の譲渡所得の特別控除の特例

Q6-3 相続の承認・放棄に関する税務②──限定承認における居住用財産の譲渡所得の特別控除の特例

Q 限定承認によるみなし譲渡所得課税が発生する場合に、被相続人の居住用財産について、居住用財産の譲渡所得の特別控除の特例を適用することはできますか。

A 相続人が、配偶者・直系血族・生計を一にする親族に該当する場合、居住用財産の譲渡所得の特別控除の特例は適用されません。相続人が別生計の兄弟姉妹の場合は特例を適用できると考えます。
　なお、別生計の兄弟姉妹の場合も含め、特例を一切適用できないという考えもあります。

1 居住用財産の譲渡所得の特別控除の特例とは

居住用財産の譲渡所得の特別控除の特例とは、居住用財産を譲渡した場合に、譲渡所得の計算上3000万円までの特別控除額を控除することができる制度である。ただし、配偶者・直系血族・生計を一にする親族へ譲渡した場合には適用できない（租税特別措置法35条）。

2 限定承認におけるみなし譲渡所得課税に係る譲渡先

所得税法59条1項1号が、相続（限定承認に係るものに限る）により譲渡所得の基因となる資産の移転があった場合、その資産の移転時（相続の開始時）の時価により、資産の譲渡があったものとみなされる（みなし譲渡所得課税。Q6-2参照）と規定していることから、限定承認による、みなし譲渡所得課税に係る譲渡先は相続人であると考えられる。

289

第6章 相続の承認・放棄の関連実務

3 限定承認における居住用財産の譲渡所得の特別控除の特例の適用の考え方

居住用財産の譲渡所得の特別控除の特例は、前述のとおり、配偶者・直系血族・生計を一にする親族へ譲渡した場合には適用できないので、相続人がこれらに該当する場合、この特例は適用されない。相続人が別生計の兄弟姉妹の場合は特例を適用できる。

なお、みなし譲渡所得課税の原因は、あくまで限定承認であり、譲渡という法律行為は存在せず、特例を適用する余地はないという見解がある（弁護士五右衛門『限定相続の実務〔改訂2版〕』203頁）。

Q6－4　相続の承認・放棄に関する税務③──限定承認における相続財産から生じる果実

> Q　限定承認をしましたが、相続財産の中に貸家が含まれていて、毎月家賃収入が発生します。被相続人死亡後の家賃収入は、被相続人か相続人、どちらに対する所得として課税されますか。
>
> A　被相続人死亡後の家賃収入は、相続人に対する所得として課税されます。

　相続後に相続財産から生じた果実（家賃等）については、相続人に対する所得として課税される（国税庁ホームページ「限定承認をした相続財産から生じる家賃」〈https://www.nta.go.jp/law/shitsugi/shotoku/01/06.htm〉参照）。

　しかし、相続財産から生じた果実は、限定承認の配当手続において弁済原資にあてる相続財産に含まれると解される（Q4－8参照）。

　この結果、果実に対する所得税は相続人が負担するが、果実は債権者への弁済原資にあてられることになり、債務超過の場合、相続人は果実を取得できず果実に対する所得税の負担のみが残る状態となりうる。これは相続財産の限度でしか責任を負わないという限定承認の制度趣旨からみて不合理と評価しうるが、果実については不動産におけるみなし譲渡所得課税のような特別な規定が存在せず、実務上このような取扱いとなっている。

　この場合に、「実質課税の原則」を主張して、課税行為の取消しを求めることができるという見解がある（弁護士五右衛門『限定相続の実務〔改訂2版〕246頁』）。

第6章　相続の承認・放棄の関連実務

Q6-5　相続の承認・放棄に関する税務④──限定承認における熟慮期間の伸長と準確定申告の申告時期

> Q　熟慮期間の伸長が認められた場合でも、相続の開始があったことを知った日の翌日から4か月以内に準確定申告をしないと、無申告加算税や延滞税が課税されますか。
>
> A　4か月以内に準確定申告をしないと、無申告加算税や延滞税が課税されます。準確定申告の期間を伸長することはできません。

　準確定申告の期間を伸長する制度は存在せず、4か月以内に準確定申告をしないと、無申告加算税や延滞税が課税されうる。

　ただし、無申告加算税や延滞税も限定承認の手続の中で納付すればよく、相続人の固有財産から納付する必要まではない。

Q6-6 相続の承認・放棄と相続財産の破産

Q6-6 相続の承認・放棄と相続財産の破産

> Q 私は、限定承認を申述して受理されましたが、その後、相続財産が
> 債務超過であることが判明しました。このような場合、相続財産につ
> いて破産手続開始の申立てをして、破産管財人に清算手続を委ねなけ
> ればならないのでしょうか。あるいは、このまま私が限定承認の清算
> 手続を行ってもよいのでしょうか。
>
> A 相続人は、限定承認の申述受理後、相続財産について債務超過が判
> 明した場合であっても、相続財産の清算を破産手続により行うのか、
> 限定承認を行うのかを選択することができます。よって、あなたが限
> 定承認の清算手続を行うのであれば、破産手続開始の申立てをする必
> 要はありません。

1 相続財産の破産等に関する特則

　破産法には、相続財産の破産等に関する特則（第10章）が規定されている。
旧破産法は、相続財産清算人等に破産手続開始の申立てをする義務を課して
いたが（旧破産法136条2項）が、現行の破産法は同規定を削除し、「相続財
産については、相続債権者又は受遺者のほか、相続人、相続財産の管理人、
相続財産の清算人又は遺言執行者（相続財産の管理に必要な行為をする権利を
有する遺言執行者に限る……）も、破産手続開始の申立てをすることができ
る」（同法224条1項）と定めている。

　すなわち、相続人は、相続財産について債務超過が判明した場合（破産法
223条。「相続財産をもって相続債権者及び受遺者に対する債務を完済することが
できないと認めるとき」）、相続財産の清算を破産手続により行うのか、限定
承認の手続により行うのかを選択することができる。前者は、裁判所の監督
の下に厳格な清算手続が行われるが、後者は、資産や負債がそれほど多くな

293

第6章　相続の承認・放棄の関連実務

い場合などに簡易に清算を行うことができる。

2　相続財産の破産手続

　相続財産について破産手続開始の申立てをする場合には、民法および破産法の規定に従う。

　まず、破産手続開始の申立ては、原則として、被相続人の相続開始の時の住所地を管轄する地方裁判所に対して行う（破産法222条2項）。申立権者は、相続債権者または受遺者、相続人、相続財産の管理人、相続財産清算人または遺言執行者である（同法224条）。

　破産手続開始の申立ては、原則として、財産分離の請求をすることができる期間（民法941条1項）に限り行うことができるが（破産法225条本文）、限定承認または財産分離がされている場合は、相続債権者および受遺者に対する弁済が完了するまでの間は申立てをすることができる（同法225条ただし書）。他方、相続財産について破産手続開始決定がなされても、限定承認または財産分離することは妨げられないが（同法228条本文）、破産手続が終了（破産手続開始決定の取消し、破産手続廃止の決定、破産手続終結の決定など）するまでの間、限定承認または財産分離の手続は中止される（同条ただし書）。

3　相続財産の破産の効力

　限定承認は、相続債権者および相続人の債権者との関係で責任財産の範囲を限定する効力（債務と責任の分離）がある（**Q4−1**参照）。それに対して、相続財産の破産にはそのような効力が与えられていない。すなわち、相続財産の破産手続が終了し、残余債務がある場合には、相続債権者は、相続人の固有財産に権利を行使することができる。したがって、相続人にとっては、相続財産の破産がなされていても限定承認をする意義がある（谷口知平＝久貴忠彦編『新版注釈民法⒄相続⑵〔補訂版〕』553頁）。

Q6－7　相続の承認・放棄と相続人の破産①──破産手続開始決定前の相続の承認・放棄

> Q　父が亡くなって相続が開始された後、私に対する破産手続開始の決
> 定がなされました。私が、①破産手続開始決定の前に父の相続を単純
> 承認していた場合、②破産手続開始決定の前に父の相続を限定承認し
> ていた場合、③破産手続開始決定の前に父の相続を放棄していた場合
> について、破産手続の進め方に違いは生じるのでしょうか。
>
> A　どの範囲の財産が破産財団を構成するのか、誰が破産債権者となる
> のかについて、それぞれ違いが生じます。

　相続人に対する破産手続開始決定の前に、相続人が相続の承認・放棄をし
ていた場合、その効果を否定することはできず、破産管財人としては、相続
人が破産手続開始決定の前にした手続を前提として管財業務を行うことにな
る。

　よって、破産財団および破産債権者については、次のように整理される。

	破産財団	破産債権者
単純承認	相続財産、相続人の固有財産	相続債権者、相続人の債権者
限定承認	清算後の残余財産、相続人の固有財産	相続債権者、相続人の債権者（相続債権者および受遺者は、相続人の固有財産については、破産債権者として権利行使することができない。破産法240条4項）
相続放棄	相続人の固有財産	相続人の債権者

第6章　相続の承認・放棄の関連実務

Q6-8　相続の承認・放棄と相続人の破産②──破産手続開始決定後の相続の承認・放棄

> Q　父が亡くなった直後に、私に対する破産手続開始の決定がなされました。その後、私が、①父の相続を単純承認した場合、②父の相続を限定承認した場合、③父の相続を放棄した場合には、それぞれどのような効果が生じるのでしょうか。
>
> A　いずれの場合についても、破産財団に対しては限定承認の効果が生じるにすぎません。また、相続債権者は、あなたの固有財産について破産債権者として権利行使することができません。

　相続人に対する破産手続開始決定前に生じた相続について、破産手続開始決定後に、相続人（破産者）が相続の承認・放棄をした場合は、破産法238条～242条が適用される。

1　単純承認した場合

　相続人がした単純承認は、破産財団に対しては限定承認の効力しか生じない（破産法238条1項前段）。これは、相続人の債権者の利益を保護する趣旨である。

　相続債権者および受遺者は、相続人の固有財産については、破産債権者として権利行使することができない（破産法240条4項）。

2　限定承認した場合

　相続人が限定承認した場合、破産手続中は限定承認の手続は中止され（破産法228条ただし書）、限定承認者ではなく、破産管財人が、当該相続人の固有財産と分離して相続財産の管理および処分を行う（破産法242条1項）。

　相続債権者および受遺者は、相続人の固有財産については、破産債権者と

296

して権利行使することができない（破産法240条4項）。

3　相続放棄した場合

　相続人がした相続放棄は、単純承認と同様、破産財団に対しては限定承認の効力しか生じない（破産法238条1項後段）。これは、相続債務を弁済しても相続財産に残余が生じたときに、相続放棄の効力を認めると相続人の債権者の利益を害するからである。相続放棄がなされれば、その相続人は初めから相続人にならなかったとみなされるので（民法939条）、当然のことではあるが、相続債権者および受遺者は、相続人の固有財産については、破産債権者として権利行使することができない（破産法240条4項）。

　ただし、破産管財人は、相続放棄があったことを知った時から3か月以内に、破産裁判所の許可を得たうえで（破産法78条2項6号）、家庭裁判所に相続放棄の承認の申述をして、相続人がした相続放棄の効力を認めることができる（同法238条2項、家事事件手続法242条1項3号・別表1の133項。【書式39】参照）。これは、相続債務が相続財産を上回る場合に、破産債権者を保護する趣旨である。

297

第6章　相続の承認・放棄の関連実務

【書式39】　相続放棄の承認の申述書

受付印	家事審判申立書（相続放棄承認）
	収入印紙貼付欄（800円）

収　入　印　紙	円
予納郵便切手	円

準口頭		関連事件番号　平成○年（家○）第○号

○○家庭裁判所　　　　　　　　　御中 平成　○　年　○　月　○　日	申立人	破産管財人弁護士○○○○　　㊞

添付書類	相続放棄者の戸籍謄本　　　　○通　　破産管財人証明書　　　　○通 被相続人の戸籍謄本　　　　　○通 相続放棄申述受理証明書　　○通

<table>
<tr><td rowspan="5">申

述

人</td><td>本　　　籍</td><td colspan="4"></td></tr>
<tr><td>住　　　所</td><td colspan="4">〒000-0000　　　　　　　　　　　電　話 000-000-0000
　○○県○○市○○町○丁目○番○号</td></tr>
<tr><td>連　絡　先</td><td colspan="4">〒000-0000　　　　　　　　　　　電　話 000-000-0000
　○○県○○市○○町○丁目○番地　○○ビル　　○○法律事務所</td></tr>
<tr><td>フリガナ
氏　　　名</td><td>○○　　　○○
○　　　○</td><td>○○
○</td><td>○○
○</td><td>昭和○年○月○日生｜職業｜　弁護士</td></tr>
<tr><td>被相続人
との関係</td><td colspan="4"></td></tr>
<tr><td rowspan="5">相
続
放
棄
者</td><td>本　　　籍</td><td colspan="4">○○県○○市○○町○丁目○番地</td></tr>
<tr><td>住　　　所</td><td colspan="4">〒000-0000　　　　　　　　　　　電　話 000-000-0000
　○○県○○市○○町○丁目○番○号</td></tr>
<tr><td>連　絡　先</td><td colspan="4">〒　　－　　　　　　　　　　　　電　話</td></tr>
<tr><td>フリガナ
氏　　　名</td><td>○○　　　○○
○　　　○</td><td>○○
○</td><td>○○
○</td><td>昭和○年○月○日生｜職業｜○○○○</td></tr>
<tr><td rowspan="3">被
相
続
人</td><td>本　　　籍</td><td colspan="4">○○県○○市○○町○丁目○番地</td></tr>
<tr><td>最後の
住　　所</td><td colspan="4">〒000-0000
　○○県○○市○○町○丁目○番○号</td></tr>
<tr><td>フリガナ
氏　　　名</td><td colspan="4">　　　　○○　　　○○　　○○
　　　　○　　　○　　　○　　　○　　　　　　昭和○年○月○日生</td></tr>
</table>

298

Q6-8　相続の承認・放棄と相続人の破産②──破産手続開始決定後の相続の承認・放棄

申 立 て の 趣 旨

相続放棄者○○○○の相続放棄を承認する。

申 立 て の 理 由

1　申述人は，相続放棄者○○○○の破産管財人です。

2　被相続人○○○○は，相続放棄者の父親であり，平成○年○月○日に死亡
しました。

3　相続放棄者は，平成○年○月○日に○○地方裁判所で破産手続開始決定を
受けた後，平成○年○月○日，○○家庭裁判所に被相続人の相続放棄の申述
をし，同年○月○日，同申述は受理されました。

4　申述人は，平成○年○月○日，相続放棄者が相続放棄したことを知りまし
た。

5　被相続人について，相続債務の額が相続財産の額を上回ることは明らかで
あり，相続放棄の効力を認めても破産財団に不利益を及ぼさないことから，
同相続放棄を認め，破産手続を迅速に進行させる必要があります。

6　よって，本申述をいたします。

第6章　相続の承認・放棄の関連実務

Q6－9　渉外相続における承認・放棄

Q　先日、父が亡くなり、相続が開始しました。父は外国籍ですが、長らく日本で事業を営み、日本で生活していました。父には多額の借金がありましたので、限定承認あるいは相続放棄の手続をしたいと考えているのですが、日本の裁判所で取り扱ってもらうことができるのでしょうか。

A　お父さんが外国籍であっても、亡くなったときに日本に住んでいたのであれば、相続の承認および放棄（家事事件手続法別表1の89項〜95項）に関する国際裁判管轄は日本になります。つまり、お父さんの最後の住所地を管轄する日本の裁判所に限定承認や相続放棄の申述をすることができます。

　しかし、相続に関する準拠法は、亡くなった方の本国法であるため（法の適用に関する通則法36条）に、原則として、お父さんの本国法の定めに従うことになります。よって、お父さんの本国法が限定承認や相続放棄という手続を定めているのかどうか、申立期限はあるか、どのような書類を提出する必要があるのか等について、本国法の内容を調査する必要があります。

　また、日本の裁判所で相続の承認や放棄が認められたとしても、それらが外国においても自動的に効力を生じるものではありませんので、日本以外の国に財産がある場合などには留意してください。

1　渉外相続事件の国際裁判管轄

　これまで人事訴訟法および家事事件手続法には、国際裁判管轄に関する規律について明文の規定が存在しなかったことから、条理により決定するものと考えられてきた。

300

しかし、平成30年4月18日に成立した人事訴訟法等の一部を改正する法律（平成30年法律第20号。公布日（平成30年4月25日）から1年6か月以内に施行されることとされている）によって、日本の裁判所が審理・裁判をすることができる場合等が定められた。改正後の家事事件手続法には、相続に関する審判事件の管轄権として、「裁判所は、相続に関する審判事件（別表第1の86〔新設〕の項から110の項まで及び133の項並びに別表第2の11の項から14の項までの事項についての審判事件をいう。）について、相続開始の時における被相続人の住所が日本国内にあるとき、住所がない場合又は住所が知れない場合には相続開始の時における被相続人の居所が日本国内にあるとき、居所がない場合又は居所が知れない場合には被相続人が相続開始の前に日本国内に住所を有していたとき（日本国内に最後の住所を有していた後に外国に住所を有していたときを除く。）は、管轄権を有する」という規定が新設された（同法3条の11第1項）。

2　渉外相続事件の準拠法

　法の適用に関する通則法は、「相続は、被相続人の本国法による」と規定している（同法36条）。相続の準拠法は、原則として、被相続人の財産が相続人に帰属するまでのすべての相続の問題に適用されることから、相続の承認および放棄に関する準拠法も被相続人の本国法となる。よって、被相続人の本国法が、相続の承認および放棄という手続を定めているのかどうか、申立手続に期限があるかどうか、どのような書類の提出が必要とされるのか等について調査をする必要がある。

　また、法の適用に関する通則法41条は「反致」を認めているため、被相続人の本国の国際私法によれば日本の法律が適用される場合には、日本法が適用される。また、準拠法となる被相続人の本国法が日本の公序良俗に反する場合には、その適用が排除される。

301

第6章　相続の承認・放棄の関連実務

3　外国における相続の承認・放棄の効力

　日本の家庭裁判所で限定承認や相続放棄の申述が受理された場合であっても、それらが被相続人の本国法等において当然に効力を有するものではない。日本の家庭裁判所でなされた手続の効力を外国でも生じさせるためには、当該外国において承認を得ることが必要となる（司法研修所編『渉外家事・人事訴訟事件の審理に関する研究』161頁、雨宮則夫ほか編『相続における承認・放棄の実務』413頁）。

4　外国における相続の承認・放棄に関する裁判例

(1)　限定承認に関する裁判例

　東京家審平成11・10・15家月52巻3号60頁は、日本国内に住所を有していたニュージーランド国籍の被相続人についての限定承認申述事件について、準拠法となる被相続人の本国法であるニュージーランド法によれば、相続に関して、遺産である不動産についてはその所在地の法律に、その他の財産については被相続人の死亡当時の住所地の法律によるべきものとされているところ、被相続人の財産はいずれも日本国内の不動産および銀行債務であるとして、本件相続については反致により日本法が準拠法となるとして、日本民法に基づいて限定承認の申述を受理し、相続財産管理人（当時）を選任した。

(2)　相続放棄に関する裁判例

　東京高決昭和62・10・29家月40巻2号190頁は、日本に最後の住所を有していた西ドイツ人から包括遺贈を受けた日本人がした相続放棄申述事件の抗告審において、準拠法であるドイツ連邦共和国法民法を適用することが日本の公序良俗に反するとはいえないとして、同法の定める相続放棄の期間を徒過してされた申述を却下した原審判を維持した。

　他方、神戸家審平成6・7・27家月47巻5号60頁は、長らく日本で事業を営んでおり、その国籍国たるインド国内に財産はなく、日本に最後に住所を有していた被相続人に係る相続放棄申述事件においてインド相続法を適用し、

302

同法によれば、動産相続については被相続人の死亡時の住所地があった国の法律によるとして反致を認め、日本民法を準拠法として、相続人の申述を受理した。

●事項索引●

〔あ行〕

悪意　136
遺産相続　2
遺産分割協議　83
遺産分割協議における自己の取得分を
　「0」とする合意　251
遺贈　215
一般経済価額　124
遺留分減殺請求権の行使　246
隠匿　132
延滞税　292

〔か行〕

改良行為　103
火災保険料　173,207
課税繰延　286
形見分け　124
家督相続　2
仮登記　213
鑑定人　194,198
鑑定費用　176
管理行為　103,120
強制執行手続の停止　184,224
居住用財産の譲渡所得の特別控除の特
　例　289
金銭債権の回収　190
形式的競売　187
競売による換価　187
限定承認　6,8,9,142
限定承認後の背信的行為　113,115,
　132,134,136,138,139
限定承認者　18
限定承認者の相続財産の管理義務
　19,163
限定承認者の損害賠償責任　179,184,
　226
限定承認の申述　15,145,151

限定承認の申述書　15
限定承認の申述書の添付書類　17
限定承認の申述費用　18
限定承認の取消し　41
公租公課　206
国際裁判管轄　300
固定資産税　173,207

〔さ行〕

債権者代位　246
債権の行使　121
財産分離　106,294
財産目録　16,136,138
再転相続　88
債務超過　9,11,142,230
債務と責任の分離　143,294
詐害行為取消権の行使　248
先買権の行使　193,288
作為・不作為を目的とする債権　205
残余財産　20,222
死因贈与　170,215
事実行為　119
事実上の相続放棄　7,250
地震保険料　173,207
実質課税の原則　291
自賠責保険金　127
死亡保険金　126
受遺者　20,178,181,207,215,218,222
熟慮期間　12,50
熟慮期間の起算点　12,54,85,88,95
熟慮期間の起算点の繰下げ　55,57,66
熟慮期間の伸長　14,98
熟慮期間の徒過　113,115,161
準確定申告　285,287,292
準拠法　301
渉外相続　300
消極財産　5,51

事項索引

消極財産の調査　51
条件付き債権　20,197
譲渡所得税　286
所得税　285
処分行為　79
所有権移転登記　276
親権者　95,114
成年後見監督人　152,236
成年後見人　95,114,151
成年被後見人　95,114,151,233,236
積極財産　5,51
積極財産の調査　51
葬儀費用等　80
相殺権の行使　221
相続　2
相続債権者　20,178,181,207,218,
　222,248
相続債権者および受遺者に対する公告
　10,19,178
相続債権者および受遺者に対する催告
　10,19,181
相続債権者および受遺者に対する弁済
　等　10,20
相続財産管理人　10,11,18,122,271,
　274
相続財産管理人の権限　165
相続財産管理人の相続財産の管理義務
　19,30,163
相続財産管理人の訴訟上の地位　166
相続財産管理人の損害賠償責任　179,
　184,226
相続財産管理人の報酬　164
相続財産の換価　10,19
相続財産の管理義務　19,30,103
相続財産の管理費用　172,175,206
相続財産の処分　79,112,114,117,
　119,121,124,126,129,161
相続財産の調査　51
相続財産の破産　293

相続財産の保存に必要な処分　105,
　272
相続債務の弁済等　81,104,167,169
相続資格の重複　243
相続税　284
相続人　3,50
相続人の債権者　249
相続人の破産　295
相続人不存在　11,270
相続の開始原因　2
相続の効果　5
相続の選択肢　5
相続分　5
相続分譲渡証書　254
相続分譲渡届出書　254
相続分の譲渡　253,266,268
相続分の放棄　255
相続分不存在証明書　252
相続分放棄証書　256
相続分放棄届出書　256
相続放棄　6,9,10,230
相続放棄後の背信的行為　113,115,
　132,134,136,138,139
相続放棄者の相続財産の保存義務
　30,271
相続放棄申述受理証明書　276
相続放棄申述受理通知書　30,277
相続放棄の承認の申述　297
相続放棄の申述　27,233
相続放棄の申述書　27
相続放棄の申述書の添付書類　28
相続放棄の申述に関する照会　30
相続放棄の申述費用　29
相続放棄の取消し　41
即時抗告　47,99
存続期間の不確定な債権　20,197

〔た行〕
対抗要件　212,266

305

事項索引

代襲相続　3
単純承認　6,8,9,110
単純承認の効果　110
単純承認の法的性質　110
賃料債権　167
賃料債務　172
手続懈怠　145
動産の換価　190
特定の給付を目的とする債権　205
特別受益証明書　252
特別代理人　152,236
取戻権の行使　267

〔な行〕
任意売却による換価　191

〔は行〕
配当弁済　209
配当要求　188
破産管財人　295,296
破産債権者　295,296
破産財団　295,296
破産手続開始決定　295,296
破産手続開始の申立て　294
反致　301
被保佐人　96,151,233
被補助人　96,152,233
不在者　154
不在者財産管理人　116,154
不在者財産管理人の権限外行為許可
　155
不動産競売　187
不動産取得税　288
不動産の換価　187
不当弁済　145,165,226
弁護士報酬　176
弁済期未到来の債権　20,197
弁済拒絶権　184
包括受遺者　51

法定相続分　5
法定単純承認　112
法定単純承認事由　79,161
法定代理人　95,114,151,233
法律行為　119
保険金　126
保佐監督人　236
保佐監督人の同意　236
保佐人　96,151,233
保佐人の同意　96,151,233
保佐人への代理権付与　151
補助監督人　236
補助監督人の同意　236
補助人　96,152,233
補助人の同意　96,152,233
補助人への代理権付与　152
保存行為　103,119,121

〔ま行〕
未成年者　95,114,233,236
みなし譲渡所得課税　10,142,286
無償行為　215
無申告加算税　292

〔や行〕
優先権　185,208
優先権を有する債権者　20,185,207,
　208,212

〔ら行〕
利益相反行為　152,235
利害関係人　105,271
利用行為　103
臨時保佐人　236
臨時補助人　236

〔わ行〕
私に消費　134

判例索引

●判例索引●

〔最高裁判所〕

大判大正 3 ・ 3 ・25民録20輯230頁 ……………………………………………167

大判大正 4 ・ 3 ・ 8 民録21輯289頁 ………………………………………167,185

大判大正10・10・20民録27輯1807頁 ……………………………………13,54

大判大正13・ 7 ・ 9 民集 3 巻303頁 ……………………………………………115

大決大正15・ 8 ・ 3 民集 5 巻10号679頁 ………………………………13,54

大判昭和 3 ・ 7 ・ 3 新聞2881号 6 頁 ……………………………81,124,136

大判昭和 5 ・ 4 ・14判例集未登載 ………………………………………………137

大判昭和 5 ・ 4 ・26民集 9 巻427頁 ………………………………………117,191

大判昭和 6 ・ 4 ・ 7 民集10巻369頁 ………………………………………………222

大判昭和 6 ・ 5 ・ 1 民集10巻297頁 ………………………………………………185

大判昭和 7 ・ 6 ・ 2 民集11巻1099頁 ……………………………………………144

大判昭和 9 ・ 1 ・30民集13巻93頁 ……………………………………………170

大判昭和10・12・18民集14巻2084頁 ……………………………………………173

大判昭和12・ 1 ・30民集16巻 1 頁 ………………………………………82,104

大判昭和15・ 1 ・13民集19集 1 頁 ………………………………………………136

大判昭和15・ 2 ・ 3 民集19巻110頁 ……………………………………………231

大判昭和17・10・23判決全集 9 巻36号 2 頁 ……………………………135,137

最判昭和29・12・24民集 8 巻12号2311頁 ………………………………………58

最判昭和31・ 5 ・10民集10巻 5 号487頁 ………………………………………104

最判昭和31・ 6 ・28民集10巻 6 号754頁 ……………………………………170,213

最判昭和37・ 6 ・21家月14巻10号100頁 ……………………………………121

最判昭和40・ 2 ・ 2 民集19巻 1 号 1 頁 ………………………………………127

最判昭和41・12・22家月19巻 4 号53頁 ……………………………………81,118

最判昭和42・ 1 ・20民集21巻 1 号16頁 ……………………………………230

最判昭和42・ 4 ・18民集21巻 3 号671頁 ……………………………………235

最判昭和42・ 4 ・27民集21巻 3 号741頁、家月19巻 7 号56頁 ……………79,111,112

最大判昭和45・ 6 ・24判時595号29頁 ……………………………………………222

最判昭和47・11・ 9 民集26巻 9 号1566頁 ……………………………………166

最判昭和49・ 9 ・20民集28巻 6 号1202頁 ……………………………………248,251

最判昭和51・ 7 ・ 1 家月29巻 2 号91頁 ……………………………………14,85,162

最判昭和53・ 2 ・24民集32巻 1 号98頁 ……………………………………236

最判昭和59・ 4 ・27民集38巻 6 号698頁 ………………………………13,55,57,66

最判昭和61・ 3 ・20民集40巻 2 号450頁 ……………………………………138,228

最判昭和63・ 6 ・21家月41巻 9 号101頁 ……………………………………92

307

判例索引

最判平成 6 ・ 7 ・18民集48巻 5 号1233頁 ··························127
最判平成10・ 2 ・13民集52巻 1 号38頁 ·························171
最判平成11・ 1 ・21民集53巻 1 号128頁 ·······················213
最判平成11・ 6 ・11民集53巻 5 号898頁 ·······················251
最決平成13・10・30家月54巻 4 号70頁 ··························69
最判平成13・11・22民集55巻 6 号1033頁 ·······················246
最決平成14・ 4 ・26家月55巻11号113頁 ·························69
最判平成14・11・ 5 民集56巻 8 号2069頁 ·······················127
最判平成17・ 9 ・ 8 民集59巻 7 号1931頁 ·······················167
最判平成24・ 2 ・ 7 判タ1379号104頁 ·························189
最判平成26・ 2 ・14民集68巻 2 号113頁 ···················254,269
最判平成30・10・19民集72巻 5 号900頁 ·······················255
最判令和元・ 8 ・ 9 裁判所HP ································94

〔高等裁判所〕

東京控判大正11・11・24評論11巻民法1220頁 ··················135
東京控判昭和11・ 9 ・21新聞4056号13頁 ························81
福岡高決昭和23・11・29家月 2 巻 1 号 7 頁 ······················54
東京高決昭和28・ 9 ・24家月 5 巻11号35頁 ·····················266
東京高判昭和35・ 9 ・27下民集11巻 9 号1993頁 ··················104
東京高決昭和37・ 7 ・19東高民時報13巻 7 号117頁 ···········81,125
大阪高決昭和46・ 9 ・ 2 家月24巻11号41頁 ·····················253
東京高判昭和48・ 6 ・28下民集24巻 5 ～ 8 号435頁 ···············213
高松高決昭和48・ 9 ・ 4 家月26巻 2 号103頁 ·····················54
大阪高決昭和50・ 6 ・25家月28巻 8 号49頁 ······················99
大阪高判昭和53・ 7 ・20判タ371号94頁 ························252
大阪高決昭和54・ 3 ・22家月31巻10号61頁 ······················81
東京高判昭和59・ 9 ・25家月37巻10号83頁 ·····················252
大阪高判昭和60・ 1 ・31家月38巻 1 号131頁 ····················224
大阪高決昭和61・ 6 ・16判時1214号73頁 ························59
東京高判昭和61・11・27判タ646号198頁 ·····················59,60
東京高決昭和62・ 2 ・26判時1227号47頁 ························62
福岡高判昭和62・ 5 ・14判時1250号49頁 ························62
東京高決昭和62・10・29家月40巻 2 号190頁 ····················302
東京高判平成元・ 3 ・27判時1311号69頁 ·······················122
仙台高決平成元・ 9 ・ 1 家月42巻 1 号108頁 ··················54,59
福岡高決平成 2 ・ 9 ・25判タ742号159頁 ························59
大阪高判平成 2 ・11・16判タ751号216頁 ························62

308

判例索引

仙台高決平成 4 ・ 6 ・ 8 家月46巻11号26頁……………………………………… 69
仙台高秋田支決平成 5 ・11・ 4 家月47巻 1 号125頁……………………………… 90
東京高決平成 5 ・12・24判夕868号285頁………………………………………189
仙台高決平成 7 ・ 4 ・26家月48巻 3 号58頁……………………………………… 68
東京高決平成 7 ・10・30判夕920号246頁………………………………………225
仙台高決平成 8 ・12・ 4 家月49巻 5 号89頁…………………………………47,59
東京高決平成 9 ・ 3 ・26東高民時報48巻 1 〜12号21頁………………………231
名古屋高金沢支決平成 9 ・ 9 ・17家月50巻 3 号30頁…………………………… 91
大阪高決平成10・ 2 ・ 9 家月50巻 6 号89頁……………………………71,83,130
福岡高宮崎支決平成10・12・22家月51巻 5 号49頁…………………82,99,104
名古屋高決平成11・ 3 ・31家月51巻 9 号64頁………………………………… 71
東京高決平成12・12・ 7 家月53巻 7 号124頁………………………………… 71
高松高決平成13・ 1 ・10家月54巻 4 号66頁…………………………………… 69
東京高決平成14・ 1 ・16家月55巻11号106頁………………………………69,84
大阪高決平成14・ 7 ・ 3 家月55巻 1 号82頁…………………………………… 80
東京高判平成15・ 9 ・18家月56巻 8 号41頁…………………………………… 59
名古屋高決平成19・ 6 ・25家月60巻 1 号97頁………………………………… 71
東京高決平成19・ 8 ・10家月60巻 1 号102頁………………………………… 71
高松高決平成20・ 3 ・ 5 家月60巻10号91頁…………………………………… 71
名古屋高判平26・ 9 ・18裁判所HP……………………………………………116
福岡高決平成27・ 2 ・16判時2259号58頁……………………………………… 68

〔地方裁判所〕

名古屋地決昭和 4 ・ 5 ・15新聞2992号 5 頁……………………………………208
千葉地判昭和 7 ・ 3 ・19新聞3401号12頁………………………………………127
東京地判昭和30・ 5 ・ 6 下民集 6 巻 5 号927頁…………………………86,162
横浜地判昭和40・ 3 ・29下民集16巻 3 号501頁………………………………181
山口地徳山支判昭和40・ 5 ・13家月18巻 6 号167頁………………81,125,130
京都地判昭和44・ 1 ・29判夕233号117頁………………………………………165
東京地判昭和47・ 7 ・22判時686号65頁…………………………………………167
名古屋地判昭和50・11・11判時813号70頁……………………………………253
京都地判昭和53・ 9 ・18交民集11巻 5 号1345頁……………………………128
東京地判平成 3 ・ 6 ・28判時1414号84頁………………………………………224
東京地決平成 6 ・ 2 ・18判時1518号28頁………………………………………216
東京地判平成 9 ・ 7 ・25判時1635号119頁……………………………………222
東京地判平成10・ 4 ・24判夕987号233頁………………………………………123
東京地判平成12・ 3 ・21家月53巻 9 号45頁…………………………………81,132
東京地判平成13・ 2 ・16判時1753号78頁……………………………181,227

判例索引

東京地判平成15・3・27判タ1138号274頁 ……………………………………231
東京地判平成15・8・28判例集未登載 ……………………………………………122
長崎地佐世保支判平成18・3・29判タ1241号133頁 …………………………… 97
東京地判平成19・10・31遺産相続紛争事例データファイル1118頁……………… 80
東京地判平成21・5・18判時2050号123頁 ……………………………………198
東京地判平成21・9・30判例集未登載 ……………………………………………135
東京地判平成27・5・19遺産相続紛争事例データファイル1124頁…………… 84,129

〔家庭裁判所〕
富山家審昭和53・10・23家月31巻9号42頁…………………………82,86,104,161
和歌山家審昭和56・9・30家月35巻2号167頁 ………………………………267
高松家審平成元・2・13家月41巻9号120頁 …………………………………… 69
神戸家審平成6・7・27家月47巻5号60頁 ………………………………………302
宮崎家日南支審平成10・11・10家月51巻5号54頁…………………………… 82,104
東京家審平成11・10・15家月52巻3号60頁………………………………………302

〔簡易裁判所〕
水沢区判昭和8・7・24新聞3612号18頁 ………………………………………197
松山簡判昭和52・4・25判時878号95頁 …………………………………… 125,130

●執筆者紹介●

竹内　裕美（たけうち・ゆみ）

〔略　　歴〕　2000年弁護士登録（名古屋弁護士会（当時））、2006年名古屋簡易裁判所民事調停官（非常勤裁判官）、2010年財団法人交通事故紛争処理センター嘱託弁護士、2015年愛知県弁護士会司法制度調査委員会副委員長

〔著書等〕　愛知県弁護士会研修センター運営委員会法律研究部コンプライアンスチーム編『弁護士が分析する企業不祥事の原因と対応策』（2013年・新日本法規出版・共著）　ほか

〔事務所〕　弁護士法人鬼頭・竹内法律事務所
　　　　　　〒460-0002　名古屋市中区丸の内 1-4-12　アレックス 7 F

尾崎　　敦（おざき・あつし）

〔略　　歴〕　2007年弁護士登録（愛知県弁護士会）、日本弁護士連合会司法制度調査会民事部会委員、愛知県弁護士会司法制度調査委員会民事部会委員

〔事務所〕　尾崎・山路法律事務所
　　　　　　〒460-0003　名古屋市中区錦 2-19-11　アゼット長者町ビル 3 階

水野　紀孝（みずの・のりたか）

〔略　　歴〕　2008年弁護士登録（愛知県弁護士会）、愛知県弁護士会司法制度調査委員会民事部会委員

〔事務所〕　酒井法律事務所
　　　　　　〒460-0002　名古屋市中区丸の内 3-17-4　第11KT ビル10階

内田　健一郎（うちだ・けんいちろう）

〔略　　歴〕　2010年弁護士登録（愛知県弁護士会）、愛知県弁護士会司法制度調査委員会民事部会委員

〔事務所〕　宮澤俊夫法律事務所
　　　　　　〒460-0002　名古屋市中区丸の内 3-20-6　豊友ビル 3 階

坂口　斗志也（さかぐち・としや）

〔略　　歴〕　2011年弁護士登録（愛知県弁護士会）、愛知県弁護士会司法制度調査委員会民事部会委員

〔事務所〕　花のもり法律事務所

執筆者紹介

〒460-0002　名古屋市中区丸の内3-5-10　名古屋丸の内ビル6階

堀内　綾乃（ほりうち・あやの）

〔略　歴〕　2017年弁護士登録（愛知県弁護士会）、愛知県弁護士会司法制度調査委員会民事部会委員
〔事務所〕　石原総合法律事務所
　　　　　〒460-0003　名古屋市中区錦2-15-15　豊島ビル10階

Q&A 限定承認・相続放棄の実務と書式

平成30年10月 1 日	第 1 刷発行
平成30年12月19日	第 2 刷発行
令和元年11月27日	第 3 刷発行
令和 3 年11月 6 日	第 4 刷発行
令和 5 年 8 月29日	第 5 刷発行

定価　本体3,500円＋税

編　　者	相続実務研究会
発　　行	株式会社　民事法研究会
印　　刷	株式会社　太平印刷社

発 行 所　株式会社　民事法研究会

〒150-0013　東京都渋谷区恵比寿 3-7-16

〔営業〕　TEL 03(5798)7257　FAX 03(5798)7258

〔編集〕　TEL 03(5798)7277　FAX 03(5798)7278

http://www.minjiho.com/　info@minjiho.com

落丁・乱丁はおとりかえします。　　ISBN978-4-86556-240-8　C2032　¥3500E
カバーデザイン：関野美香

渉外家事事件の現場対応の悩みに応える！

Q＆A 渉外家事事件の実務と書式

渉外家事事件研究会 編

田邊正紀・竹内裕美・捻橋かおり・森上未紗・原さやか・河西辰哉

Ａ５判・422頁・定価 4,730円（本体 4,300円＋税10％）

▶国際的な離婚事件・相続事件の「相談・受任の方法」「法テラスの利用」「国際裁判管轄」「国籍」「在留資格」などの基礎知識と実務論点をＱ＆Ａ形式で整理するとともに、調停・審判その他の手続の基本的な流れと留意点を書式と一体としてわかりやすく解説！

▶渉外事件を日常的に手がける執筆陣がその経験から「実務的に慎重な検討を要する問題」と「条文や判例を理解することで比較的容易に処理できる問題」とをメリハリを効かせて整理しているので、何度か受任経験のある弁護士が悩んだときにも、初めて相談を受ける若手弁護士が全体像を把握するときにも至便！

本書の主要内容

第１章　渉外家事事件の基礎知識〔21設問〕

第２章　婚姻の手続と実務対応〔17設問〕

第３章　離婚の手続と実務対応〔29設問〕

第４章　子に関する手続と実務対応〔24設問〕

第５章　ハーグ条約に関する手続と実務対応〔27設問〕

第６章　遺言・相続に関する手続と実務対応〔31設問〕

発行　民事法研究会

〒150-0013　東京都渋谷区恵比寿3-7-16
（営業）TEL. 03-5798-7257　FAX. 03-5798-7258
http://www.minjiho.com/　info@minjiho.com

「相続登記の専門家」から「相続の専門家」になるための必読書！

相続実務必携

改正相続法対応！

静岡県司法書士会あかし運営委員会 編

Ａ５判・326頁・定価 3,850 円（本体 3,500 円＋税 10％）

▶ 遺産承継業務、法定相続情報証明制度、改正相続法を含めた相続実務全般に関する必須知識をＱ＆Ａ形式（全 210 設問）でわかりやすく解説！

▶ 相続財産管理人による通知書等、遺産分割（換価分割）の条項案、法定相続情報証明制度に係る申出書等の記載例を 27 件収録！

▶ 相続に関する相談のあり方、相続財産管理人としての対応、共有不動産の処分など執務現場の悩みに応える垂涎の書！　改正相続法にも対応！

▶ 相続実務にかかわる司法書士、弁護士等の実務家にとって必携の１冊！

本書の主要内容

第１章　「相続登記の専門家」から「相続の専門家」へ

第２章　遺産承継業務・静岡モデル

第３章　遺産承継業務・静岡モデルに関するＦＡＱ〔49 設問〕

第４章　相続業務相談時の説明と相談のあり方

第５章　918 条財産管理人の理論と実践

第６章　共有不動産の処分に関する条項案

第７章　法定相続情報証明制度の基礎知識

第８章　法定相続情報証明制度に関するＦＡＱ〔64 設問〕

第９章　相続全般に関する必須知識ＦＡＱ〔97 設問〕

発行　民事法研究会

〒150-0013　東京都渋谷区恵比寿 3-7-16
（営業）TEL. 03-5798-7257　FAX. 03-5798-7258
http://www.minjiho.com/　info@minjiho.com

死を見据えた準備をすることで相談者と家族の未来を支援する！

新しい死後事務の捉え方と実践
―「死を基点にした法律事務」という視点に立って―

死後事務研究会　編

A5判・307頁・定価 3,520円（本体 3,200円＋税 10％）

▶ 委任契約・法定後見に基づく死後事務の法的論点を整理し、相談者や家族が抱える不安を聴き取る相談の技法や、生前の相続対策から死後の財産承継までの多岐にわたる法的メニューを上手に選択するための指針を示した垂涎の書！

▶ 長期にわたる支援のモデル事例において、本人の希望に沿った手続とそれに必要な各種書式を掲載しているので、具体的なイメージを把握するときに至便！

本書の主要内容

第1章　死を基点にした法律事務とこれからの相談業務
- 第1　死を基点にした法律事務と司法書士の役割
- 第2　死を基点にした法律事務のための相談技法

第2章　死を基点にした法律事務にかかわる法的論点の整理
- 第1　死後事務委任契約に関する法的論点の整理
- 第2　法定後見人の死後事務に関する法的論点の整理

第3章　個別の事務手続と実務上の注意点
- 第1　個別の事務手続に関する相談と提案にあたって
- 第2　贈与
- 第3　死因贈与
- 第4　寄付
- 第5　売買
- 第6　生命保険の活用（相続税対策・遺留分対策）
- 第7　債務の処理
- 第8　遺言
- 第9　任意代理・任意後見と法定後見
- 第10　狭義の死後事務

- 第11　遺産承継業務
- 第12　民事信託

第4章　モデル事例〜司法書士宮森あおばの仕事〜
- 第1　夫の遺言書〜2008年4月のできごと
- 第2　娘と本人の財産管理〜2009年5月のできごと
- 第3　本人の死後の猫のお世話〜2012年6月のできごと
- 第4　本人の死亡〜2014年9月のできごと
- 第5　娘の死亡〜2019年6月のできごと

発行　民事法研究会

〒150-0013　東京都渋谷区恵比寿 3-7-16
（営業）TEL. 03-5798-7257　FAX. 03-5798-7258
http://www.minjiho.com/　info@minjiho.com

令和5年4月施行の改正民法に対応して大幅改訂！

相続人不存在の実務と書式〔第4版〕

水野賢一 著

A5判・358頁・定価 4,180 円（本体 3,800 円＋税 10％）

▶改正民法（令和5年4月施行）により大幅に見直された相続財産の管理・清算等の手続に対応して全面的に改訂増補！

▶令和5年4月施行の改正民法下での相続財産清算人について、選任、財産目録の作成・提出をはじめとする相続財産管理の実務、弁済などについて書式を織り込み詳解するとともに、相続財産の保存のための相続財産管理人についてもわかりやすく解説！

▶遺言執行者、特別代理人、所有者不明土地管理人・所有者不明建物管理人、死後事務委任契約の受任者などの関連手続にも論及し、手続選択の指針を提示！

▶実務上留意すべき判例については、コラムにて事案の概要や判旨をわかりやすく紹介するとともに、書式は通常のものと家庭裁判所備付用紙のものの両方を掲載しているので、実務に至便！

本書の主要内容

第1章　相続財産の管理・清算
第2章　相続財産法人の成立
第3章　特別代理人、所有者不明土地管理人・所有者不明建物管理人等の選任
第4章　相続財産の保存のための相続財産管理人の選任
第5章　相続財産清算人の選任
第6章　相続債権者および受遺者への請求申出の公告・催告
第7章　相続財産管理の実務
第8章　権限外行為の許可
第9章　弁　済
第10章　相続人の出現
第11章　特別縁故者に対する相続財産の分与
第12章　共有（準共有）者、共同相続人への帰属
第13章　相続財産清算人（相続財産の保存のための相続財産管理人）の報酬
第14章　国庫帰属
第15章　任務の終了
・判例索引

HPの商品紹介は
こちらから→

発行　民事法研究会

〒150-0013　東京都渋谷区恵比寿 3-7-16
（営業）TEL. 03-5798-7257　FAX. 03-5798-7258
http://www.minjiho.com/　info@minjiho.com

最新実務に必携の手引

― 実務に即対応できる好評実務書！ ―

2022年9月刊 高齢の依頼者からの「終活」について相談対応する際に知っておくべき事項を網羅！

終活契約の実務と書式

財産管理・法定後見・任意後見・死後事務委任・遺言・見守り（ホームロイヤー）などといった各サービスを一括して受任する契約である「終活契約®」の実務を終活契約と関係する書式を織り込みながら、ポイントを押さえて解説！

特定非営利活動法人　遺言・相続・財産管理支援センター　編
（Ａ５判・424頁・定価 3960円（本体 3600円＋税10％））

2022年4月刊 民法（相続法）改正、遺言書保管法の制定に対応した新たな実務指針を明解に解説！

遺言執行者の実務〔第3版〕

遺言執行者の法的地位の明確化に対応し、遺言執行のみならず、遺言書作成の留意点、実務で注意を要する施行日と重要な経過措置を詳説！　新設された配偶者居住権、自筆証書遺言の保管制度も解説し、最新判例も織り込んだ実践的手引書！

日本司法書士会連合会　編
（Ａ５判・353頁・定価 3960円（本体 3600円＋税10％））

2017年12月刊 規則31条業務の経験と研究を踏まえ、具体的な実務指針を示す！

遺産承継の実務と書式

相続人との委任契約に基づく遺産承継の実務指針を示すとともに、受任から相続人・相続財産の調査、遺産分割協議、遺産承継手続、終了報告までを具体的・実践的に解説！　各手続において作成する書式を多数登載しているので実務に至便！

一般社団法人日本財産管理協会　編
（Ａ５判・216頁・定価 2750円（本体 2500円＋税10％））

2015年3月刊 具体事例を通して、解決までの手続を豊富な書式を織り込み解説！

事例に学ぶ相続事件入門
―事件対応の思考と実務―

相談から事件解決まで具体事例を通して、利害関係人の調整と手続を書式を織り込み解説！　遺産分割協議・調停・審判、遺言執行、遺留分減殺請求、相続財産管理人、相続関係訴訟、法人代表者の相続事案まで事例を網羅！

相続事件研究会　編
（Ａ５判・318頁・定価 3300円（本体 3000円＋税10％））

発行　民事法研究会　〒150-0013　東京都渋谷区恵比寿3-7-16
（営業）TEL 03-5798-7257　FAX 03-5798-7258
http://www.minjiho.com/　info@minjiho.com